# 船舶电气设备维护与管理

CHUANBO DIANQI SHEBEI WEIHU YU GUANLI

丁　琪　李成武　李逢争　主编

华中科技大学出版社
http://press.hust.edu.cn
中国·武汉

# 内 容 简 介

本书为船舶电气专业书籍,全书共9章,内容涵盖船舶电站、电机、辅机电气控制装置、低压电器等电气设备的维护与管理,船舶安全用电、报警装置维护、电气系统检验与智能化,以及清洁能源在内河船舶的应用。本书结合我国船舶业发展现状,强调电气设备维护的重要性,旨在帮助船舶从业者提升设备管理水平,确保船舶运行安全稳定,同时响应"双碳"目标,推动清洁能源在船舶领域的应用,适合船舶工程技术人员、船舶管理人员、相关专业学生以及对船舶电气设备维护感兴趣的读者阅读参考。

**图书在版编目(CIP)数据**

船舶电气设备维护与管理 / 丁琪,李成武,李逢争主编. -- 武汉:华中科技大学出版社,2025.5.
ISBN 978-7-5772-1907-3

Ⅰ. U672.3

中国国家版本馆 CIP 数据核字第 2025KV6723 号

---

**船舶电气设备维护与管理**                                     丁 琪 李成武 李逢争 主编

Chuanbo Dianqi Shebei Weihu yu Guanli

---

策划编辑:周永华

责任编辑:李曜男

封面设计:杨小勤

责任监印:朱 玢

出版发行:华中科技大学出版社(中国·武汉)          电话:(027)81321913
　　　　　武汉市东湖新技术开发区华工科技园          邮编:430223

录　排:华中科技大学惠友文印中心

印　刷:武汉科源印刷设计有限公司

开　本:787 mm×1092 mm　1/16

印　张:18.75

字　数:366 千字

版　次:2025 年 5 月第 1 版第 1 次印刷

定　价:98.00 元

---

# 编　委　会

**主　编**　丁　琪　中交疏浚技术装备国家工程研究中心有限公司

　　　　　李成武　中国船级社韶关分社

　　　　　李逢争　上海市港航事业发展中心

**副主编**　刘光卫　长江万州航道处

　　　　　邓伍三　中交疏浚技术装备国家工程研究中心有限公司

　　　　　王　宁　沈阳变压器研究院有限公司

# 前言 | Preface

  船舶制造业是大力推进我国现代化产业体系建设的重要引擎。近年来,我国船舶制造业保持良好发展势头,在技术创新、产能规模等方面取得显著成效。2024年12月,中共中央办公厅、国务院办公厅发布的《关于加快建设统一开放的交通运输市场的意见》提出,推动船舶等运输工具应用新能源、清洁能源,持续实施智能航运等智能交通先导应用试点。

  船舶电气设备作为船舶的重要组成部分,其维护与管理对于确保船舶运行的稳定性和安全性至关重要。维护船舶电气设备可以预防故障的发生,通过定期检查和维护电气设备,可以及时发现并修复潜在的问题,从而避免设备突然停机或损坏;维护电气设备可以保持船舶电力系统的稳定性和效率;船舶电气设备的安全运行直接关系到船员和乘客的生命安全;有效维护和管理船舶电气设备,可以减少因设备故障引起的停航时间,从而节省维修成本和时间。许多国际和国内的安全标准要求船舶必须定期进行电气系统检查和维护,不遵守这些规定可能导致法律责任和额外的经济处罚。

  与此同时,结合我国能源利用现状,为积极达成我国"双碳"目标和促进新时代能源高质量发展,船舶制造业也正在大力推进清洁能源的应用。太阳能电池、LNG(liquefied natural gas,液化天然气)等清洁能源在船舶上的应用对于减少环境污染、降低碳排放具有重要意义。

  本书共9章,包括绪论、船舶电站的维护与管理、船舶电机的维护与管理、船舶辅机电气控制装置的维护与管理、船舶常用低压电器的维护与管理、船舶安全用电的管理、船舶报警装置的维护、船舶电气系统的检验与智能化以及清洁能源在内河船舶的应用。

  本书在编写过程中参阅、引用了大量参考文献资料,在此向原著(编)者表示衷心感谢。由于作者专业水平有限,加之编写时间仓促,书中难免存在疏漏和不足之处,恳请广大读者批评指正。

# 目 录 | Contents

# 第 1 章

## 绪　　论

# 1.1　船舶电气设备检验概述

## 1.1.1　船舶电气设备常见故障

电气设备的正常运行对船舶安全行驶尤为重要。很多船舶航程较远,往往无法及时与内陆进行技术共享,若电气设备故障问题未得到及时发现与治理,会对船舶行驶安全造成严重威胁。因此,必须定期进行船舶电气设备故障检验,并对发现故障的电气设备进行有效维修,保障船舶行驶安全。

### 1. 发电机故障

船舶发电机故障形式主要为线路断开、缺乏磁力和绝缘体损坏等。在船舶闲置期间,发电机长时间处于停止状态,发电机阀门无法实现均匀接触。船舶内的湿度较高,发电机外壳的锈蚀速率会因空气氧化反应提高,时间一长,便会削弱发电机磁力,降低磁力电流的生成量与生成速率,最终影响发电机的实际发电性能。部分船舶未针对实际情况制定相应的发电机运维策略,加剧发电机绝缘体的老化程度,对发电机的外观完整性产生一定影响,大幅提升短路概率。上述故障直接影响发电机的运行电压,长期缺乏充足稳定的电压会提高发电机其他故障出现的概率,缩短发电机的实际使用寿命与应用稳定性。

### 2. 电动机故障

电动机故障形式主要为温度异常、噪声和断相运行等,并出现电压异常,即在电动机运行期间电压幅值剧烈波动,最终导致船舶电力系统短路和停止运行。致使船舶电动机出现故障的因素较多,如系统荷载过高和电源未有效连接等。在此期间,电动机内部转子的运行速率持续加快,间接提升铁芯与转子之间的摩擦率,使电动机的运行负荷提高,存在一定程度的火灾隐患,严重时甚至会威胁人员的生命安全。温度异常的原因在于电动机承载负荷过大且始终处于断相运行状态,在短时间内电动机温度升高,若不及时处理,在实际温度过大时,电动机会出现不规律振动并产生浓烟。噪声的原因在于轴承受损,受损严重时甚至会产生火花。断相运行的原因在于电动机绕组存在相断线,相断线会阻碍电动机转子的正常运行,严重时甚至会造成电动机烧毁。

### 3. 主配电板故障

在通常情况下,主配电板故障主要分为跳闸故障和不闭合故障,两种故障的原因存在一定差异。跳闸故障的原因多为没有科学设置船舶电气设备逆功率,具体为以下原因：①主配电板中的脱扣机构未按相应标准定期更换和检修，导致其在实际使用期间存在老化和受损等情况，降低其电流承载能力；②脱扣器在承载电流时出现失调现象且无法在短时间内自动恢复正常；③经失压线圈串联的各类电阻阻值长期处于高值状态。

不闭合故障的原因集中于过电流脱扣器和脱扣机构。在过电流脱扣器处于失调状态时，热脱扣指令无法在第一时间执行，最终引发不闭合故障；在脱扣机构磨损严重时，其本身功能丧失，引发不闭合故障。

#### 4. 电网系统故障

电网系统中的关键部分为继电器，其主要功能为保护电网系统中的所有电路，在某电路出现异常时，可及时响应并进行简单隔离，确保电网系统长效稳定运行。若电网系统中的电流始终处于标准区间内，则继电器不会响应。在实际情况中，未针对继电器制订相应的保护和维修策略可能导致继电器出现松动、响应速度慢和损坏等问题，尽管电网系统可继续运行，但是继电器状态失调在一定程度上会提高电网系统出现故障的概率，无法切实地保证电力系统传输稳定性。一相接地故障是电网系统的常见故障，故障原因较多，如负载电机与接线盒的连接紧密度不足且存在松动情况、单项绝缘体的实际负荷过高且存在破损等。在应用继电器的前提下出现故障时，触头和线圈等位置存在明显异常，如电枢噪声和温度过高等。电枢噪声故障的原因在于铁芯端面接触不良，温度过高故障的原因在于触头损坏。

## 1.1.2　船舶电气设备故障分析方法

#### 1. 传统故障诊断法

传统故障诊断法也叫作经验诊断法，通过分析设备故障现象，结合以往的经验，判断设备发生故障的点（或零部件）并加以排除，这种诊断的精确性主要依赖诊断人的素质。维修人员对设备技术性能、工作原理掌握得越熟练，对设备故障诊断的经验越丰富，诊断出故障点的可能性就越高。维修人员必须掌握设备的工作原理、各部件出现故障时表现的特征，有足够的设备管理维修经验，才能有效地、迅速地排除故障。船舶电气管理维修人员一般要通过"问、看、摸、听、闻"以及仪器仪表的检测了解故障现象，初步诊断故障所在或原因；在检查中，不做任何假设或推断性的结论，而是尊重实际，经过详细的检查、核实后才能出结论。

#### 2. 故障树分析法

故障树分析法简称"FTA"（fault tree analysis）。20 世纪 60 年代，美国贝尔研究所首先将故障树分析法用在民兵导弹的控制系统设计上，为预测导弹发射的随机失效概率做出贡献。其后,波音公司研制出 FTA 的计算机程序,进一步推动了它的发展。到了 20 世纪 60 年代中期,FTA 进入核工业和其他领域。人们开始用 FTA 来预测和诊断电气故障,分析系统的薄弱环节,指导电站运行和维修。

故障树是应用图论概念的一种逻辑树,在图论中,一个树由一些顶点(节点)和边构成,它是一种不包含闭环的连通图。图的任一顶点、节点都通过边的连接而通到任一其他顶点、节点。树中的有向边称为"弧",代表事件,具有有向边的树称为"逻辑树"。故障树就是一种逻辑树,树枝代表系统或元件的事故事件,节点代表事故事件之间的逻辑关系。故障树从顶事件的树根出发向下发展,顶事件的下一级事件是一些能够引起顶事件发生的事件,这些事件与顶事件之间的关系是逻辑关系(在故障树中最常用的逻辑关系是"与"和"或"关系),如此延伸下去,直到系统内部可导致顶事件产生的元件故障。

**3. 故障诊断专家系统**

随着船舶大型化和自动化的程度不断提高,船舶设备和控制系统越来越复杂,它们几乎包括陆地所有比较成熟的现代技术。船舶电力系统也不例外,由原来的电站容量几千瓦发展到现在的几千千瓦,控制系统由原来的人工控制发展到微机控制、分布控制,并逐渐向网络和人工智能控制发展。如果将来采用超导磁力推进,电站容量更大,控制系统更复杂。由于船上的条件限制,要做到尽快地对故障进行诊断与维修已经不是一件容易的事。

故障诊断专家系统是指由专家系统处理现实世界中提出的需要由专家来分析和判断的复杂问题,利用专家推理方法的计算机模型来解决问题,与专家分析的结果一样。

故障诊断专家系统是用于复杂的高度自动化电气设备的故障诊断的专门计算机系统。要想这种系统像专家一样诊断电气设备故障,首先,系统必须有专家所具有的船舶电气领域的专业理论知识以及电气故障诊断的经验,把这些知识存放起来的地方称为"知识库";其次,系统要有像专家一样根据故障特征和有关的理论知识、经验做出的对故障点的逻辑推理过程,即"推理机构";再次,系统要有像专家那样把他的推理结论解释给询问者知悉,使人信服的机构,即"解释机构";最后,系统要有与开发者、用户发生联系的机构,即"询问机构"。

# 1.1.3 船舶电气设备常规检验技术

直观检测是船舶电气设备常见故障常规检验技术,以人工肉眼观察和借助相应设备探测等多样化方式实现,前者判断电气设备的外观完整性和电气设备所处环境等,后者通过分析电气设备运行参数判断当前电气设备是否存在故障和具体故障原因。

通过对比运行参数可初步判断电气设备运行是否存在故障,通过听觉、嗅觉和触觉可辅助判断电气设备故障。若电气设备内部出现异常响动,如电气设备运行发出的声音较为杂乱或出现零件碰撞的声音,则表示电气设备存在故障。橡胶材料是电气设备线路和绝缘部件的主要材料。若电气设备运行出现故障,电气设备温度会在短时间内上升且产生刺激性气味。在初步判断电气设备故障后,要借助电气设备仪表设备呈现的系统数据信息进一步精准定位故障点,便于后续故障维修。若在更换故障点的零部件后电气设备仍未恢复正常运行,则说明故障点定位不准确,要再次对电气设备进行检验。

# 1.2　船舶电气设备与节能减排

交通行业历来是大气污染和温室气体排放的重要来源,随着船舶数量的增多和大型化船舶的大量开发,废气排放逐年上升。"节能减排"是我国的重大政策,强化船舶的节能降耗是保护我国海洋资源和海洋生态环境的重要举措。船舶电气设备是船舶能源系统的重要组成部分,其能源利用效率和排放水平直接影响船舶的运行成本和环境负荷。

由于船舶电网的工作环境、运行状态等要素与陆地电网存在一定差异,所以船舶电气设备对能量的消耗较大,且在船舶实际运行的过程中需要携带有效能源,如果无法保证所应用技术具有节能性,会在一定程度上对船舶电气设备的实际运行产生影响,甚至制约电力系统运行的安全性与稳定性。所以在船舶行业的实际运行与发展过程中,要提升船舶系统运行的稳定性,进而实现船舶电气设备低能耗运行的目标。

## 1.2.1　船舶电气设备节能减排存在的问题

### 1. 电动机问题

船舶电气设备中的电动机设备多是直流类型与交流类型的产品,船舶在水面上行驶时经常会遇到工况变化,出现船舶电气设备负载、电网电压的改变,会导致电动机电气设备的输出功率超过其额定功率,产生资源浪费。交流异步电动机在负载明显降低或与空载状态接近时,功率因数会出现降低的情况,导致电网电流无功功率上升,加剧网损现象。直流电动机电气设备有电刷,在进行机械换向的过程中有较大可能出现发电火花问题,若未采取有效措施对电刷进行清理与更换,电气设备能量损耗问题的发生率会明显增加。

### 2. 电气设备控制系统问题

在船舶中小型管网系统的运行期间,风机和泵等设备的流量需求会随着航行工况的变化发生同步改变。因为船舶电气设备额定功率在一般状态下可以实现对最高流量需求标准的满足,因此流量调节工作以向下调节为主。现阶段的流量调节工作通常采用截流形式,通过增加管路阻力限制流量。在此过程中,电动机设备的转速维持在一个固定不变的状态,电功率不会有明显的改变,出现管路损失的情况,造成电能浪费。

## 1.2.2 船舶电气设备技术中的节能减排理念

### 1. 使用高性能电动机

船舶电气设备的运行以发动机为依托,从整个船舶电网来看,发动机是耗费电能的主要因素,其运行效率表现会直接影响到节能的效果。

现阶段,永磁电动机获得高度发展,此类电动机一般是利用永磁体材料制成的,这类材料不存在电流感应,所以电动机转子也不会产生感应电流或运行方面的消耗,因此电动机设备可以更加高效地运行。同时,此类电动机的转子不必借助励磁的作用,也就是说功率因数能够逐渐靠近理想因数水平,这样就能够让电动机进一步高效率地工作,而且船舶电网自身的品质也会得到改善,发生损坏的可能性随之减小。当电机设备负载出现大幅度下降的情况,使用此类电动机时,其工作效率并不会发生较大改变,所受到的影响相对较小。体积小、材质轻巧、温升较低等均是永磁电动机的优点,使永磁电动机成为船舶电气设备的最佳选择。同时,这类电动机相关的技术对于船舶上电气设备实现节能也有着重要意义。

### 2. 运用节能控制技术

在船舶上的各类电气设备中,空调设备可使用变频调速通风机及压缩机,同时根据人员有关情况、温湿度条件以及船域水温方面的情况等进行具体的考虑,尽可能全面满足舱中各类人员的使用需求,还要尽量达到环境标准,以自动方式实现制冷、制热量方面的调节,保证在运行过程中满足相关节能要求。在针对通风机进行通风量方面的调节时,要将航行状态、温湿度及大气含量等方面的内容综合考虑进去,以让节能效果最优化。

### 3. 重视能耗使用的管理

从目前的情况来看,针对船舶上使用的电气设备开展的管理活动还没有达到精细化的程度,因此当电气设备在运行状态存在明显的能量浪费情况时,要发挥先进的整合性节能管理的作用,呈现出最好的节能效果。在开展此类管理活动时,应当将信息设备有效融合来获得系统运行状态方面的信息以及一些参数内容,还应当将变频调速之类的技术应用其中,对设备进行能量输出方面的调节,从而让设备可以根据实际的需求来运行并且让其管理活动变得更加精细化。在船舶航行过程中,各类电气设备长时间持续不断地工作,而它们就是此类管理活动的焦点。以冷却水泵为例,此类设备通过此方式进行管理后,其节能效果更加令人满意。采用这种方式来完成冷却水泵设备的管理时,还要将包括船舶热负荷在内的一些方面的情况考虑进去,有针对性地对冷却水的供水量进行调控,最终取得最佳的节能效果。

**4. 运用新能源节能技术**

以太阳能为代表的清洁能源,一方面比较环保,另一方面能够发挥节能减排方面的价值。船舶上各类电气设备应积极发挥清洁能源的节能价值,对各种技术进行整合运用。在使用过程中,应在新能源以及传统能源之间视情况进行灵活切换,从而更好地满足船舶使用需求,并让设备的平稳运行得到保证。另外,太阳能等清洁能源可以用来发电,从而在特殊情况下满足能源使用需求。

## 1.2.3　船舶电气设备节能减排的措施

为了实现船舶电气设备节能减排目标,可采取的措施如下。

(1) 优化航线选择和航行状态:通过合理选择航线和优化航行状态,减少船舶的能耗和排放。

(2) 减少使用额外的发电机和降低发电机负荷:通过减少使用额外的发电机和降低发电机负荷,减少能源消耗和排放。

(3) 加强机器设备的维护保养管理:定期维护和保养机器设备,提高其运行效率和减少能源消耗。

(4) 采用绿色能源技术:①液化天然气(LNG),相比汽油、柴油,LNG 可减排一氧化碳约 90%、二氧化碳约 15%、二氧化硫约 98%;②甲醇燃料,甲醇燃烧会产生一定的二氧化碳,但与传统船用燃料相比,可减少 60% 的氮氧化物和大量二氧化碳;③氨燃料,氨燃烧时不会产生温室气体二氧化碳和硫化物,但会存在少量的一氧化二氮等有害氮氧化物排放问题;④电池动力,电池动力船舶依靠电池蓄电提供动力,电力来源多为绿色能源,具有显著的降碳减排效果。

(5) 采用燃油研磨机:通过研磨燃油颗粒,提高燃油利用率和减少污染物排放。

(6) 采用热能循环利用:对锅炉、燃烧炉和主机废气锅炉等产生热能的设备和系统进行合理布置和收集,降低加热设备的使用频率和时间。

(7) 优化设备配置:合理安装电气设备,避免重复布线和堆放,减少线损和能源消耗。

(8) 使用高效设备:选择能效比较高的电气设备,如 LED(light emitting diode,发光二极管)照明灯具代替传统白炽灯,减少能源消耗。

(9) 定期维护:定期检查电气设备运行状况,及时发现并修复问题,保持设备高效运转。

（10）节能改造：通过节能改造，提高设备效率，减少能源浪费，如安装变频器控制电机的转速。

（11）智能监控系统：运用先进的智能监控系统，实时监测电气设备的运行状态，进行合理调节和管理，提高能源利用效率。

（12）培训员工：进行培训指导，加强员工的节能减排意识，提高员工对电气设备节能减排方法的认知和应用能力。

# 第 2 章

## 船舶电站的维护与管理

# 2.1 船舶电力系统

## 2.1.1 船舶电力系统的要求与组成

### 1. 船舶电力系统的要求

船舶电力系统与地面电力系统的主要区别在于:船舶电力系统是一个孤立系统,其发电装置距离用电装置比较近;地面电力系统则不一样,其发电装置与用电装置之间的距离可达数百千米,需要使用长距离输电线路,且其间要经过数次变压。一般来说,船舶的总装机功率比较高,因此船舶电力系统的工程难度特别大,必须使用更严格的工程措施来防止设备之间出现短路。另外,地面电力系统的控制系统一般由多个相互独立的子系统组成,而船舶电力系统的控制系统通常是一个高度集成、协同的整体。近年来,船舶电力系统、推进系统和控制系统的设计经历了重大的变化,取得了很大的进展。由于计算机、微处理器、可编程控制器、网络通信技术的迅猛发展,对原本相互独立的多个系统进行高度集成不仅已变得可行,而且正在迅速成为新的工业标准。另外,市场对冗余推进船舶及2级和3级动力定位船舶的需求不断上升,要求更多船舶配备物理上独立的冗余系统。如今,船舶上各不同系统之间的相互联系已变得日趋复杂,从而使船舶的设计和建造更具综合性。

船舶犹如一个可移动的海上城市,它的许多设备都需要使用电能。由发电、配电和用电所组成的独立的船舶电力系统是当代船舶的必备设施。随着船舶的大型化,以及自动化程度的不断提高,用于驱动和控制船用设备的电能需求越来越大,船舶电力系统日趋复杂和庞大。为切实保证全船生产和生活用电的需要,船舶电力系统必须安全、可靠、优质和经济,这是船舶电力系统建造和运营的最基本要求。

(1) 安全:在电能的发送、分配和使用中,不应发生人身事故和设备事故。

(2) 可靠:应满足对供电可靠性(即连续供电)的要求。

(3) 优质:应满足用电设备对电压和频率等质量的要求。

(4) 经济:电力系统的投资要少、运行成本要低,并尽可能节约电能。

### 2. 船舶电力系统的组成

船舶电力系统是由电源装置、配电装置、电力网和负载四部分组成并按照一定方式连接的整体,是船舶上电能产生、传输、分配和消耗等全部装置和网络的总称。

(1) 电源装置。电源是将其他形式的能量(如机械能、化学能等)转换为电能的装置。

通常,船舶电源主要是发电机组和蓄电池组。船舶的发电机组既有交流的,也有直流的。

(2)配电装置。配电装置是接收和分配电能的装置,也是对电源、电力网和负载进行保护、监视、测量和控制的装置。配电装置包括各种转换和控制开关、互感器、测量仪表、连接母线、保护器、自动化装置及各种附属设备等。根据供电范围和对象的不同,配电装置可分为总配电板、应急配电板、动力分配电箱、照明分配电箱和充放电板等。

(3)电力网。电力网是船舶输电电缆和电线的总称。电力网作为中间环节连接电源和负载,以实现能量的传递和信息的处理。电力网通常由动力电网、照明电网、应急电网、低压电网和弱电电网等组成。

(4)负载。负载是将电能转换成其他形式能量的装置,又称用电设备。船舶上的用电设备很多,主要有动力负载(各种电力拖动机械)、照明负载、通信设备等。动力负载的用电量占总用电量的 70% 左右,包括舵机、锚机、绞缆机、起货机、油泵、水泵、通风机、空压机、冰机、空调等设备的用电量。

## 2.1.2　船舶电力系统的特点与应遵循的规范和标准

### 1. 船舶电力系统的特点

由于船舶是一个孤立地活动于海洋上的独立体,船舶电力系统与地面电力系统有很大差异,主要表现在以下几个方面。

(1)船舶电站容量较小。地面电网容量一般为几百万千瓦至几千万千瓦,单机容量大多为数十万千瓦;一般远洋船舶主电站装 3 台发电机组,发电机的单机容量为 400～800 kW。因为船舶电站容量较小,而某些大负载容量可与单台发电机容量相比,这样的负载启动时对电网造成很大的冲击(电压、频率跌落均很大),所以对船舶电力系统的稳定性提出了较高的要求,如要求船用发电机调压器、原动机调速器的动态特性与地面发电机组相比具有较高的指标,有强行励磁的能力,且发电机组应能承受较大的负载。另外,由于船舶工况变动也较频繁,所以它对自动控制装置的可靠性提出了较高的要求。

(2)船舶电网输电线路短。与地面数千千米的高压输电网络相比,船舶发电机端电压、电网电压、负荷电压大多是同一个电压等级,因此其输配电装置比地面系统简单。因为船舶容积的限制,电气设备比较集中,电网长度不长并都采用电缆,所以其对发电机和电网的保护也比地面系统简单,一般只设置发电机过载及外部短路的保护,电网的保护和发电机的保护通常共用一套装置。

(3)船舶电气设备的工作环境恶劣。船舶电气设备的工作条件比地面电气设备恶劣得多。环境条件对电气设备的运行性能和工作寿命有严重影响:环境温度会造成电机出力不足,绝缘加速老化;相对湿度高会使电气设备绝缘受潮、发胀、分层及变形等,降低其绝缘性能,并且加速金属部件腐蚀,镀层剥落;盐雾的存在、霉菌的生长和油雾及灰尘黏结都能使电气设备绝缘性能下降、工作性能受到影响;船舶受到严重的冲击和振动会造成电气设备损坏、接触不良或误动作。由此可见,船舶电气设备必须满足"船用条件"的要求。

**2. 船舶电力系统应遵循的规范和标准**

船舶电力系统必须遵循有关规范和标准,以保证其满足使用要求,并使其设计和建造标准化和规范化。我国的船舶现行规范和标准分为民用船舶规范和军用舰船标准两种。

1)民用船舶规范

民用船舶规范由中国船级社(CCS,China Classification Society)制定和发布。与船舶电力系统相关的标准有《钢质海船入级规范》《钢质内河船舶建造规范》。

2)军用舰船标准

军用舰船标准由国家国防科技工业局批准和发布。与船舶电力系统相关的标准有《舰船电气设备保养工艺》(CB/Z 128—1998)、《舰船电气设备和电缆屏蔽接地工艺》(CB/Z 132—1998)等。军用舰船标准是对军用产品设备的基本要求,除经有关部门批准许可外,船舶电力系统的设计不应与规范规定的要求和指标相抵触。

## 2.1.3 船舶电力系统的基本参数

船舶电力系统的基本参数包括电流种类(电制)、额定电压、额定频率和线制。正确选择船舶电力系统的基本参数,可以保证整个系统的可靠性、稳定性和经济性。

**1. 电制的选择**

由于电源有直流电源与交流电源之分,所以船舶电力系统也有直流船舶电力系统与交流船舶电力系统之分,对应的船舶称为直流船与交流船。20世纪50年代以前建造的船舶绝大部分是直流船;随着科学技术的发展,20世纪60年代以后建造的船舶主要是交流船,20世纪70年代后除特种工程船舶外,基本采用交流电力系统。

交流船的电气设备在维护、保养等方面的工作量比直流船少得多,且交流电机结构简单、体积小、质量轻、运行可靠,相应的控制设备也简单。交流船又分成单相交流电系统、三相三线绝缘系统与三相四线系统等几种形式。当采用三相三线绝缘系统时,照明网络与动力网络由于没有电的直接联系,基本上互不影响。采用交流电制后,船舶的造价和维修费用明显降低。

**2. 额定电压的选择**

船舶电力系统额定电压直接影响电力系统中所有电气设备的质量、人身安全问题,以及尺寸、价格等技术经济指标。提高电压主要是使电缆网络的质量减轻、外形尺寸减小，但对电力系统中其他元件的质量、尺寸特性影响并不大，且中压设备价格贵。

一般交流电网采用 50 Hz，380 V；固定安装的电气设备采用 380 V 或 220 V；可携电气设备一般采用 24 V。目前运行中的或正在建造的远洋船舶主电站动力电网的额定电压基本采用 380 V 或 440 V，照明电网的额定电压基本采用 220 V 或 110 V（100 V）。临时应急照明电网与弱电电网一般采用 24 V。由于船舶电站容量的增加，在一些大型船舶、工程船舶及舰船上，电站容量已达数万千瓦，这时仍采用低压系统标准显然不合理，所以这类船舶大多采用 3300 V 或 6600 V 中压等级标准。

**3．额定频率的选择**

交流船舶电力系统的额定频率均选用地面的标准等级，有 50 Hz 和 60 Hz 两种标准，通信导航设备除外。提高频率在一定范围内可提高自动化系统动作的速度，还可减轻电机、变压器、换能器、自动化元件的质量并减小它们的尺寸，但对电缆及电力系统中的其他元件却有相反的作用。

频率的提高还存在一些问题，如与之配套的中频电机、电器和仪表需要制造高速机械装置和高速轴承与电机配套、交流阻抗增大、损耗增大等。另外，由于高速运行，机械噪声也较大。

**4．线制的选择**

船舶电力系统可采用的线制有直流、交流单相、交流三相。直流线制包括双线绝缘系统、负极接地的双线系统和利用船体作为负极回路的单线系统。交流单相线制包括双线绝缘系统、一线接地的双线系统和一线利用船体作为回路的单线系统。交流三相线制最常用的是三线绝缘系统。交流三相线制包括三线绝缘系统、中性点接地的四线系统和利用船体作为中性线回路的三线系统，具体介绍如下。

（1）三线绝缘系统。图 2.1 所示为三线绝缘系统，它是系统的中性点不人为接地的线制。其特点是照明系统和动力系统通过变压器联系，在两系统间只有磁的联系，没有电气的直接联系，因此相互间的影响小，尤其是使得易出现绝缘故障的照明系统对动力系统的影响大为减小。当系统中发生单相接地时，不会因单相短路而产生短路电流使系统保护跳闸，这样，系统即使发生单相接地故障，仍然能继续工作，可最大限度地保持供电的连续性。另外，当系统中发生单相接地时，不会影响三相线间电压之间的对称关系，只是使接地相电压变为零，而非接地相的电压升为线电压，这时系统仍可供电。但必须在短时间内寻找出接地点并予以排除，以免长期使非接地相工作在线电压下，造成绝缘损坏。因此，中性点不接地的三线绝缘系统一定要有绝缘监视装置的配合，以保证在出现单相接地或绝缘性能下降时能及时发出警报,通知人员尽早处理,从而防止电力系统演变成破坏性故障或造成人身伤亡。

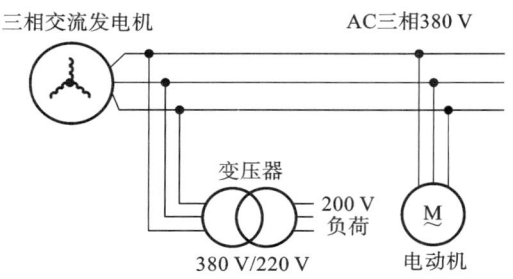

**图 2.1　三线绝缘系统**

（2）中性点接地的四线系统。图 2.2 所示为中性点接地的四线系统,它是系统的中性点人为接地的线制。其特点是电力系统和照明系统可由同一电源供给不同的电压,省去了变压器。该系统的过电压倍数小,维护方便,不需要经常检查电网的绝缘电阻,但当单相接地时便形成短路,必须马上切断故障,因此其供电的连续性难以得到保证。中性点接地的四线系统具有较大的中线电流和三次谐波环流,这与三相负载的不对称及两台并联发电机的有功和无功负载分配不均有关,因此发电机组要加接均压线,以把不均匀度限制在规定范围以内。

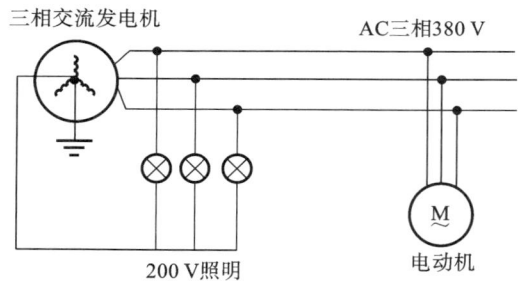

**图 2.2　中性点接地的四线系统**

（3）利用船体作为中性线回路的三线系统。图 2.3 所示为利用船体作为中性线回路的三线系统。由于利用了船体的铁壳作为回路的馈线,该系统可节省大量电缆,简化配电装置。但当导线绝缘损坏时,可造成较大的漏电而引起短路,因此该系统仅用于少数小船。

现代船舶大多采用三线绝缘系统,但对于电力系统有较高安全和可靠性要求的船舶,应采用中性点对地绝缘线制;只有兼有安全性和经济性要求,且单相短路不会造成严重后果的船舶,才可以考虑采用中性点接地线制;利用船体作为中性线回路的接地系统

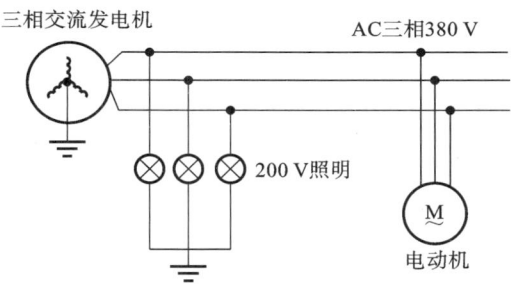

**图 2.3  利用船体作为中性线回路的三线系统**

应少用或不用。

# 2.2  船舶发电机

## 2.2.1  船舶发电机的基本介绍

　　船舶发电机是由原动机带动的,原动机的类型可分为蒸汽机、柴油机、汽轮机和燃气轮机等。由于柴油机的热效率较高、启动快、机动性好,所以在民用船舶上,主发电机和应急发电机的原动机多采用柴油机;如果船舶主机为汽轮机,则其发电机的原动机一般也采用汽轮机,汽轮机需要有配套的燃煤或燃油的蒸汽锅炉装置;有些船舶为达到节能的目的,充分利用船舶主机 10%～15% 的功率储备裕量和主机排出废气的热能,出现了用轴带发电机和主机废气透平发电机作为船舶电源的现象。使用交流电制的船舶均采用三相交流同步发电机作为主电源设备。三相交流同步发电机是一种能量转换装置,它将原动机产生的机械能转换成电能。根据原动机的形式,发电机组通常有转速较高的汽轮机发电机组和更为常见的以中速柴油机为原动机的柴油机发电机组。随着现代船舶的大型化,船舶同步发电机的单机容量不断增大。船舶的自动化对发电机运行的稳定性及可靠性提出了更高的要求。下文主要介绍船舶同步发电机和船舶轴带发电机的基础知识。

### 1.  同步发电机

　　1) 同步发电机的结构

　　同步发电机的转子有两种结构形式。一种是有明显的磁极,称为凸极式,如图 2.4 (a)所示。这种结构的磁极用钢板叠成或用铸钢铸成,磁极上套有串联线圈,构成励磁绕组,在励磁绕组中通入直流电流可使磁极产生极性,且其极性呈 N(北)、S(南)交替排列;

励磁绕组两个出线端连接到两个集电环上,通过与集电环相接触的静止电刷向外引出。另一种是无明显的磁极,转子为一个圆柱体,表面上开有槽,称为隐极式,如图 2.4(b)所示。这种结构的励磁绕组嵌于转子表面的槽中,下线较为困难,但比较坚固。

同步发电机的转子既可以采用凸极式,也可以采用隐极式。对于水轮发电机,由于其转速较低,可把发电机的转子做成凸极式;对于汽轮发电机,由于其转速较高,为了很好地固定励磁绕组,可把发电机的转子做成隐极式。

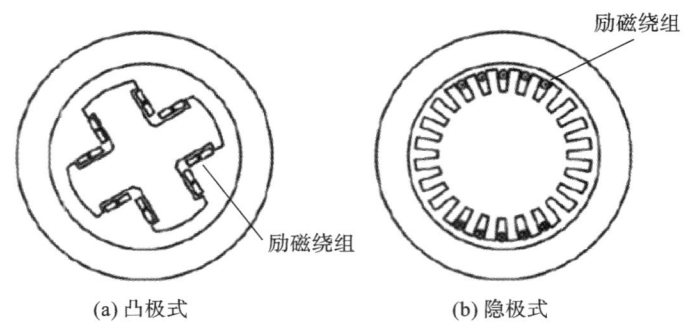

(a) 凸极式          (b) 隐极式

**图 2.4　同步发电机的转子结构形式**

同步电动机一般做成凸极式,其在结构上与凸极式同步发电机类似,且为了能够自启动,一般在转子磁极的极靴上装设启动绕组。

2) 同步发电机的工作原理

同步发电机是一种交流电机,它区别于另一种交流电机(异步发电机)的一个重要特征在于它的转速 $n$(r/min)与电流频率 $f$(Hz)之间保持着严格的关系,如式(2.1)所示。

$$n = \frac{60f}{p} \tag{2.1}$$

式中:$p$——发电机的极对数。

因此,当同步电机的极对数和转速一定时,感应电动势($E_0$)的频率也是一定的。

当同步发电机的转子在原动机的拖动下达到同步转速 $n_1$ 时,由于转子绕组由直流电流作为励磁电流($I_f$),转子绕组在气隙中建立的磁场相对于定子来说是一个与转子旋转方向相同、转速大小相等的旋转磁场。该磁场切割定子上开路的三相对称绕组,在三相对称绕组中产生三相对称空载感应电动势。改变励磁电流的大小可以改变感应电动势的大小。当同步发电机带负载后,定子绕组构成闭合回路,产生定子电流,该电流是三相对称电流,因此要在气隙中产生与转子旋转方向相同、转速大小相等的旋转磁场。此时定子、转子间的旋转磁场相对静止,气隙中的磁场是定子、转子旋转磁场的合成。由于气隙磁场的改变,定子绕组中感应电动势的大小也将发生变化。

当一磁极对数为 $p$ 的同步发电机的转子励磁绕组通过励磁电流时,转子磁极即产生一恒定不变的主磁极磁场。该磁场通过定子、转子铁芯形成磁通 $\Phi_0$（通过对转子磁极形状的加工，可使该磁通沿定子、转子之间的气隙按正弦规律分布），当转子在原动机驱动下以额定转速 $n$ 旋转时，同步发电机中便产生了一个旋转磁场。这一旋转磁场将"切割"固定不动的定子三相对称绕组，使之分别产生相位互差 120° 的三相正弦感应电动势，如式（2.2）所示。

$$E_0 = 4.44 f_N \Phi_0 \qquad (2.2)$$

式中：$f_N$——额定频率。

3）同步发电机的运行方式

对于某些采用电力推进的船舶，推进电动机大部分采用同步电动机。图 2.5 所示为同步发电机的运行方式。$S_1$、$S_2$ 为定子合成磁场磁极；$N_1$、$N_2$ 为转子磁极；$n_1$ 为同步转速；$\theta$ 为功率角。

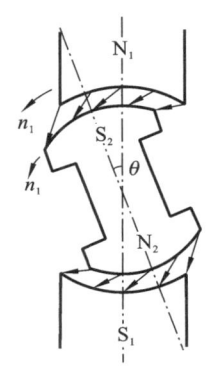

**图 2.5　同步电机的
运行方式**

当原动机拖动同步发电机转子做发电机运行时，原动机的拖动转矩克服电磁转矩的制动作用，使转子不断旋转。因原动机向同步发电机输入机械功率，原动机拖动转子，转子磁极产生的磁力线斜着通过气隙，转子磁极用磁力拖动定子合成磁场磁极同步旋转，发电机将机械功率转换成电功率输出。转子磁极是拖动者，定子合成磁场磁极是被拖动者，两个磁极的轴线存在一定的夹角 $\theta$。如果减小原动机对发电机输入的机械功率，发电机产生的电磁功率及输出的电功率也会减小。形象地说，因原动机拖动转矩减小，使得磁拉力和 $\theta$ 均减小，所以 $\theta$ 又称功率角。

由于气隙中磁场的改变，定子绕组中感应电动势的大小也会发生变化，形成电枢反应，如果转子的励磁电流保持不变，发电机的输出电压会变化。为保证发电机输出电压稳定，要根据电压和电流信号来自动调节发电机的励磁电流。另外，多台同步发电机并联运行时，通过励磁电流的调节还可以调节无功功率的分配。

4）同步发电机的运行特性

（1）同步发电机的空载特性。

同步发电机的定子绕组输出端开路，即为同步发电机的空载运行。同步发电机空载运行时，其定子绕组输出端电压 $U_0$（$U_0 = E_0$）与励磁电流（$I_f$）的关系称为同步发电机的空载特性。由于 $E_0$ 与磁通（$\Phi_0$）成正比，而磁通由励磁电流产生，这两者之间的关系即为磁化曲线，故 $E_0$ 与 $I_f$ 之间的空载特性曲线与磁化曲线具有相同的形状，如图 2.6 所示。

空载特性曲线不仅可以反映发电机空载时输出端电压与励磁电流之间的关系，而且

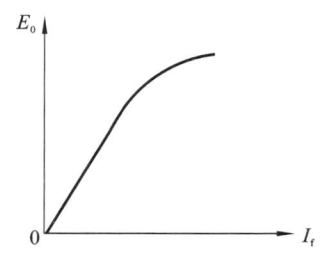

**图 2.6 同步发电机的空载特性曲线**

可以使人能在发电机带负载运行时通过这一曲线及励磁电流来推算电枢感应电动势。此外,空载特性曲线在研究、分析发电机自励起压的过程中也发挥着重要的作用。空载特性曲线可通过实验方法测出。

(2) 同步发电机的短路特性。

原动机拖动同步发电机转子旋转,在同步发电机的转子绕组加上励磁电流,定子三相电枢绕组端点短路,此运行状态即为同步发电机的短路运行。同步发电机短路运行时,同步发电机的输出端电压为零,此时电枢绕组中通过的电流即为短路电流。当同步发电机的转速为同步转速,电枢绕组端点三相短路时,电枢短路电流 $I_k$ 与励磁电流 $I_f$ 的关系称为短路特性,表示为 $I_k = f(I_f)$。

由于电枢内阻远小于电抗,可以忽略不计,所以短路电流可以认为是感性的,此时电路中的电流滞后空载电动势所产生的直轴电枢反应完全起去磁作用,电枢绕组的电抗为直轴同步电抗,空载电动势和直轴同步电抗压降相等。

直轴电枢反应的结果使同步发电机的磁路处于不饱和状态,短路电流 $I_k$ 与励磁电流 $I_f$ 成正比,此时同步发电机的短路特性为一条直线,如图 2.7 所示。

同步发电机的短路特性可以通过实验方法测得。实验时,同步发电机的转速为同步转速,调节励磁电流使电枢的短路电流 $I_k$ 从零开始,直到其值为 $I_N$(额定电流)的 1.25 倍,记录几组短路电流与励磁电流,即可得到短路特性曲线。

(3) 同步发电机的外特性。

同步发电机的外特性是指以额定转速 $n_N$ 运行,励磁电流 $I_f$ 不变,负载功率因数一定时,发电机端电压和负载电流的关系。同步发电机的外特性如图 2.8 所示。曲线 1 为负载为感性负载时的外特性曲线;曲线 2 为负载为纯电阻负载时的外特性曲线;曲线 3 为负载为容性负载时的外特性曲线。$U$ 为发电机端电压;$I$ 为负载电流;$U_N$ 为额定电压;$I_N$ 为额定电流。

不管负载性质如何,发电机端电压均随负载电流变化而变化。电压变化不仅取决于电枢电流在电枢绕组电阻上的压降及漏电抗压降,而且取决于负载性质。负载为感性负载时,发电机端电压随着负载电流增加而下降,此时既有交轴电枢反应,又有直轴去磁电枢反应,使气隙的有效合成磁通减小,所以发电机端电压有所下降;负载为纯电阻负载时,发电机端电压下降慢,这是因为纯电阻负载的电枢反应是交轴电枢反应,使气隙的有效合成磁通略有减小,发电机端电压有所下降;负载为容性负载时,发电机端电压随负载电流增加而增加,这是因为此时既有交轴电枢反应,又有直轴增磁电枢反应,使气隙的有

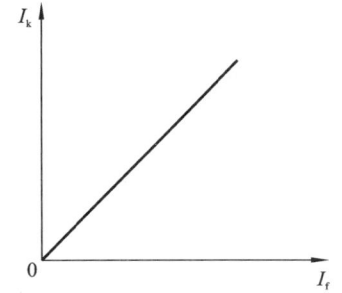

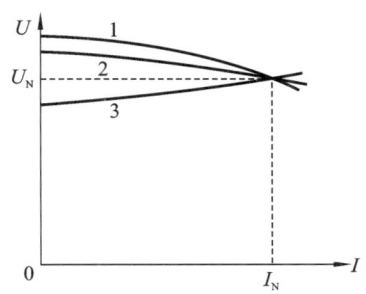

图 2.7　同步发电机的短路特性曲线　　　　图 2.8　同步发电机的外特性

效合成磁通增加。

在额定电压 $U_N$、额定电流 $I_N$ 相同的情况下,不同负载性质对应的空载电动势不一样。负载为感性负载时,$E_0 > U_N$;负载为容性负载时,$E_0 < U_N$。发电机的静态电压变化率($\Delta U\%$)可用来描述这种变化。

同步发电机的静态电压变化率是指发电机额定负载且保持励磁电流和转速不变时,当卸去全部负载后,发电机端电压 $U_0$(空载电动势为 $E_0$)升高(或降低)的变化值与额定电压 $U_N$ 比值的百分数,如式(2.3)所示。

$$\Delta U\% = \frac{U_0 - U_N}{U_N} \times 100\% \tag{2.3}$$

(4) 同步发电机的调节特性。

同步发电机的调节特性是指在同步转速及发电机端电压 $U = U_N$ 和功率因数不变的情况下,励磁电流 $I_f$ 随负载电流 $I$ 变化的关系曲线,即 $I_f = f(I)$。由发电机的外特性曲线可知,感性负载的电枢反应呈去磁作用,电流越大,去磁作用越强,为了保持端电压不变,励磁电流应随负载电流增大而增大,此时发电机处于过励状态,输出感性无功功率,用于电感负载消耗;容性负载的电枢反应是增磁作用,为了保持发电机端电压不变,励磁电流应随负载电流增大而减小,此时发电机处于欠励状态,吸收电网感性无功功率,该无功功率由电容负载提供;对于纯电阻负载,只有电枢电阻压降和漏电抗压降,励磁电流随负载电流的增大而缓慢增大。由此可知,对于单机运行工况,调节励磁电流相当于调节发电机的输出电压;对于同容量同步发电机并联运行工况,调节励磁电流会改变发电机间的无功功率分配和电压。

**2. 轴带发电机**

(1) 优缺点。

轴带发电机是由船舶主机驱动发电机供电的装置,它利用主机的富裕功率来达到节能的目的。定期集装箱船、矿砂船、散装液货船大多数安装了轴带发电机。轴带发电机的主要优点体现在以下几个方面。

①节省燃料和燃料费用。由于主机以劣质燃料油作为燃料,其热效率高、经济性好。

②降低辅助柴油机组的运行时间和消耗,减少相应的维修工作量和维修费用。

③减少滑油消耗。船舶在航行中不使用辅助柴油发动机组,减少其消耗的滑油。

④有利于机舱的布置。由于辅助柴油发动机组总的工作时间缩短,故可选用较高速的柴油发动机组。使用轴带发电机时,往往会减少一台辅机,从而节省机舱的空间。

⑤改善机舱工作环境。降低机舱的噪声,同时减少机舱的热源。

轴带发电机系统也存在一些缺点:船舶在港作业时,不能用轴带发电机供电,仍需要辅助柴油发动机组供电;对于交流电制的船舶,若非恒定转速的主机,则必须采取特殊措施,以保证电网频率恒定,会使整个系统变得较为复杂;一次投资(造船成本)较大。虽然可以从营运成本降低的好处中得到补偿,但是这个补偿既和轴带发电机的功率有关(功率越大越好),也与时间的利用率(船舶在一年中航行的时间)有关。

轴带发电机可以布置在柴油机的自由端或齿轮端,采用传动齿轮进行传动。轴带发电机除了作为发电机使用,即 PTO(power take out,动力输出器)模式,在紧急情况下还可作为电动机使用,即 PTI(power take in,轴带电动联合驱动)模式。由于油船泄漏的后果十分严重,为防止船舶因主推进器失效而引起油品泄漏的严重污染,现代船舶采用了动力装置冗余配置。其中最常见的方式是利用轴带发电机,在主推进装置失效时,将主机与齿轮箱脱开,将轴带发电机作为电动机使用,此时通过柴油发电机的电力带动螺旋桨实现船舶的应急推进。

(2)轴带发电机的主要类型。

轴带发电机是由船舶主机通过变速装置直接驱动一台发电机供电的,它有各种类型。一般由船舶的种类、吨位、主机形式和主要动力装置的选用情况等决定选用哪种类型的轴带发电机。根据螺旋桨形式的不同,轴带发电机可分为调距桨(CPP,controllable pitch propeller)和定距桨(FPP,fixed pitch propeller)两种。其中在由调距桨(变距桨)和轴带发电机组成的系统(CPP+S/G 系统)中,主机和轴带发电机之间装有减速齿轮装置,船速取决于变距桨的螺距大小,主机转速及轴带发电机的频率大致恒定。

①调距桨轴带发电机。调距桨轴带发电机适用于调距桨船舶。无论船舶是机动航行还是正常航行,调距桨主机的转速基本保持不变,轴带发电机的输出电压的频率基本保持恒定,因此可以采用一般的船用交流发电机组。其工作原理及操作均比较简单,且与系泊(辅助)发电机的工作原理大致相同。但是在轴带发电机和主轴之间须采用中间传动机构,以提高轴带发电机的转速,使发电机体积不会太大。在船舶航行中,主机转速恒定,轴带发电机的利用率近似为 100%。由于主机与柴油机组的速度特性不一致,调距

桨轴带发电机不能与船舶柴油发电机组长时间并联运行,只有在切换发电机时,才可以和其他发电机并联运行。调距桨轴带发电机长时间并联运行非常困难的原因如下:在主机运行于额定转速,可变螺距不处于最佳螺距工况或调距桨负荷不稳定的情况下,会导致动力装置效率迅速递减和主机速度波动,进而导致并联机组调频波动,甚至出现逆功率。

在船舶机动航行或进出港时,由于主机负荷变化比较大,为了安全起见,采用系泊发电机供电,在船舶定速航行时切换为轴带发电机供电,这样,整个系统操作方便,其维护的工作量要小得多。

这种类型的轴带发电机系统也存在以下几个方面的缺点。一是轴带发电机的输出电压的频率受到主机负荷变化的影响,一旦工况不好或负荷幅度波动较大,轴带发电机输出电压的频率也将变化较大,这显然对电网上的负载设备是很不利的。二是轴带发电机可以和其他发电机并联运行,但时间不宜过长,这主要是因为主机与辅机的工作特性有差别,两者很难做到机械特性一致。因此在设计船舶自动电站的管理装置时要考虑这个问题,只允许它们在相互转换的过程中短时间并联运行,以确保电站的安全运行。三是轴带发电机输出功率的大小还要受到主机允许输出功率的限制。当主机负荷较大或由于各种因素的影响使主机带负荷的能力下降时,轴带发电机的输出功率就不能增大,否则会造成主机超负荷运行,这时为了保证主机的正常工作,要切除轴带发电机,换为系泊发电机向电网供电。

②定距桨轴带发电机。当主机驱动定距桨时,随着主机工况变化、转速变化,轴带发电机的转速也随之变化,其电压和频率不能保持稳定。为使轴带发电机的频率稳定在允许的范围内,必须配备自动调节装置。当前经常采用的是转速补偿装置和频率补偿装置。按稳定频率的方式分类,定距桨轴带发电机系统主要有旋转变流机组稳频型、行星齿轮传动型、液力传动型及晶闸管(可控硅)整流-逆变器型。前三种均为稳速型,晶闸管(可控硅)整流-逆变器型采用电力稳频,在远洋船舶中应用较多。轴带发电机产生的频率、电压随主机转速而变化的三相交流电,经晶闸管整流器整流后变成直流电,再经逆变器逆变成频率、电压恒定的交流电送入电网。

(3)轴带发电机的运行操作。

轴带发电机的运行操作图如图 2.9 所示。轴带发电机与辅助发电机的并联和转换可以全自动进行。如果是手动并车,其整步合闸、负载转移和辅助柴油发电机的解列与一般的手动准同步并车操作相同。轴带发电机的并车操作顺序如下:经自动频率预调,将有功通道的主开关储能,观察整步灯,满足并车条件时,按下合闸按钮,操作调速开关进行负载转移,辅助发电机组解列、停机。这些操作通常由自动并车装置完成。

船舶在进出港口和靠离码头时,一般不使用轴带发电机,而是使用辅助柴油发电机。

轴带发电机要与辅助柴油发电机长期并联运行,其系统中的频率变换器的控制电路必须具有与调速器相同的特性,因此在选用轴带发电机组时,一般不考虑连续并联运行的要求。当船舶在航行口要临时停车或进出港时,必须考虑轴带发电机组与辅助柴油发电机组进行带电转换,带电转换必须在主机额定转速的 60%～110% 的范围内进行。主机在紧急停车和紧急倒车时,可以采用两种转换方法:一种是当主机转速降到 60% 以下时,采用失电转换;另一种是将主机转速维持在额定转速的 60%,待供电转换为辅助柴油发电机后,再急剧降低主机转速。若来不及带电转换,要求主机停车,此时只能使用应急电源。

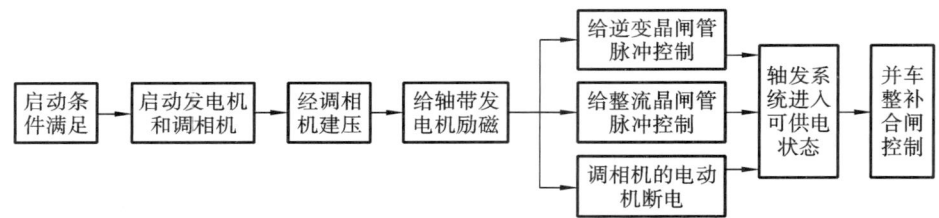

**图 2.9   轴带发电机的运行操作图**

## 2.2.2   发电机的日常维护与保养

### 1. 一般维护

为保证发电机正常工作,其附近不应有水、油及污物堆积,不能有腐蚀性气体,以免损伤发电机绕组绝缘。在防潮防尘的同时,要注意不能影响发电机的正常通风冷却,要经常清洁通风过滤网及通风孔道内的灰尘污物,保持通道畅通无阻。冷却空气的温度不得过低,以免绕组及其他导电器件上凝结水珠。对因故短期停止运行的发电机,可不必包扎保护集电环,但要在电刷与集电环之间垫绝缘纸板、石蜡纸或沥青纸,以免电刷在集电环表面形成斑点。如果发电机的加工面由于油、漆脱落而锈蚀,应及时除锈并涂防锈漆。

### 2. 拆装注意事项

发电机拆装方法与异步电动机大致相同,但由于发电机重量大,拆装时应注意不要碰伤。拆卸端盖时,不要碰伤凸出在机座外面的定子线圈;取出转子时,要在电机定子、转子间垫纸板,以防损伤铁芯和绕组;在用钢索绑扎转子时,钢索不得碰到转子轴颈、风叶、转子线圈和旋转整流器;绑钢索处必须垫木板或橡皮;应将转子放在硬木衬垫上,衬垫放在轴颈或转子的铁芯下面,不得垫在集电环下面,以防集电环被压变形;取出转子后,要用绝缘厚纸包扎集电环,以免碰坏。

### 3. 发电机的烘干

新安装好的同步发电机在运行前,一般应进行烘干。如果绝缘电阻满足要求,可以不进行烘干,但运行开始的 24 h 内负荷宜不超过额定容量的 50%。运行中的发电机停车检修或停用时间超过规定时间,绝缘电阻低于规定值时,必须进行烘干;因水浸或蒸汽管道漏气而浸湿的发电机,必须进行烘干。

烘干的方法很多,在船舶上可用热风法和带负荷干燥法。

(1) 热风法。热风法指把主机产生的干燥、清洁的废热风吹入发电机,对定子、转子绕组进行烘干。为防止转轴变形,应周期性地把转子转 180°。干燥时,应控制绕组表面温度。应用温度计测量温度,绕组表面温度不得超过 85 ℃,进风口的风温不得超过 90 ℃。

(2) 带负荷干燥法。船用发电机仅为表面受潮时,可用带负荷干燥法烘干。干燥时,发电机可先带 50% 的额定电流负载运行,然后按 65%、75%、85%、100% 的数值增加到额定电流。每一级负荷运行 24 h。在干燥的过程中,应定时测量各绕组的绝缘电阻。

加热干燥应在清洁的空气中进行,干燥前应用压缩空气将发电机吹拂干净。若绕组潮湿严重,应先用热风法进行干燥,经一定时间干燥后,再带负荷干燥,以免绝缘被击穿。干燥时,应多放些温度计,分布在发电机的各部分,以便掌握各部分的温度,防止局部过热。加热应缓慢进行,以免线圈内部的潮气骤然蒸发而发生绝缘损伤。若温度达不到要求,可在略低的温度下进行干燥,但需要适当延长时间。干燥开始后,应每隔 30 min 测量一次温度和绝缘电阻。当温度稳定后,应每隔 1～2 h 测量一次,并做好记录。发电机干燥初期绕组发热,水分蒸发,使绝缘电阻下降,然后又逐渐上升,上升的速度越来越慢,最后稳定在一定的数值。在恒定温度下,绝缘电阻保持 3 h 以上不变时,干燥工作即可结束。不论采用哪种方法,在干燥后,当线圈冷却到 60 ℃ 时,定子绕组和转子绕组的绝缘电阻以 500 V 兆欧表测量,应不低于 0.5 MΩ。

### 4. 发电机轴承的维护与保养

在油环润滑的滑动轴承中,轴承的油量应保持一定,一般不在运行时注油。油量应在规定液面下,轴承不应甩油,以免溅到绕组上。润滑油应定期取出样品检查。若油色变暗、混浊,有水或污物,应进行更换。轴承发热时,应更换新油,一般每工作 250～400 小时换一次油,或者至少每半年更换一次。换油时,应先用煤油洗净轴承,再用汽油刷干净,才可注入新润滑油。采用滚珠或滚柱轴承的电机,运行约 2000 h 时,应更换润滑脂。轴承用于灰尘多且潮湿的环境中时,应根据情况经常更换润滑油。在启动长期停用的发电机前,如装有滚动轴承,必须先检查其润滑状态,若原有润滑脂已脏或已经硬化变质,必须先将轴承冲洗干净,再用汽油清洗,最后填入清洁的润滑脂。润滑脂的填入量为轴承室空间的 2/3,不可填入过多。

**5.集电环与电刷的维护**

集电环的表面应保持光滑,并呈圆柱形。如果表面有铜绿及灼痕,应用 00 号砂布研磨。研磨时,可把砂布装在直径与滑环相适应的弧形木瓦上研磨,也可在运行中研磨。如果表面严重灼伤或集电环变形,应进行光车,光车可在船舶进厂检修时进行。电刷为易损坏的部件,应经常检查。若电刷磨损过多,应更换新电刷,新电刷牌号必须与原来的电刷相同,在同一极性刷杆上的电刷应一起更换。新电刷应进行研磨,使其与集电环表面接触良好,再在轻负载下(额定负载的 1/4～1/3)运转到其接触面光滑。

## 2.2.3 船舶发电机运行中的监视

对于运行中的发电机,应根据配电盘上的仪表指示情况对发电机进行不间断监视,以便及时发现不正常现象,消除隐患,保证船舶正常供电。

**1.发电机温升的监视**

发电机运行时,铜耗、铁耗及机械损耗等原因会使发电机温度升高。发电机各部分实际温度等于冷却介质的温度与其对冷却介质的温升之和。温度过高,会加速绝缘老化,缩短发电机使用寿命,甚至会使发电机发生故障。

对无限航区的船用发电机,环境温度规定为 50 ℃,但实际上由于季节变化、船舶航行海域和气候条件的不同,环境温度有所变化。当机舱温度升高时,发电机的温升应相应降低。温升可以用埋置在发电机定子槽内或定子绕组端部的测量元件测量,也可以通过测量绕组的电阻值来求取。日常检查时,可用手摸粗略估计发电机温升是否正常。

**2.发电机电压的监视**

运行中的发电机的电压应达到额定值,其允许变化范围不应超过额定电压的 ±5%。端电压过低会影响船上电机、电器的正常工作;端电压过高除了会影响电机正常工作,还会因励磁电流增大而导致发电机温度增高。

船舶交流同步发电机的调压多采用自励恒压装置,但是当多台电动机同时启动时,电枢反应的去磁效应会引起电网电压波动,同时使发电机电流增大,因此应当注意电压恢复情况。

**3.发电机功率因数与频率的监视**

船用交流同步发电机的额定功率因数大多定为 0.8,但实际工作时,负载的功率因数是变化的。对于并联运行的多台发电机,其功率因数宜基本一致,避免某台发电机功率因数太高,而另一台发电机功率因数太低,以提高电网系统的稳定性。

交流同步发电机正常运行时,电网频率的波动范围应保证在额定频率的±5%以内,以免影响电动机、电器的正常运行。

**4. 绝缘电阻的监视**

发电机在投入运行前,必须测量定子、转子绕组的绝缘电阻,可用兆欧表(摇表)测量,也可通过配电盘上的兆欧表测量,每月至少一次。定子、转子绕组的热态绝缘电阻不应低于 0.5 MΩ,若低于此值,应当查明原因并采取措施,使绝缘电阻提高。

**5. 其他部分的监视与检查**

对于运行中的发电机,还必须监视、检查机组转动情况、滑环与电刷工作情况、滑环表面是否有电刷粉末和污垢聚集、刷架及刷握上是否有积灰,应经常吹拂、清洁电刷、刷握、刷架及滑环等。

## 2.2.4　发电机投入运行前的检查

新安装的发电机或经检修及长期停用的发电机投入运行前应进行检查,以保证发电机安全运行。

(1) 仔细查看发电机内部,不得有杂物存在;防止落入螺钉、工具、抹布等异物。

(2) 用大约两个大气压的干燥压缩空气或洗耳球(皮老虎)清除发电机各部分的灰尘;为避免损坏线圈,不得使用金属吹管。

(3) 检查发电机轴承的润滑情况,润滑油和润滑脂的质量与数量必须符合维护要求的规定。

(4) 检查发电机与其原动机的连接情况是否良好,同时检查两机的轴线是否在同一直线上。

(5) 检查转子是否转动灵活,同时检查轴承质量。

(6) 清洁集电环。

(7) 检查电刷电阻,电刷压力为 14.7～19.6 kPa。

(8) 测量绝缘电阻,用 500 V 兆欧表测量,不得小于 0.5 MΩ。

(9) 如果发电机结构允许,可用塞尺测量气隙,最大气隙、最小气隙之差与平均气隙之比一般不超过±5%(低速发电机不应超过±10%)。

(10) 检查励磁绕组接线是否正确、引线是否良好。

(11) 检查各紧固件,有松动时应上紧。

(12) 正式运转前,应进行试车,使发电机空转,达到额定转速后,再停机检查转向、振动情况、轴承温度等是否符合要求。

## 2.2.5 发电机故障诊断与排除方法

### 1. 发电机过热

（1）发电机没有按规定的技术条件运行：定子电压过高，铁损增大；负荷电流过大，定子绕组铜损增大；频率过低，使冷却风扇转速变慢，影响发电机散热；功率因数太低，使转子励磁电流增大，造成转子发热。出现以上故障时，应检查监视仪表的指示是否正常。如不正常，要进行必要的调节和处理，使发电机按照规定的技术条件运行。

（2）发电机的三相负荷电流不平衡，过载的一相绕组会过热；若三相电流之差超过额定电流的 10%，属于严重缺相电流不平衡。三相电流不平衡会产生负序磁场，从而增加损耗，引起磁极绕组及套箍等部件发热。出现以上故障时，应调整三相负荷，使各相电流尽量保持平衡。

（3）风道被积尘堵塞，通风不良，造成发电机散热困难。出现这种故障时，应清除风道积尘、油垢，使风道畅通无阻。

（4）进风温度过高或进水温度过高，冷却器有堵塞现象。出现这种故障时，应降低进风或进水温度，清除冷却器内的堵塞物。在未排除故障前，应限制发电机负荷，以降低发电机温度。

（5）轴承加润滑脂过多或过少。出现这种故障时，应按规定加润滑脂，通常为轴承室的 1/3～1/2（转速低的取上限，转速高的取下限），并以不超过轴承室的 70% 为宜。

（6）轴承磨损。若磨损不严重，会使轴承局部过热；若磨损严重，有可能使定子和转子摩擦，造成定子和转子局部过热。出现这种故障时，应检查轴承是否有噪声，若发现定子和转子摩擦，应立即停机检修或更换轴承。

（7）定子铁芯绝缘损坏，引起片间短路，造成铁芯局部的涡流损失增加而发热，严重时会使定子绕组损坏。出现这种故障时，应立即停机进行检修。

（8）定子绕组的并联导线断裂，使其他导线的电流增大而发热。出现这种故障时，应立即停机进行检修。

### 2. 发电机中性线对地有异常电压

（1）在正常情况下，由于高次谐波影响或制造工艺等原因，造成各磁极下的气隙不均、磁势不等而出现低电压，若电压在一伏至数伏，不会有危险，不必处理。

（2）发电机绕组短路或对地绝缘不良，会导致电气设备及发电机性能变坏，容易发热，应及时检修，以免事故扩大。

（3）空载时中性线对地无电压,而有负荷时出现电压,是三相不平衡引起的,应调整三相负荷使其基本平衡。

### 3. 发电机电流过大

（1）负荷过大,应减轻负荷。

（2）输电线路发生相间短路或接地故障,应对线路进行检修。

### 4. 发电机端电压过高

（1）与电网并列的发电机电网电压过高,应降低并列的发电机的电压。

（2）励磁装置故障引起过励磁,应及时检修励磁装置。

### 5. 无功功率不足

励磁装置电压源复励补偿不足,不能提供电枢反应所需的励磁电流,使发电机端电压低于电网电压,送不出额定无功功率。出现这种故障时,应采取下列措施。

（1）在发电机与励磁电抗器之间接入一台三相调压器,以提高发电机端电压,使励磁装置的磁势逐渐增大。

（2）改变励磁装置电压磁通势与发电机端电压的相位,使合成总磁通势增大,可在电抗器每相绕组两端并联数千欧、10 W 的电阻。

（3）减小变阻器的电阻,使发电机的励磁电流增大。

### 6. 定子绕组绝缘击穿、短路

（1）定子绕组受潮。对于长期停用或经较长时间检修的发电机,投入运行前,应测量绝缘电阻,不合格者不准投入运行。受潮发电机要进行烘干处理。

（2）绕组本身缺陷或检修工艺不当,造成绕组绝缘击穿或机械损伤,应按规定的绝缘等级选择绝缘材料,严格按工艺要求进行嵌装绕组及浸漆干燥等。

（3）绕组过热。绝缘过热会使绝缘性能降低,有时在高温下会很快造成绝缘击穿,应加强日常的巡视检查,防止发电机各部分过热而损坏绕组绝缘。

（4）绝缘老化。一般发电机运行 15～20 年,其绕组绝缘会逐渐老化,导致电气性能下降,甚至引发绝缘击穿,要做好发电机的检修及预防性试验,若发现绝缘不合格,应及时更换有缺陷的绕组绝缘或更换绕组,以延长发电机的使用寿命。

（5）发电机内部进入金属异物。在检修发电机后,切勿将金属物件、零件或工具遗落到定子膛中;绑紧转子的绑扎线、紧固端部零件,避免由于离心力作用而松脱。

（6）过大电压击穿。人为误操作,如在空载时,将发电机电压调得过高。发电机内部过电压包括操作过电压、弧光接地过电压和谐振过电压等。出现这种故障时,应加强绕组绝缘预防性试验,及时发现和消除定子绕组绝缘存在的缺陷。

### 7．铁芯片间短路

（1）铁芯叠片松弛，当发电机运转时，铁芯产生振动而损坏绝缘；铁芯片个别地方绝缘受损伤或铁芯局部过热，使绝缘老化，应按厂家要求的方法处理。

（2）铁芯片边缘有毛刺或检修时受机械损伤，应用细锉刀除去毛刺，修整损伤处，清洁表面，再涂上一层硅钢片漆。

（3）有焊锡或铜粒短接铁芯时，应刮除或凿除金属熔接焊点，处理好表面。

（4）绕组发生弧光短路时也可能造成铁芯短路，应用凿子清除烧损部分，处理好表面。

### 8．发电机失去剩磁，启动时不能发电

（1）停机后经常失去剩磁，是由于励磁机磁极所用的材料接近软钢，剩磁较少。当停机后励磁绕组没有电流时，磁场消失，应备有蓄电池，在发电前进行充磁。

（2）发电机的磁极失去磁性，应在绕组中通入比额定电流大的直流电流（时间很短）进行充磁。

### 9．自动励磁装置的励磁电抗器温度过高

（1）电抗器线圈局部短路，应检修电抗器。

（2）电抗器磁路的气隙过大，应调整磁路气隙。

### 10．发电机启动后，电压升不起来

（1）励磁回路断线，使电压升不起来，应检查励磁回路是否断线、接触是否良好。

（2）剩磁消失。如果励磁机电压表无指示说明剩磁消失，应对励磁机进行充磁。

（3）励磁机的磁场线圈极性接反，应将其正、负连接线对换。

（4）在发电机检修中做某些试验时误把磁场线圈通以反向直流电，导致剩磁消失或反向，应重新进行充磁。

### 11．发电机的振荡失步

在正常情况下，发电机发出的功率是和负荷功率平衡的。当系统发生短路故障或发电机大幅度甩负荷时，发电机的功率就与用户的负荷不平衡。若调整负荷使其平衡，由于转子惯性和调速器延时需要一个过程，在此期间，发电机的稳定运行将被破坏，使发电机产生振荡。如果事故严重，甚至会使发电机与系统失去同步。发电机振荡失步时，值班人员可通过增加励磁电流来创造恢复同步的条件，也可适当调整该机的负荷以帮助恢复同步。

### 12．发电机振动

（1）转子不圆或平衡未调整好，应严格保证制造和安装质量或重新调整转子的平衡。

（2）转轴弯曲，可采用研磨法、加热法及锤击法等校正转轴。

（3）联轴节连接不正，应重新调整联轴节，必要时重新加工联轴节端面。

（4）结构部件共振，应通过改变结构部件的支持方法来改变其固有的频率。

（5）励磁绕组层间短路，应检修励磁绕组，并进行绝缘处理。

（6）供油量或油压不足，应加大喷嘴直径，升高油压，加大供油口，减小间隙。

（7）供油量过大或油压过高，应减小喷嘴直径，降低油压，提高面积压力，增大间隙。

（8）定子铁芯装配松动，应重新装压铁芯。

（9）轴承密封过紧，使转轴局部过热、弯曲，应检查和调整轴承密封，使其与轴有适当配合间隙。

（10）发电机通风系统不对称，应注意定子铁芯两端挡风板及转子支架，科学布置挡风板结构和选择尺寸，使风路系统对称，增强盖板、挡风板的刚度，保证紧固牢靠。

# 2.3　船舶配电装置

船舶配电装置是一种对电能进行集中控制和分配的装置。按用途的不同，船舶配电装置可分为总配电盘（或称主配电盘）、应急配电盘、充放电盘、岸电箱、分配电盘；按结构形式的不同，船舶配电装置可分为防护式、防滴式、防水式三种。主配电盘和应急配电盘多采用防护式。

配电装置的主要功能如下：正常运行时，接通或切断电源至用电设备间的供电网络，对电网供电或停止供电；测量和监视电力系统的各种电气参数；调整电力系统的各电气参数值；当电力系统发生故障或不能正常运行时，自动切断故障电路以保护电路；对电路状态、开关状态以及偏离正常的工作状态进行信号显示。

## 2.3.1　主配电盘的维护周期及技术要求

### 1. 主配电盘表面

日常要注意检查各指示灯是否正确反映实际工作状况，如有损坏或接触不良，应及时修理或换新；检查地气灯是否完好、各种报警装置是否能可靠报警；检查测量仪表是否完好、指示数值是否正确。各种仪表和保护装置每四年应校验一次，并获得船检部门的认可。

### 2. 主开关

（1）每月检查一次。检查各活动零件摩擦部分的润滑情况，必要时添加润滑油；检所有紧固零件是否有松动现象,检查可调部件是否有变形或移位现象,更换损坏的零件;检查各保护装置整定值的标记是否正常。

(2)每半年检查一次。检查操作机构是否灵活、可靠;清除灭弧罩及栅片上的烟灰,栅片间不应有熔接现象;检查触头表面是否光洁;检查副触点的接触是否良好;检查过载保护装置,不同形式的装置的检查内容也不同,油杯式的应检查油质、油位是否正常,空气阻尼式的应检查橡皮有否变质,钟摆延时式的应检查机械传动是否灵活;检查半导体装置温度,其温度不应过高。对于电动储能合闸的执行电动机,应检查电刷磨损及换向情况,检查制动装置的清洁和磨损情况,检查失压脱扣机构动作是否可靠;对于过载、短路、欠压、逆功率(逆电流)的整定值,每4~5年校验一次,并做好标记。

### 3. 并车电抗器及其接触器

每半年检查一次。检查并车电抗器接线端子是否松动、并车接触器的线圈及接线是否良好、触头是否有卡住现象;检查并车电抗器回路中的熔断器是否完好。

### 4. 充磁装置

每半年检查一次。检查整流二极管、变压器等设备是否正常工作,注意防止产生倒流现象。

## 2.3.2 主配电盘的常见故障排查

当配电盘有电,但空气开关不能合闸时,主配电盘的故障原因及排查方法如表2.1所示。

表 2.1 当配电盘有电,但空气开关不能合闸时的故障

| 故障原因 | 故障排查方法 |
| --- | --- |
| 空气开关的自由脱扣机构的脱扣钮腐蚀严重,钩不住 | 检查脱扣钮并修理 |
| 失压脱扣线圈烧坏,空气开关辅助触头或中间继电器触头接触不良 | 检查失压脱扣线圈或触头接触状况并修理 |
| 控制线路熔丝熔断 | 检查熔丝,重新装好 |
| 逆流或逆功率继电器的电压线圈和电流线圈通电后作用与要求相反,接正常负载后产生逆流或逆功率 | 互调电压线圈或电流线圈的两接线端头 |

当空气开关虽能合闸,但不能对外供电时,主配电盘的故障原因及排查方法如表2.2

所示。

**表 2.2　当空气开关虽能合闸，但不能对外供电时的故障**

| 故障原因 | 故障排查方法 |
| --- | --- |
| 主触头烧坏 | 更换或修理触头 |
| 热元件烧坏或过流脱扣器线圈线头松脱 | 更换热元件或紧固线头 |
| 动触头连接线断开 | 检查并连接好 |

当空气开关受船体振动，易自动跳闸时，主配电盘的故障原因及排查方法如表 2.3 所示。

**表 2.3　当空气开关受船体振动，易自动跳闸时的故障**

| 故障原因 | 故障排查方法 |
| --- | --- |
| 失压线圈电阻太大，导致电磁吸力弱或铁芯反作用弹簧力太大，铁芯吸合不牢 | 增大电磁吸力或减少弹簧反作用力 |
| 自由脱扣机构钩不住 | 检查并修理 |
| 过流脱扣器失调，动作电流太低，在正常负载电流时已接近动作值 | 调整过流脱扣器 |

当逆流继电器失灵，直流发电机逆流时，主配电盘的故障原因及排查方法如表 2.4 所示。

**表 2.4　当逆流继电器失灵，直流发电机逆流时的故障**

| 故障原因 | 故障排查方法 |
| --- | --- |
| 逆流继电器失调 | 调整逆流值至额定电流的 15% 时动作 |
| 逆流继电器电压线圈烧坏，失去逆流保护作用 | 检查并更换线圈 |

当逆功率继电器失灵，交流发电机产生逆功率现象时，主配电盘的故障原因及排查方法如表 2.5 所示。

**表 2.5　当逆功率继电器失灵，交流发电机产生逆功率现象时的故障**

| 故障原因 | 故障排查方法 |
| --- | --- |
| 没有按要求接线 | 改为正确接线 |
| 电压线圈或电流线圈烧坏，逆功率继电器不起作用 | 检查并更换线圈 |

### 2.3.3　主开关跳闸的应急处理

配电盘的主开关跳闸导致全船停电是一种严重事故。如果航行中的船舶不能立即恢复供电,就会失去动力,无法操纵,甚至会引起船舶触礁或碰船,因此,跳闸以后必须迅速采取措施,尽快恢复供电,避免引起恶性事故。

主开关跳闸后,应沉着冷静,根据跳闸前的具体情况采取相应措施恢复供电。主开关跳闸可分为以下三种情况。

**1. 航行中跳闸**

航行中主开关突然跳闸,其主要原因如下。

(1)负载太大或电网发生短路,引起过载或短路保护动作而跳闸。此时应当立即启动备用机组,合闸供电给航行设备以及为主辅机服务的电气设备,保证航行安全。

(2)发电机主开关误动作而跳闸。如果电网负荷不大,又没有发生短路现象,则有可能是发电机主开关本身误动作引起跳闸。例如主开关失压脱扣钩松动,加之船舶振动引起失压脱扣器动作,使主开关跳闸;失压线圈绝缘老化、击穿、短路、烧坏,使主开关跳闸。此时,如重合闸不能成功,应立即启动另一台备用机组投入电网。

(3)调速器失灵。如果发电机组的原动机调速器失灵,不能保证油门随负载的变化而相应增减,也会引起主开关跳闸,跳闸前副机的转速、声音不均匀,忽大忽小,变化范围大,此时应启动另一台备用机组投入电网。

(4)柴油机故障停机,引起发电机失压而跳闸,此时应启动另一台备用机组投入电网。

**2. 并车时跳闸**

并车时,如果主开关跳闸,这是因为没有满足并车条件合闸,冲击环流太大,使过流保护装置或逆功率保护装置动作。如果是逆功率使主开关跳闸,一般不会引起电网失电,此时应先调整待并发电机的频率、相位,使其满足并车条件,进行并车合闸,再负荷转移,使两台发电机稳定并联运行。

**3. 装卸货时跳闸**

如果在装卸货时发生主开关跳闸,大多是由于起货机数量多,发电机过载,有时也因多台起货机同时启动而引起,此时应暂时断开起货机电源开关,同时立即合主开关,然后启动一台发电机组并入电网,并检查逆功率保护的整定值是否有变动,稳定后,便可向起货机供电。当船舶其他负荷比较小时,起货机在高速落货时,位能反馈给电网,会使发电机逆功率造成主开关跳闸,此时应立即合闸,限制高速落货运行。

# 2.4　船舶电站维护与管理

## 2.4.1　船舶电站失电故障与维护

### 1. 船舶电站失电故障

船舶电站一旦发生跳闸失电事故,船舶电气管理人员应能根据不同的故障现象,分析判断故障原因,从而进一步采取相关措施,尽快恢复供电。具有自动电力管理系统的电站,一般不会发生失电事故,即使发生(除发生短路外),也会在短时间内恢复供电。在此,重点分析一下常规电站。

1) 发电机主开关故障的判断

对于常规电站,跳闸失电前一段时间内无有关电站的报警,发生毫无预兆的发电机主开关跳闸,发电机跳闸后,运行的发电机组的电压及频率均正常,且经检查确认未发生外部短路故障,则可判断一般是由主开关本身故障引起的。

2) 发电机外部短路、过载、失(欠)压和逆功率故障的判别

(1) 发电机外部短路故障的判别。

发电机外部短路故障的判别指的是按规范要求对发电机外部短路保护时,即发电机电流大于等于 $200\%I_e$($I_e$ 为额定电流)时,主开关跳闸故障的判别。

对于具有自动电力管理系统的电站,当发电机主开关跳闸、主电网失电,除报警外机舱没有其他反应,且报警指示的是短路保护时,说明这时发生了发电机外部短路故障。

对于常规电站,当发电机主开关跳闸,如果跳闸不是有关人员操作失误(如并车操作等)造成的,不是发生在同时启动几台大负荷设备时,不是出现在利用船上起货机进行装卸货作业时,不是出现在先发生转速下降后跳闸时,不是出现在先发生电压下降后跳闸(从照明灯的亮度可得到判别)时,一般可断定发生了发电机外部短路故障,但也不排除主开关本身故障引起跳闸。

(2) 发电机过载保护的判别。

一般发电机在较大负荷下运行时,发电机可能会过载而使主开关跳闸。例如在不查看发电机实际功率,启动大负荷设备(起货机、压载泵等)导致发电机过载而跳闸;在并联运行时,其中一台机组因机电故障保护立即跳闸;分级卸载装置失灵导致运行机组出现过载而发生保护跳闸。

对于具有自动电力管理系统的电站,由于具有重载询问、分级卸载等功能,基本上没有过载跳闸的可能。

（3）发电机失（欠）压保护的判别。

发电机失（欠）压保护跳闸主要发生在调速器及燃油系统或调压器出现故障的场合。调速器及燃油系统故障导致失（欠）压保护的判断依据是先出现转速下降（可通过柴油机声音判别），后发生跳闸；调压器故障导致失（欠）压保护的，可从先出现电压下降（可从照明灯的亮度变化判别），后发生跳闸来判断。

（4）发电机逆功率保护的判别。

发电机逆功率保护跳闸主要发生在并车操作合闸时刻掌握不当、并联运行时负荷分配操作调节方向相反、并联时其中一台柴油机调速器损坏或燃油中断等场合。

3）无功功率分配装置故障的判别

机组并联运行,当出现两台功率表指示基本相同而电流表指示相差太大的情况时,或当出现两台功率表指示基本相同而功率因数表指示相差较大时,均说明发生了无功功率分配装置故障。

4）调频调载装置故障的判断

对于并联运行的发电机组,在运行过程中发现电网频率波动很大,且并联运行的发电机组间有功功率分配不均时,说明调频调载装置发生故障。

**2. 船舶电站失电的处理**

1）对于主开关本身故障引起电站失电的处理

主开关误跳闸多由短路选择性保护不良引起,也可能由内部机械故障引起。若确认电网失电是主开关本身故障所致,首先应立即启动另一台机组,待电压、频率正常后,进行手动合闸操作,再按负载的重要件及功率大小逐级启动各类负荷投入电网,最后根据具体情况进行故障检修工作。

2）对于具有自动电力管理系统电站失电的处理

除了因短路导致的发电机主开关跳闸、电网失电,对于其他各种机、电故障导致的主开关跳闸,自动电力管理系统均能自动处理,不需要值班轮机员干涉,值班人员仅需按照报警指示故障进行相应检查、排除、处理。若电网突然失电,除警报声外所有设备均停止运行,此时值班人员切忌启动机组、合闸供电,应先查看报警指示。警报必定指示发电机短路,控制系统的控制模式由"自动"自动切换至"非自动（手动）"。在报警应答后,应先仔细检查主配电板后面的汇流排是否短路。若短路,找到短路点并排除故障后,方可进行故障复位,系统随即恢复到自动状态；若确认主配电板没有短路,可直接进行复位,同样可使系统恢复到自动状态。系统一旦恢复到自动状态,阻塞状态便得以解除。此时,值班轮机管理人员便可以进行正常的遥控操作。

3）对于常规电站失电的处理

（1）发电机外部短路故障引起的船舶电网失电。

若是短路保护跳闸,应先检查主配电板汇流排是否短路,排除短路故障后,方可恢复供电,再按功率大小及重要性逐级启动各类负荷。

（2）发电机过载引起的船舶电网失电。

若发电机过载引起主开关跳闸,机舱报警,应先应答警报、消声,复位过流继电器（over current relay,OCR）（此操作视具体发电机控制屏而定,有些不需要）,然后合上发电机主开关,再按功率大小及重要性逐级启动各类负荷,最后根据电网负荷确定是否需要启动备用发电机组进行并联运行（这种过载保护多数发生在启动大功率负荷时,如起货机、压载泵等,应询问值班人员当时的具体情况,以确定下一步操作）。

（3）发电机失（欠）压引起的船舶电网失电。

若发电机失（欠）压引起主开关跳闸,应先停掉失（欠）压机组,然后启动备用机组投入电网运行,最后按功率大小及重要性逐级启动各类负荷。在停止已经跳闸的机组前,如果发现柴油机运行正常,可断定为发电机故障或调压器故障,检修的重点是电气部分;如果发现柴油机运转不正常或已经停机,可初步断定为机械故障,检修重点应为柴油机、调速器、燃油系统、滑油系统等。

（4）发电机逆功率引起的船舶电网失电。

若发电机逆功率引起主开关跳闸,应检查原运行机组与待并机组的机、电状况,复位逆功率继电器（视具体发电机控制屏而定,有些不需要）,一切正常时,合上运行机组的主开关,按功率大小及重要性逐级启动各类负荷,待发电机组带上相当负荷时,将另一台机组按并车条件进行并车操作。

4）无功功率分配装置故障的处理

对于常规电站,有的具有直流均压线或交流均压线,有的具有（带差动电流互感器的）环流补偿装置。

（1）对于不可控相复励装置,采用均压线来分配无功功率,若无功功率分配不均,则应检查以下几点。

①检查均压接触器是否通电动作,检查接触器线圈及相应发电机主开关的常开辅助触点是否闭合到位、熔断器是否熔断,以进行修正或换新。

②检查均压接触器的主触点是否可靠闭合,以研磨修理或换新。

③检查均压连接线是否中断及接线点是否接触良好并牢靠。

（2）对于可控相复励调压装置、可控硅调压装置,采用（带差动电流互感器的）环流补偿装置来分配无功功率,若无功功率分配不均,则应检查以下两点:①相应发电机主开关的常开辅助触点是否闭合到位;②相应发电机 AVR(自动电压调节器)的输入信号(来自差动电流互感器)是否正常。

5)调频调载装置故障的处理

调频调载装置故障的处理包括以下两个方面的内容:①检查相应发电机组有功功率检测环节;②检查相应发电机组自动调频调载装置的执行元件。

## 2.4.2 船舶电站管理的技术要求

船舶电站安全稳定运行是保证船舶正常航行的重要条件,电气管理人员必须做好船舶电站的日常管理工作。

**1. 船舶电站运行中的监视与管理**

(1)观察配电盘上的仪表的读数,如电压、频率、电流、功率等,并做好记录。

(2)根据工况进行发电机的并联运行或解列,使电站合理、经济运行。

(3)观察并联发电机组间功率分配是否合理,如果不合理,应手动调节并使之合理分配。交流发电机各相电流不得相差 15% 以上,且每相电流不应超过额定值。当发电机超负荷时,若有分级卸载装置,可卸去一部分次要负载,如空调、风机等设备,以保证发电设备和航行安全。

(4)检查主配电盉、应急配电盘上的主开关、继电接触器是否处于正确的通断状态,重要负载开关应有明显的标志,以免引起误操作。

(5)检查运行中的发电机的调压装置是否有不正常的振动或声响。若有异常,应查明原因,排除故障。

(6)检查发电机温度及轴承温度是否正常,发电机的温升不应超过其绝缘等级允许的温升。轴承最高工作温度如下:滚动轴承一般不超过 80 ℃,滑动轴承不超过 70 ℃。

(7)观察滑环或直流发电机换向器情况,正常工作时不得出现有害的火花。

(8)对故障待修或正在检修的电气设备,在主配电盘上断开电源时,必须在其相应的开关上悬挂告示牌,以免造成触电事故或设备损坏。

(9)配电盘上同步表、兆欧表均按短期工作设计,因此并车或测量完毕后,应将转换开关打回零位。

(10)经常注意配电盘上兆欧表或地气灯所显示的船舶电网绝缘情况是否良好。如绝缘不良,应及时采用分区断电法进行检查、排除。每日至少进行一次整个配电盘绝缘检查,并记入电气工作日志。

**2．船舶电站停止运行后的管理**

（1）电站在将要长期停止运行或者发电机、配电盘将要进行厂修前，均应测量绝缘电阻，并做好记录，以备查考。

（2）配电盘上所有开关、电阻器及仪表均应处于切断状态。有门锁的配电盘应反锁。

（3）使用直流电的船舶需要接交流岸电时，应将动力设备、航行灯、直流线圈的负载线路切断，并悬挂告示牌，此时仅能对照明线路供电。必须使用直流电源的设备，须由整流装置供电，但不宜采用半波整流装置。

（4）使用交流电的船舶接岸电时，应当查明电压及频率是否与本船电网电压及频率一致，确定相序一致，确保船电失电后方能接通岸电。

（5）由其他船舶供电时，应注意供电船舶的电制和负荷情况。在电制、电压、频率和相序一致，且电站容量允许的情况下，才能由其他船舶供电。

（6）配电盘停用期间，对有加热驱潮电阻装置者，应通电加热，防止油、水溅入发电机和配电盘。

**3．船舶电站投入运行前的检查与要求**

船舶电站经过修理或长期停止使用后，在投入运行前一定要检查，达到使用要求才允许正式投入运行，主要检查内容与要求有以下几个方面。

（1）检查发电机主开关保护装置整定值的标志是否在正常位置上，如有变动，必须重新校验并调回正常位置。

（2）检查发电机、配电盘绝缘电阻，最低不得小于 0.5 MΩ（检查时各分路开关应断开）。

（3）检查配电盘上各电器及仪表是否正常、接线是否良好，特别是经过修理或改装的部位应注意接线与图纸是否相符。

（4）检查主开关手动、电动合闸是否良好。

（5）检查发电机内部是否有油、水、污垢及其他物件，检查内外接线端子、电刷、刷握的位置及弹簧压力是否正常。

（6）检查发电机转动是否正常。

# 第 3 章

## 船舶电机的维护与管理

# 3.1 船用电机的基本要求

电机是船舶中不可缺少的重要设备,是船舶的主要电气负载,主要用于各种船舶机械的电力拖动系统,如甲板机械的舵机、起货机、锚机、绞缆机、舷梯绞车、电梯等,机舱中的各种油泵、水泵、空压机、通风设备等。电机包括发电机和电动机两大类。船用电机是相应陆用电机的派生系列,是根据其工作环境条件,在工艺上对陆用电机进行特殊处理过的电机。

电机又分为交流电机和直流电机。现阶段,船舶电机以交流电机居多,其特点是构造简单、造价低、坚固耐用、工作可靠、维修工作量少。直流电动机的特点是启动转矩大、调速性能好、制动转矩大、过载能力强,在一些特种船和工程船上或对拖动设备要求较高的场合使用较多。船舶的工作环境和条件与在陆地上比相差很大,船舶电机长期工作在高温、高湿、盐雾、霉菌的环境中,电机的绝缘易受损害;船舶工作环境温度变化大,且船舶的振动、颠簸、倾斜等直接影响电机的运行。因此,船用电机的绝缘结构、机械结构、电气性能的要求比陆用电机更高,大体可归结为以下三个方面。

**1. 绝缘方面**

船舶电机应按工作温度为 45 ℃设计制造,要求电机能在空气相对湿度为 95%的情况下正常工作。绝缘材料要耐热、耐潮、耐油,并进行“三防”实验(湿热实验、霉菌实验、盐雾实验)。在某些特殊情况下,绝缘应能防止某些热带昆虫的咬食。电机绕组的冷态绝缘电阻应不低于 5 MΩ,热态绝缘电阻不低于 1 MΩ。

**2. 机械方面**

船用电机结构应具有耐冲击、耐振动、耐颠簸等特点,还须保证在长期横倾 15°、横摇 22.5°、纵倾 5°、纵摇 7.5°、横倾、纵倾同时出现的情况下正常工作。因此,对电机结构提出了更高的要求,如所有机械部件要有足够的强度和刚度,轴承要承受一定的轴向力,连接和紧固用的螺栓、螺母要有防松脱措施。同时,直流电机应不产生有害火花,电刷不应在刷握中卡住。另外,船用电机应有尽可能小的体积,结构紧凑,有较好的防锈、防海水的涂层。船用电机还应进行振动实验、冲击实验、倾斜实验等。

**3. 电气方面**

根据被拖动的船舶机械的特性和工作特点,电机应具有相应的电气性能和工作特性。例如,锚机电动机应能满足在 30 min 内启动 25 次的要求,并允许堵转 1 min;拖动甲板机械的电机应有一定的过载能力和启动性能。又如,船舶电机(包括其他电气设备)

在下列情况下应能可靠工作：电压变化为额定电压的−10％～6％，频率变化为额定频率的−5％～5％。各类发电机按船舶电网的特点也有其特殊的要求，发电机参数要考虑电网的短路电流和各种运行状态下过渡过程的要求等。

# 3.2　船用电动机的拆卸与装配工艺

在检查、清洗、修理电动机内部或更换润滑油、拆换轴承时，都要对电动机进行拆卸与装配。在电动机检修中，应熟练掌握拆卸与装配技术。本节主要介绍三相异步电动机拆卸与装配工艺。

## 3.2.1　拆卸前的准备

拆卸电动机之前，必须了解被拆卸电动机的运行原理、性能和结构情况，熟悉相关技术资料，根据资料拟订拆卸方案。常用的三相交流异步电动机结构如图 3.1 所示。

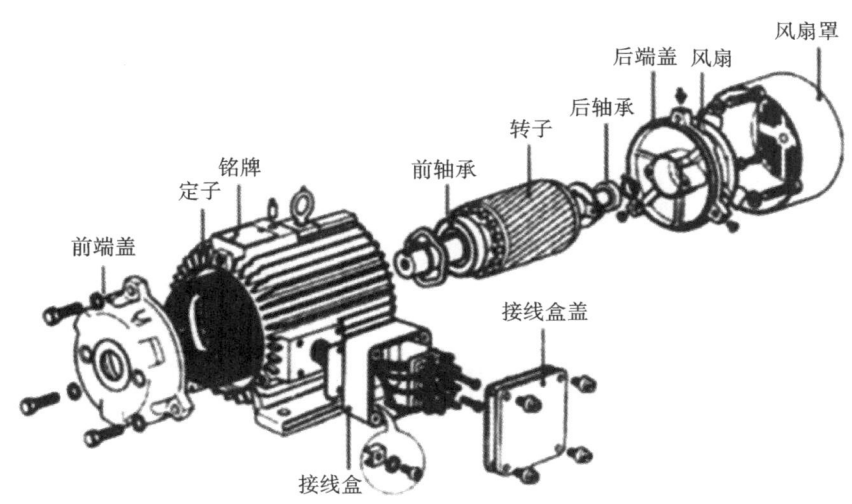

图 3.1　常用的三相交流异步电动机结构图

（1）切断电源，拆开接线盒内电机与电源的连接线，做好与电源线相对应的标记，以免恢复时搞错相序，用绝缘胶布缠电源线的线头，做好绝缘处理。

（2）备齐拆卸与装配工具。要准备的工具主要有拉具（也称扒子、拉马）、套筒扳手、叉口扳手、卡簧钳、绝缘钢丝钳、螺丝刀、铜棒、铁锤、铜锤、木榔头、木板、毛刷、黄油、干电池、万用表、导线等。

（3）选好拆卸电动机的场地，并事先清洁和整理好现场环境。场地要宽敞、明亮、干燥,且附近无杂物,以便放置拆下的零部件。

(4)拆下电动机负载,拆下地脚螺母,将电动机拆离基座并运至拆卸现场;若机座与基座之间有垫片,注意每个螺栓下的垫片数不可混淆,应做好记录并妥善保存。

(5)做好拆卸前的检查、记录、标记工作。标记主要是端盖与机座合缝处标记,以保证拆卸前后端盖的位置不变,从而保证端盖与机座的止口处封闭良好;标记还有端盖、轴承、轴承盖和机座的负荷端与非负荷端标记等。标记可用扁铲打上位置标记或用记号笔做标记。

## 3.2.2　拆卸步骤及注意事项

### 1. 异步电动机的拆卸步骤

(1)拆卸联轴器。先松开联轴器(一般是刚性或柔性联轴器)上的止动螺钉或取下定位销,用专用工具(两爪或三爪拉具)拉下电动机轴上的联轴器。

(2)拆卸风扇罩及风扇。注意风扇轴上装有止动螺钉或卡簧和销子,取下止动螺钉或卡簧和销子后,用金属棒或锤子在风扇四周均匀轻敲,风扇可松脱下来。

(3)拆下前轴承外盖(左端)和前后端盖的紧固螺钉。

(4)抽出转子。用木板(或铅板、铜板)垫在电动机转轴前端(左端),用手锤将转子和后端盖(右端)从机座中敲出,从定子中取出或吊出转子。

(5)拆卸前端盖。从右侧用木棒伸进定子铁芯,顶住前端盖内侧,用手锤将前端盖敲出机座。

(6)从转子上卸下后轴承外盖和后端盖。前后端盖在外形上一般很相似,做标记时要有所区别,以免装反,影响转子同心度,造成气隙不均,甚至使定子、转子摩擦。

(7)拆卸前后轴承及轴承内盖。

### 2. 拆卸时的注意事项

(1)拆卸时不得损坏机械和电气部分结构部件,在抽取转子时不要碰伤定子、转子。

(2)拆卸轴承端盖时要用记号笔做记号,拆卸时按先后顺序妥善放好拆下的零部件。

(3)对于不熟悉的结构,拆卸时应按先后顺序做好标记。

(4)使用适当大小、尺寸的工具时,用力不可太猛。

(5)不得使用铁锤等硬金属敲打轴承、端盖等部件。若须敲打,应用软金属棒或木板垫着按对称位置均匀敲打。

### 3.2.3　主要部件的拆卸工艺

#### 1. 联轴器的拆卸

先松脱联轴器的止动螺钉或定位销,再在联轴器内孔和转轴结合部加入少许滑油并轻轻敲打几下,最后用拉具钩住联轴器的外缘缓缓拉出。拉具的使用方法如图 3.2所示。

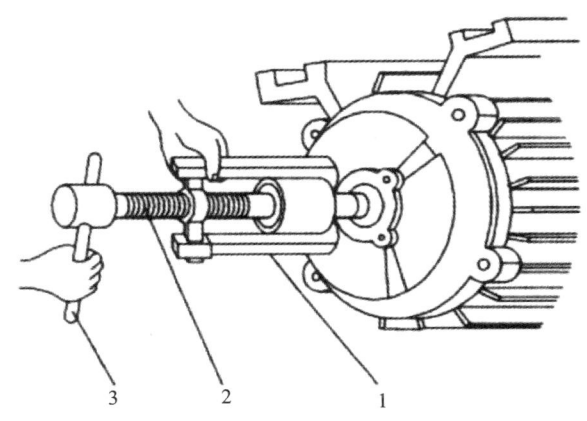

**图 3.2　用拉具拆卸联轴器**

1—爪钩;2—丝杆;3—手柄

在使用拉具时,爪钩要抓住联轴器,丝杆顶正电动机轴的顶针孔,即丝杆的轴心线与转轴轴心线重合,为防止用力时拉具随转轴一起转动,要在爪钩下面衬垫木块。在丝杆上均匀加力,边旋转手柄,边观察联轴器的松动情况。若转轴与联轴器结合处锈死或配合过紧而拉不下来,切忌硬卸,以免损坏联轴器。一般可用加热的方法解决,先装好拉具并扭紧到一定程度,用石棉绳包住转轴,用喷灯在联轴器周围快速、均匀地加热,使其膨胀,待温度升到 250 ℃左右时,加力旋转拉具丝杆,即可将联轴器拔下。

拆卸时,不要用锤子直接敲打联轴器,否则会使联轴器破裂、变形、端盖受损等。操作人员不得面对联轴器,以防突然崩裂受到伤害。

#### 2. 轴承的拆卸

电动机的轴承内圈与轴之间配合很紧,拆卸时可先渗些滑油,再用拉具拉下来。若无专用工具,可用简单工具拉下。具体有以下三种拆卸方法。

(1)方法一:用拉具拆卸。拆卸时,拉具爪钩一定要抓牢轴承内圈,以免损坏轴承,如图 3.3(a)所示。

（2）方法二：用铜棒拆卸。用铜棒从倾斜方向顶住轴承内圈，用锤子敲打铜棒，轮流敲打轴承内圈的两侧，不可敲打一侧，用力不要过猛，直到把轴承敲出，如图 3.3（b）所示。

（3）方法三：用铁板夹住拆卸。用两块厚铁板夹住轴承内圈，铁板的两端用可靠支撑物架起，使转子悬空，在轴上端面垫上厚木板并用锤子敲打，使轴承脱出，如图 3.3（c）所示。

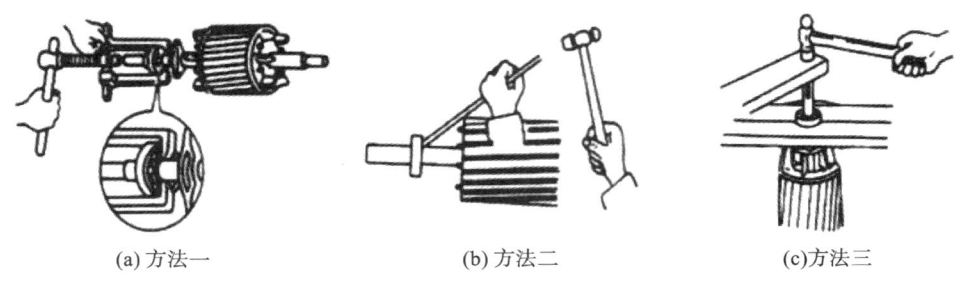

  (a)方法一      (b)方法二      (c)方法三

**图 3.3 轴承的拆卸方法**

在用拉具拆卸轴承时，爪钩容易钩住轴承的外圈，有可能损伤轴承，因此若使用时未见轴承存在异常，可不拆下轴承，在转子上清洁即可。可先将轴承浸泡在轻柴油中，用刷子沾油清洗，再用压缩空气将轴承吹净。

一般凭经验检查轴承是否有异常。检查轴承内外滚道是否有凹坑、锈蚀、变色；检查轴承保护架是否有裂纹、磨损、松动；检查轴承润滑脂是否有变色、过热现象；检查轴承间隙是否超过规定，手盘轴承转动是否有异常、振动及摆动。

**3．轴承盖和端盖的拆卸**

大多数电动机的端盖是用铸铁做成的，在拆卸中容易损坏，所以正确的拆卸方法非常重要。

拆卸前，在端盖与机座结合处做好对正记号，然后拧下前后轴承盖螺钉，取下前后轴承外盖（有的电动机仅一端有轴承盖），再卸下前后端盖紧固螺钉，观察各螺孔的附近是否有顶丝孔。若有顶丝孔，可把拆下的螺钉拧入顶丝孔，依次对称旋紧螺钉，即可取下端盖；若无顶丝孔，可用铜棒或木棒垫着小心敲打端盖外缘耳攀（螺钉孔位置）处，谨慎地取下端盖。敲打时，应沿端盖外缘对称、均匀敲打，以保护止口，用力要适当。小型电动机端盖可用螺丝刀或撬棍在端盖耳攀处均匀加力，将端盖撬出止口。不可用螺丝刀楔入止口拆卸，以免损坏止口而影响止口的密封效果。端盖的拆卸方法如图 3.4 所示。

**4．从定子中取出转子**

在抽出转子之前，应在转子下面气隙和绕组端部垫上厚纸板，以免抽出转子时碰伤铁芯和绕组；抽出的转子要放在支架上。

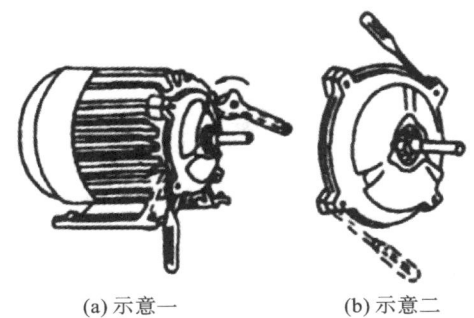

(a) 示意一　　　　　　　(b) 示意二

**图 3.4　端盖的拆卸方法**

对于小型电动机的转子，可直接用手取出，一只手握住转轴，把转子拉出一些，另一只手托住转子铁芯慢慢往外移，如图 3.5 所示。

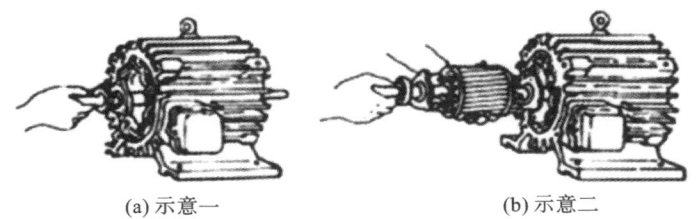

(a) 示意一　　　　　　　(b) 示意二

**图 3.5　小型电动机转子的拆卸**

在拆卸中型电动机的转子时，可两人一起操作，两人各抬住转轴的一端，慢慢地把转子往外移，若铁芯较长，有一端不好出力时，可在轴上套一节金属管当作假轴，方便出力，如图 3.6 所示。

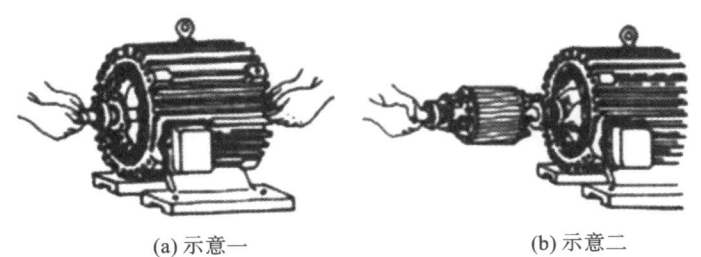

(a) 示意一　　　　　　　(b) 示意二

**图 3.6　中型电动机转子的拆卸**

对于大型的电动机，转子较重，不能用手抽出，可用起重设备吊出。如果转子轴伸出机座部分足够长，可直接用起重设备吊出。吊出转子的顺序如图 3.7 所示。具体顺序如下：将衬垫（纸板或纱头）垫在起重设备的绳子套内以保护转轴，拉紧起重吊绳；水平移动起重设备以保证电动机转子水平移动；当转子的一部分吊出定子时，用木块支起伸出定子的一端轴颈,再将绳子设置在转子中部的重心范围,最后吊出全部转子。在吊出过程中,仍然要注意对电动机相关部分的保护。

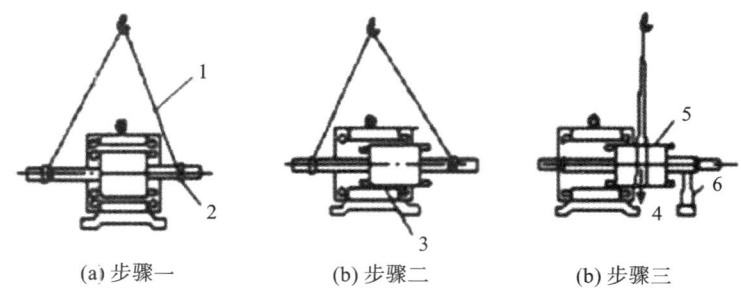

(a) 步骤一          (b) 步骤二          (b) 步骤三

**图 3.7　吊出转子的顺序**

1—钢丝绳;2—衬垫(纸板或纱头);3—转子铁芯;4—重心;5—绳子;6—支架

如果转子轴伸出机座部分较短,可先在转子轴的一端或两端套钢管接长,形成所谓的假轴,再用起重设备吊出转子;电动机内部转子有风扇时,抽出转子时要从有风扇的一端向外抽出;船上变极变速异步电动机,如起货机、锚机等的电动机,由于转子上有两个外径不同的转子铁芯,应从外径大的一端抽出。

**5. 更换轴承内的润滑脂**

更换轴承内的润滑脂时,必须清洗干净轴承内的全部旧润滑脂,不可新旧润滑脂混用。一般先刮去旧润滑脂,再将轴承放入轻柴油中浸泡 $5\sim10$ min,用毛刷刷净。用毛刷洗轴承时,不要转动,以免刷毛进入轴承,更不能用锋利的刮刀等工具刮轴承内的油污。

轴承处理干净后,检查轴承转动是否灵活、是否有异常声音。轴承完好时,将新的润滑脂用手指从轴承的一边向另一边挤压,让润滑脂挤进轴承并从另一边挤出一部分,抹去挤出的部分。润滑脂不能加得太多,否则会导致运转中轴承发热,一般 3000 r/min 的电动机加轴承室空间的 1/2 左右,1500 r/min 的电动机加轴承室空间的 2/3 左右。另外,在油盖槽中也应加上适量的润滑脂。

## 3.2.4　装配工艺及完工后的检查与测量

**1. 装配及注意事项**

电动机的装配过程是拆卸过程的逆过程,即先拆后装。其具体步骤如下:在转子上安装轴承;风扇叶侧端盖装在转子上;装转子,初步紧固风扇叶侧端盖螺钉;上另一侧端盖与轴承盖;盘动转子;紧固螺钉;装上风扇叶与风扇罩;装联轴器。

在装配时需要注意以下事项:依据拆卸时所做的标记装配,不可装错;不得将异物或小零件遗忘在电动机内部,也不可装完后多出零件;正确使用装配工具,用力不可太猛,以防扭断螺钉或端盖耳攀;旋紧轴承盖与端盖螺钉时必须对称上紧,分几次到位,不要损伤止口;不得舍弃螺母下的弹簧垫,以防松动;组装时尤其要注意不能碰伤保持绕组端部;不得使用铁锤等硬金属敲打轴承、端盖等物,若须敲打,要用软金属棒垫着。

**2. 特殊零部件的装配**

1)轴承的装配

安装轴承时,先在轴颈上抹一层机油,把轴承套在电机转轴颈上。为使轴承内圈受力均匀,可用一根内径比转轴外径大而比轴承内圈外径略小的铜管抵在轴承内圈,敲击铜管使轴承沿轴平行移动直至到位,如图 3.8(a)所示。若没有铜管,可用铜棒抵住轴承内圈,沿内圈圆周表面均匀敲打,使其到位,如图 3.8(b)所示,是否到位可由敲打声音判断。

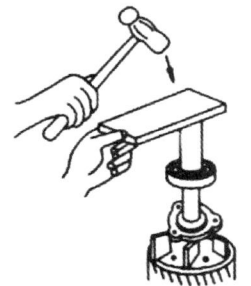

(a) 用套管抵住轴承敲打　　　(b) 用铜棒抵住轴承内圈敲打

**图 3.8　轴承的装配**

如果轴承过紧,可将轴承放入 100 ℃左右的机油槽中,经 10～15 min 加热,取出后趁热将轴承迅速套在轴颈上轻轻敲打即可打入,即所谓的"热套法"。需要注意的是,安装轴承时,标号必须向外,以便下次更换时查对轴承型号。

2)端盖的装配

(1)后端盖的装配。

后端盖应装在后轴承上,装配时,竖直放置转子,使后端盖轴承座对准轴承外圈套,然后一边使端盖在轴上缓慢转动,一边用木榔头均匀敲打端盖的中央部分,如图 3.9(a)所示。如果使用铁锤,被敲打的部位必须垫上木板,直到端盖到位。上紧固定端盖的螺钉,然后套上后轴承外盖(有的轴承无外盖),旋紧后轴承盖紧固螺钉。紧固内外轴承盖的螺钉时要对称地逐步拧紧,不能先拧紧一个,再拧紧另一个。

按照拆前所做的端盖对齐标记,将转子送入定子内腔,合上后端盖,按对角交替的顺序拧紧后端盖紧固螺钉,在拧紧螺钉的过程中,不断用木榔头在端盖靠近中央部分均匀敲打直至到位。

(2)前端盖的装配。

装配前,先用螺丝刀清除机座和端盖止口上的杂物和锈斑,再将前端盖装到机座上,安装方法参照后端盖的装配方法,如图 3.9(b)所示。

在装配带有轴承内盖的电动机的端盖时,还要在内外轴承盖中插入定位棒(一根铜丝或螺杆),使内外轴承盖孔与端盖螺孔始终对准。端盖装好后,先拧紧其余两颗轴承盖螺钉(轴承盖有三颗螺钉),再用第三颗轴承盖螺钉换出定位棒。

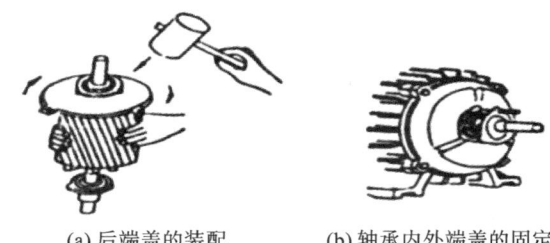

(a) 后端盖的装配　　　　　(b) 轴承内外端盖的固定

**图 3.9　端盖的装配**

### 3. 装配完工后的检查与测量

(1)检查机械部分的装配质量。检查的主要内容如下:所有紧固螺钉是否拧紧,转子转动是否灵活,是否有转子扫膛、松脱现象,轴承内是否有杂声,机座在基座上是否复位准确、安装牢固等。

(2)测量绕组绝缘电阻。用便携式兆欧表测量绕组的绝缘电阻。船用额定电压为 500 V 以下的电动机,每相绕组对地电阻和相间绝缘电阻应不低于 5 MΩ。

(3)测量空载电流及转速。按铭牌要求接好电源线,在机壳上接好保护接地线,通额定电压,用钳形电流表检测三相电动机的三相空载电流,检查是否符合允许值。通常异步电动机的空载电流是额定电流的 20%～50%。用转速表测量电动机转速。

(4)检查电动机运行时是否有异常响声,监听轴承的声音。声音连续均匀,表明轴承运转正常;电动机发出断续的咕噜声或其他杂声,表明轴承不正常,应检查处理。

(5)检查电动机温升情况。检查温升必须让电动机连续带载运行 4 h 以上,温度升高值不得超过其绝缘等级允许的最高值。

# 3.3　船用电动机的维护

## 3.3.1　船用电动机的解体维护

### 1. 电动机的解体步骤

（1）在拆卸电动机前，必须了解被拆电动机的运行性能和结构情况。对于结构复杂的电动机，例如起货机、锚机等的电动机，应掌握其结构的技术资料。在拆卸前，应根据资料拟定拆卸方案。

（2）使电动机与电路脱离。拆电路前，应做好各线端头的标记并做记录，包扎每根电路端头，做好标记和绝缘保护。

（3）使电动机与拖动机械脱离。一般应在其接合面（或线）上做好标记。

（4）拆下联轴器。在船舶上，由于空间限制，一般采用刚性或柔性联轴器，很少采用带传动。把整个电动机拆卸下来之后，首先卸下联轴器上的止动螺钉，然后用拉具拉下电动机轴上的联轴器，最后把电动机搬到比较宽敞、明亮、干燥、干净的地方进行解体。

（5）做好解体前的标记。为了避免拆装后影响定子内孔与转子外圆的同心度，拆装前，应在端盖与机座止口配合处做好标记，以保证拆装前后端盖的位置不变。因此，在端盖与机壳合缝处，用扁铲打上位置标记。前后端盖的标记应有所不同，以防止两个端盖对调安装。对于不熟悉的电机结构，要按拆卸的先后顺序做好标记，必要时进行记录，防止组装时漏装或错装。应在直流电动机的刷杆座与端盖上的座圈合缝处做标记。拆下刷杆座之前，用油漆画上标记。油漆干后再拆卸，这样可以保证安装时电刷位置正确以及迅速、精确地调整电刷位置。取直流电动机刷架时，应做好电刷与换向极的连线标记。安装时不得接错，否则会使换向极性错误，产生很大的换向火花。

（6）拆卸端盖。先取下轴承外盖，再拆卸端盖。拆卸时，应防止损坏机座止口和端盖轴承孔的配合面。取下端盖的固定螺钉后，先观察各螺孔的附近是否有取端盖的顶丝孔。若有顶丝孔，把拆下的螺钉拧在顶丝中，依次对称旋紧螺钉，即可取下端盖；若无顶丝孔，可用铜棒或硬木棒垫着并敲打端盖外缘卸下端盖。敲打时，应沿着端盖外缘对称位置均匀敲打，以保护止口。

（7）取出转子。取下电动机一端的端盖后，从另一端即可把转子与另一端一起抽出。这时要防止碰伤绕组端部、换向器或集电环。若电动机内部转子一端有风扇，抽取转子要从有风扇的一端向外抽出，以免由于风扇外径大于定子内孔而抽不出转子。船上的变极变速异步电动机,如起货机、锚机等的电动机,由于转轴上有两个外径不同的转子铁芯,所以应从外径大的一端抽取,转子过重时,可在轴上套一根钢管人工或用电动葫芦拉出,严禁碰伤绕组和铁芯。取出的转子应放在转子支架上;如果没有支架,应放在木板上,防止滚动。若船舶摇晃,应将转子绑扎牢固。

(8)拆卸轴承。电动机轴承一般热套在轴上,轴承内圈与轴之间配合较紧。拆卸时可用顶拔器冷拉下来。为了防止损坏轴承,如果磨损不严重,只用清洗、更换牛油,一般不必拆下。

(9)拆卸定子。直流电动机励磁线圈损坏时,须拆下磁极进行修理。拆卸前记下主极之间的距离,拆卸时数清每极下的垫片,若垫片厚度不同,还须做标记。应注意是否有非磁性垫片以及分属哪个极,以免装错。

### 2.解体保养内容

1)轴承的保养

(1)滚动轴承的清洗。

对于发热严重的轴承、轴承油过脏的轴承或检修电动机时拆下的轴承,经初步检查后,认为可以继续使用的,应进行清洗。轴承拆下后,可先刮去脏润滑脂,再放入煤油中浸泡 5~10 min,用毛刷清洗干净。由于煤油中含有水分,又不易挥发,应再放入汽油中清洗一下。有的轴承上的油脂硬化,不易清洗,可将轴承浸没于 100~120 ℃ 的热机油中洗去油污。不能拆下的轴承,可用淋上煤油或用油枪喷射的方法进行清洗。热油清洗时,油温不得超过 120 ℃,并注意防火。不要用明火加热机油。清洗时,不能用锋利的刮刀等工具刮轴承内的油污,以免损伤轴承表面。如果不立即使用洗净的轴承,必须用油纸包好,放到干净的地方。

(2)滚动轴承的检查。

①检查轴承的顶隙。用拇指和食指拨动外圈使轴承旋转,仔细听转动的声音,若噪声大或转动时外圈扭动或振动,则表明间隙过大;当晃动整个轴承时,弹子与外圈碰撞发声,也说明间隙过大。

②用塞尺或千分尺表检查间隙大小。将轴承的允许磨损值与新轴承进行比较,轴承内径为 20~59 mm 时,允许磨损值可为原间隙的 10 倍左右。一般新轴承的间隙为 0.01~0.02 mm,最大允许磨损值可达 0.15~0.25 mm,内径大的轴承的允许磨损值大一些,对传动系统精度要求低的轴承的允许磨损值也可以大一些。

③仔细检查清洗后的轴承的表面情况。内外圈滑道应光滑完整,没有被腐蚀的点,也无锈痕;弹子表面应光滑明亮,无裂纹、斑痕、麻点及锈蚀;严禁使用缺少弹子的轴承,弹子挡圈必须完好无损,不得变形、断裂和锈蚀。

（3）滚动轴承的安装。

清洗检查轴承后，如果确认良好，即可进行安装。安装前要检查轴颈，轴颈必须光洁，没有锈蚀、裂纹、毛刺、麻点等损伤。若有轻微铁锈，可用细砂纸或油石处理。常用的安装方法有打入法和热套法两种。

采用打入法时，先在轴颈上抹一层机油，套上轴承后，用管子或软金属管抵住轴承的内圈，用锤子轻轻敲打，直到进入轴颈规定的位置。

采用热套法时，首先把轴承放在机油锅内加热，油温保持在 100 ℃ 左右，锅底应放入一个铁丝网架，以免轴承直接受热，同时避免油污物落在轴承上；加热后，将轴承取出并立即套在轴颈上，用管子轻轻敲打即可套入轴颈；最后填入润滑脂，一般只要填入轴承空间的 1/3～1/2，润滑脂过多或过少都会造成润滑不良，因为轴承发热会使润滑脂变质。

2）电动机绕组的保养

（1）电动机绕组的清洗。

电动机绕组绝缘下降，经烘干无法提高时，或绕组上有油垢、灰尘时，应对电动机绕阻进行清洗。清洗的方法有两种：一种是用化学剂清洗，另一种是用高温、高压淡水冲洗。当电动机绕组绝缘电阻很高，但绕组表面有油垢、灰尘时，可用电动机清洁剂清洗：用毛刷进行刷洗，对于毛刷触及不到的地方，用喷枪冲洗。由于电动机清洁剂含有有害的高挥发性气体，应在通风条件良好的地方冲洗。电动机绕组绝缘电阻低说明绕组中含有盐分。这时只能用高温、高压淡水冲洗，把盐分、油垢等污物冲走，这种处理只能在船修期间进行。在船上，可用热水浸泡、煮沸的方法来去掉绕组中的盐分。当电动机内部进入海水时，应进行淡化处理，即用淡水煮沸，换水 3 次后，再用蒸馏水煮沸，去掉绕组中的盐分。

（2）电动机绕组的烘干。

船用电动机的工作环境很恶劣，空气潮湿会使电动机绕组受潮。在一般情况下，用 500 V 绝缘电阻表测量绕组的绝缘电阻低于 0.5 MΩ 时，必须进行烘干，以提高电动机的绝缘电阻。但是对于因绝缘老化而使绝缘电阻降低的电动机来说，烘干并不能提高其绝缘电阻。

电动机绕组受潮导致绝缘电阻低于规定值时，继续使用会击穿绝缘，使绝缘损坏，必须及时烘干，以保证电动机正常安全运行。此外，应烘干清洗和淡化的电动机绕组。这里仅介绍中小型电动机的烘干，具体包括灯泡烘干、烘箱烘干、电流干燥和热风干燥。

①灯泡烘干。灯泡用红外线灯泡或白炽灯泡均可。先把电机拆开，抽出转子，然后将电动机清洁干净，当确认电动机绕组只是因受潮而使绝缘电阻降低且无其他故障时，即可进行干燥。把定子放在木板或垫有其他干燥物的地板上，把灯泡从端盖孔中吊入，

灯泡的功率与数量可根据干燥电动机所需的温度来选择和调整。对一些容量较大的电动机,抽出转子后也可不移动电动机,在电动机内孔和端部用支架固定几盏白炽灯泡或红外线灯泡进行烘干。应注意不得使绕组局部过热。

②烘箱烘干。应用正规烘箱或简易烘箱进行烘干。定子放入烘箱加热时,必须通风;烘箱内要悬挂温度计,便于记录和调整温度。

③电流干燥。电流干燥是指在定子绕组中通入电流,利用定子绕组铜耗产生的热量进行干燥。在开始时可通入额定电流的 30% 的电流,然后逐渐升高,根据所需干燥温度,可以升高到额定电流的 100%～120%,也可以通过自耦变压器调整电压或串联电阻来调节电流。

④热风干燥。热风干燥是指利用电热吹风或主机的废热热风吹入电动机进行干燥。电动机干燥的温度与电动机的绝缘等级有关。船用电动机多为 E 级和 B 级绝缘。E 级绝缘的电动机干燥温度不超过 110 ℃,B 级绝缘的电动机干燥温度不超过 120 ℃。干燥开始 2 h 内,每 30 min 记录一次温度;前 4 h 每小时提高 15 ℃,然后每小时提高 30 ℃,直到允许的最高温度;每半小时或一小时测量一次绝缘电阻。当绝缘电阻达到 5 MΩ 以上且不再变化时,即可停止烘干。自然冷却后,再测量冷态绝缘电阻,合格后即可组装电动机。

3)换向器的维护与电刷的研磨

对于直流电动机,换向器和电刷在运行中需要经常进行维护。电气管理维修人员必须保证电刷和换向器接触良好;换向器表面应光滑、清洁,绝缘可靠。

(1)换向器表面的清洁与研磨。

应定期用手风箱或电吹风吹去换向器上的电刷粉末和灰尘。对不能吹去的污物,可用少量电气清洗剂擦拭。换向器的沟槽中不得积存炭粉,以免引起片间短路。换向器片与电枢绕组焊接处应保持清洁。

当发现换向器表面粗糙、电刷磨损快、换向器表面形成黑色的磨痕或换向器表面有灼痕时,应对换向器表面进行研磨。先用 0 号砂布磨去表面的粗糙薄层,再用 00 号砂布,最好是用过的旧砂布快速抛光表面,表面粗糙度 $R_a$ 应在 3.2 $\mu$m 以下。

(2)换向器表面的光车与拉槽。

换向器表面磨损严重出现凹沟、换向器变形、云母片凸出和经过大修的换向器等都应用车床精车其外圆,称为光车。光车时,车床的转速应高,进给量应小。车床转速可按式(3.1)进行选择。

$$n = \frac{1}{2R} \times 10^3 \tag{3.1}$$

式中:$n$——车床转速,r/min;

　　$R$——换向器外径,mm。

　　光车后,换向片间要拉槽,使换向片间的云母片低于换向片 $1\sim 2$ mm。拉槽工具可以用钢锯条自制,若云母片比钢锯条薄,可适当磨薄锯条。大型电动机的云母片较厚,可以用几条钢锯条叠在一起使用。拉槽时一定要小心,不要拉伤换向片。拉槽后,应用 00 号旧砂布磨光换向器。

　　(3) 电刷研磨。

　　直流电动机更换电刷或电刷与换向器接触不良时,应研磨电刷。一般来说,电刷之间的间隙范围如下:轴向电刷间隙为 $0.2\sim 0.5$ mm;旋转方向上间隙为 $0.1\sim 0.8$ mm,电刷尺寸较大时取大值。可用塞尺检查间隙大小。

　　检查运行中的电动机的接触面时,可从刷握中取出电刷,在光线明亮的地方观察。接触处光滑明亮,不接触的地方发暗。接触面积小于 70% 时,必须研磨电刷。研磨电刷与换向器的接触面时,必须把电刷放在刷握中,然后在换向器表面上包一长条 00 号砂布来回拉动。

　　有些电机的电刷与换向器表面不垂直,而是有一定的斜度,在研磨电刷时,只有使换向器沿着规定的转向研磨,才能得到满意的效果。

### 3. 组装步骤及注意事项

　　组装步骤与拆卸步骤相反,即后拆的先装,先拆的后装,组装时应注意以下几点。

　　(1) 用大扳手上紧螺钉时,不能用力过大,防止扭断螺钉。螺钉的型号必须符合要求。不可用不同螺距和尺寸的螺钉强行旋入。螺钉上的弹簧垫片必须保留,不得舍弃。

　　(2) 组装时注意保护绕组的端部,不得碰伤绝缘。组装完后,用手正反向转动几圈,注意观察转子转动是否灵活、是否有异常声音。

　　(3) 旋紧端盖和轴承盖螺钉时,应依次按对角线方向拧,以免损伤止口配合面并防止偏心。同时,应边转动转子,边观察其灵活性。

　　(4) 组装时不得将异物或零件遗忘在电动机里。在组装开始时,一般用高压空气吹一次电机内腔。必须装上拆下的零部件,如有缺少或多余,一定要查明原因,返工重装。

　　(5) 组装前后应检测绕组间绝缘和对地绝缘,并进行比较,没有差别且符合要求后,方可通电进行试验,观测电动机温升、空载电流、噪声和转动的平稳性等。最后进行负载试验。

### 3.3.2 船用电动机的维护保养和运行监视

**1. 船用电动机的维护保养**

要保证船用电动机始终处于良好的工作状态,平时要对电动机实行经常性的维护保养。维护保养的内容要视电动机实际工作情况而定,一般分为日常维护保养和定期维护保养。

1) 日常维护保养

船用电动机日常维护保养的内容主要是对电动机进行清洁,包括清除外表污物,以保证电动机正常运转和散热。封闭式电动机要保持通风沟槽清洁、风扇上的孔洞透气良好;防护式电动机除了保持外表清洁,还要注意通风孔道的畅通,在不拆卸端盖的情况下,可对防护式电动机绕组端部进行擦拭或吹拂,以免有害物质腐蚀绝缘;直流电动机有电刷磨损,应用吹风机吹去绕组端部和换向附近的电刷粉末及灰尘等。

应保持电动机的工作环境符合使用规定的要求,如无水、无腐蚀性气体等。轴承的维护工作主要是监视轴承温度和监听运转声音是否正常。

2) 定期维护保养

(1) 一级保养。

交流电动机 6 个月进行一次一级保养,直流电动机 2~3 个月进行一次一级保养,保养内容如下。

①打开通风罩,局部清洁。对于直流电动机的换向器或他励同步发电机的滑环上的碳刷架等,应检查碳刷位置是否移动。

②检查换向器(或滑环)上是否有黑斑、槽痕、铜绿等,若有,应进行光洁处理。

③检查直流电动机换向片间的云母片高度,应低于换向片 0.5 mm,否则要进行拉槽修理。

④根据火花的情况,调整碳刷的压力,一般碳刷对换向器的压力为 10~32 kPa,并列的碳刷对换向器的压力差应不超过 10%。

⑤碳刷磨损到原长度的 2/3 时,应按同规格的碳刷进行更换,碳刷与换向器(或滑环)的接触面积必须在 70%以上。

⑥对甲板辅助用的电动机(如起货机、锚机、绞缆机等的电动机),要检查其水密性是否良好。

(2) 二级保养。

交流电动机 1 年进行一次二级保养,直流电动机 6 个月进行一次二级保养,保养内容如下。

①清洁通风系统,检查风扇、风叶和平衡块是否变形、松动或损坏。

②为使滑环磨损均匀,必要时更换极性。

③检查轴承润滑脂是否变质,必要时添加润滑脂。

④检查转子是否与定子铁芯摩擦,检查其他部件是否松动。

⑤检查联轴器是否正常。

（3）三级保养。

交流电动机 3～4 年进行一次三级保养,直流电动机 2～3 年进行一次三级保养,保养内容如下。

①电动机全部解体清洁。

②测量定子、转子各线圈的绝缘电阻,低于标准值时进行绝缘处理。

③检查线圈是否有松动、短路、开路等故障,对有擦伤或过热老化处进行处理。

④检查换向器及滑环的磨损程度。

⑤检查钢丝箍和扎线是否松动。

⑥检查轴承并更换润滑脂。

⑦检查换向器上的凸痕、斑点和火花,超出要求时,应对换向器进行光车,并拉槽和倒角。

## 2. 船用电动机的运行监视

为了保证设备正常工作,船舶电气维修管理人员应及时发现电动机故障并迅速排除。因此,要经常监视电动机的运行情况。

1）监视电源电压

电动机端电压必须为额定值,电压过高或过低都会引起电枢电流、转矩和温升变化。电源电压与额定值相差不得超过＋5％,三相电压不平衡程度不得超过＋5％。

2）监视电动机的电枢电流

电动机运行时,电枢电流应在额定值以内;三相异步电动机电流应平衡,其不平衡程度不得超过±10％。船用电动机铭牌上的额定电流是指环境温度为 45 ℃时电动机在额定工作状态下的电流,在此电流下运行时环境温度不允许超过 45 ℃,如果环境温度超过 45 ℃,电动机长期运行允许的电流要比铭牌数据小。

3）监视电动机的温升

在额定工作状态下的电动机的温升不应超过允许值。温升超过允许值表明电动机或控制设备和负载等有问题,必须查明原因,排除故障后才能继续运行。可以用温度计监视温升,也可凭经验判断。一般靠手来感觉,手感与机温的粗略关系如表 3.1 所示。

表 3.1　电动机外壳表面温度与手感的关系

| 机壳温度/℃ | 手感 | 说明 |
|---|---|---|
| 30 | 稍冷 | 机壳比体温低,故感觉稍冷 |
| 40 | 稍温 | 感到稍温 |
| 45 | 温和 | 用手一摸,就感到暖和 |
| 50 | 稍热 | 长时间用手摸时,手掌变红 |
| 55 | 热 | 仅能用手摸 5～6 s |
| 60 | 甚热 | 仅能用手摸 3～4 s |
| 65 | 非常热 | 仅能用手摸 2～3 s,拿开后还感到手热 |
| 70 | 非常热 | 用一个手指触摸,只能坚持 3 s 左右 |
| 75 | 非常热 | 用一个手指触摸,只能坚持 1～2 s |
| 80 | 极热 | 手指触摸后想迅速离开,用乙烯树脂接触会减缩 |
| 80～90 | 热 | 用手指稍触摸一下,就感觉烫得不得了 |

注:当机壳为钢板时,每种温度均应降低 5 ℃。

4）监听电动机运行时的声音

由于轴承摩擦、铁芯反复磁化和风扇转动等原因,正常运行的电动机会产生一种均匀、连续的声音。安装合格的电动机在正常情况下不会振动。当电动机故障或机械部件不正常时,电动机的声音异常,并发生振动。

可用螺钉旋具监听轴承的声音。用螺钉旋具接触轴承盖,手柄贴在耳朵上,即可听到轴承运转的声音。声音连续、均匀说明轴承工作正常;持续的"吐声"或其他杂音表明轴承异常,应检查处理。

5）监视换向火花

直流电动机的各种故障几乎都能在换向火花上反映出来,换向火花的颜色、大小能说明直流电动机的运转情况。正常运行的电动机的换向火花应符合规定的等级。火花过大表明电动机或负载有某种故障,应停车检查。为了能通过火花的大小和颜色判断出故障,维修管理人员必须经常观察火花,熟悉火花的等级。火花等级如表 3.2 所示。

表 3.2　火花等级

| 火花等级 | 电刷下的火花程度 | 换向器及电刷的状态 | 允许运行方式 |
|---|---|---|---|
| 1 | 无火花 | 换向器上无黑痕 | 允许长期运行 |
| $1\frac{1}{4}$ | 约 $\frac{1}{5}$～$\frac{1}{4}$ 电刷边缘下有微弱的点状 | 电刷上无灼痕 | 允许连续运行 |

| 火花等级 | 电刷下的火花程度 | 换向器及电刷的状态 | 允许运行方式 |
| --- | --- | --- | --- |
| $1\frac{1}{2}$ | 大于$\frac{1}{2}$电刷边缘下有轻微的火花 | 换向器上有黑痕,用汽油可擦去;电刷上有轻微灼痕 | 不允许在船上运行 |
| 2 | 电刷下大部分有较大的火花 | 换向器上有黑痕,用汽油不能擦去;电刷上有灼痕 | 仅短时过载或冲击时允许出现 |
| 3 | 全部电刷下有强大的火花,同时有火花飞出,伴有爆裂声音 | 换向器上有严重黑痕,用汽油不能擦去;电刷上有灼痕 | 仅在直接启动及逆转瞬时允许存在 |

## 3.3.3　电动机大修后的验收

为了检验新装或大修后电动机的质量,通常应做以下检查和试验。

### 1. 外观检查

通电前,必须检查电动机的装配质量。电动机各部件应安装正确,确保牢固。转子转动应灵活自如,可用千分表检查轴承的径向偏摆及轴向游隙,其误差应符合要求或不大于修理前的数值。检查引出线及线端标志是否牢固、清楚。直流电动机尚须检查电刷与换向器的接触面是否符合要求,在光亮处观察时其接触面不应小于 70%。检查电刷压力时可用弹簧秤,一般电化石墨电刷的压力在 2.45 MPa 左右,也可凭经验判断,还应涂红漆。检查机壳表面的喷涂质量。

### 2. 测量绝缘电阻

用绝缘电阻表测量大修后或新电动机的冷态绝缘电阻。异步电动机各相绕组对地绝缘电阻和相间绝缘电阻不得低于 5 MΩ。多速异步电动机应逐个测量各相绕组对地绝缘电阻及相间绝缘电阻。直流电动机各绕组之间的绝缘电阻和各绕组对地的绝缘电阻不得低于 5 MΩ。

### 3. 耐压试验

电动机更换全部定子绕组后,在有条件的情况下应进行耐压试验,测定绕组对地绝缘强度和各绕组之间的绝缘强度。额定电压为 380 V、额定功率为 1 kW 以上的电动机,试验电压有效值为 1760 V、频率为 50 Hz;额定电压为 380 V、额定功率小于 1 kW 的电动机,试验电压为 1260 V、频率为 50 Hz。绕组应能承受试验电压 1 min。

**4. 空载试验**

试验前,应用电桥测量三相绕组的电阻是否相等,各相电阻相差值应小于 5%。在开始空载试验时,应先进行点动试验,以便检查转向是否符合机械负载的要求。若转向相反,对于交流电动机,调换两相接线;对于直流电动机,励磁绕组两线对调。

定子绕组加三相平衡额定电压启动,并空载运行 30 min。用钳形表分别测量三相电流,观察电流是否平衡。各相电流相差应不超过±10%,空载电流与额定电流的比值应符合大修前该电动机正常运行时的数值。空载电流通常为额定电流的 25%~40%,如果空载电流过大,电动机负载能力将减小。若负载仍为原来的负载,电流将超过额定值,导致电动机温升过高。直流电动机的空载电流应小于额定电流的 5%。

用转速表测量电动机的转速,一般应不低于大修前的数值。新装电动机的转速应与铭牌标称值相同。在电动机转动时,应观察定子、转子是否摩擦,风扇与风罩是否碰撞;应监听电动机运行时是否有异常的声音等。

直流电动机还应检查空载时的换向火花。空载运行时应没有火花,否则应检查电刷位置、电刷与换向器的接触、电刷是否跳动等情况。

**5. 负载试验与温升的测定**

空载试验一切正常之后,可进行负载试验,逐渐增加电动机的负载,每增加 15%测定一次电枢电流和转速,直到额定负载。

如果要测量稳定温升,负载运行时间不少于 4 h。绕组的平均温升可通过在吊孔中插入温度计测量,测得的温升不应超过该电动机绝缘等级所允许的最高温升。

电动机负载运行时轴承温度不应超过 95 ℃,若温度过高,应仔细检查轴承质量和润滑脂的型号是否符合要求,还应检查电动机与被拖动的负载机械方面是否有异常。负载试验应考虑电动机铭牌规定的额定值,若不是连续工作的电动机,应按额定值进行负载试验。各试验及检查的项目、内容、结果都应有详细的记录,以备查阅,大修后的电动机验收工作还必须考虑船舶检验部门的其他特殊需求。

# 3.4 船用电动机的常见故障与修理

## 3.4.1 船用异步电动机的常见故障与修理

### 1. 三相异步电动机常见故障原因

大多数船舶使用的三相异步电动机是笼型异步电动机。下面以这种电动机为对象进行分析。

1）电动机不能启动

电动机不能启动可采用故障树分析法,如图 3.10 所示。按由简到繁、由表及里的原则进行检查,首先看是否有电源,其次看机械方面(轴是否卡死),最后看负载是否过大。如果以上都没有问题,检查电动机本身是否发生故障,检查方法见下面的常见故障检查方法。

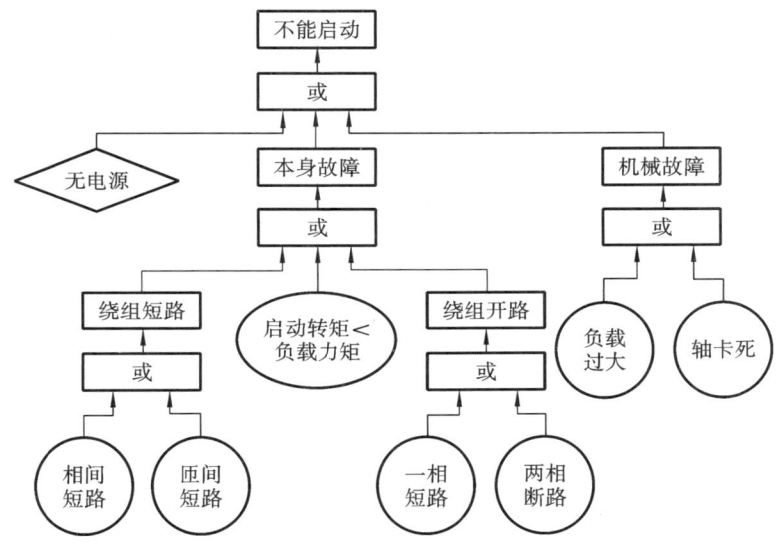

图 3.10　电动机不能启动的故障树

2）电动机启动后转速低

电动机启动后转速低的可能原因检查步骤:首先检查电压是否过低、电源是否断相、是否把三角形联结误接成星形联结;其次,检查负载是否过大;最后,如果情况都正常,进一步检查电动机本身。

3）电动机温升过高

从电源、电动机本身、机械和散热等四个方面分析,绘制电动机温升过高的故障树,如图 3.11 所示。

检查步骤:首先,检查是否断相,检查线路电压与电动机的额定电压是否相符;其次,检查机械方面是否长期过载、噪声是否很大、散热条件是否恶化;最后,如果通过上述检查没有发现故障原因,进一步检查电动机本身造成温升过高的原因。

4）电动机运行时噪声大

从电磁噪声和机械噪声两个方面进行分析。电磁噪声由电动机中的电磁不对称引起;机械噪声由电动机的机械部分引起。进一步分析可得如图 3.12 所示的故障树。

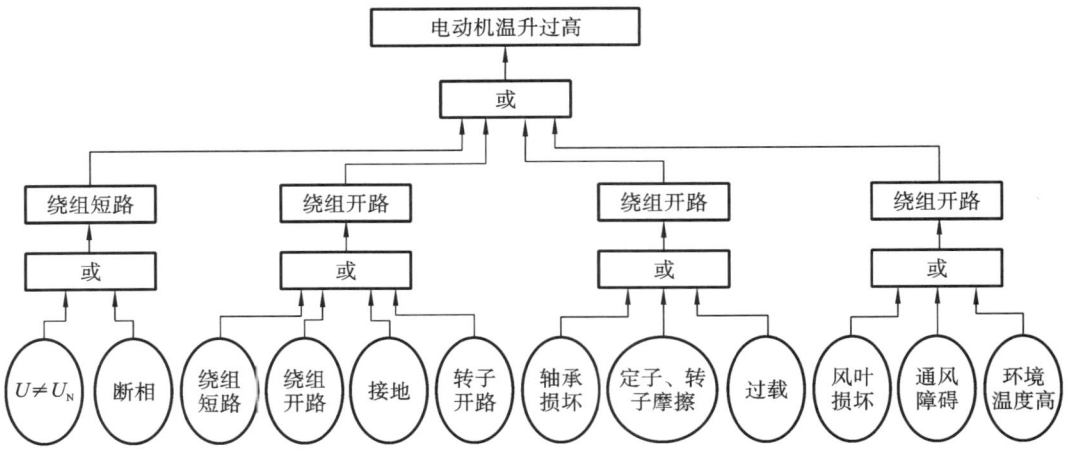

**图 3.11 电动机温升过高的故障树**

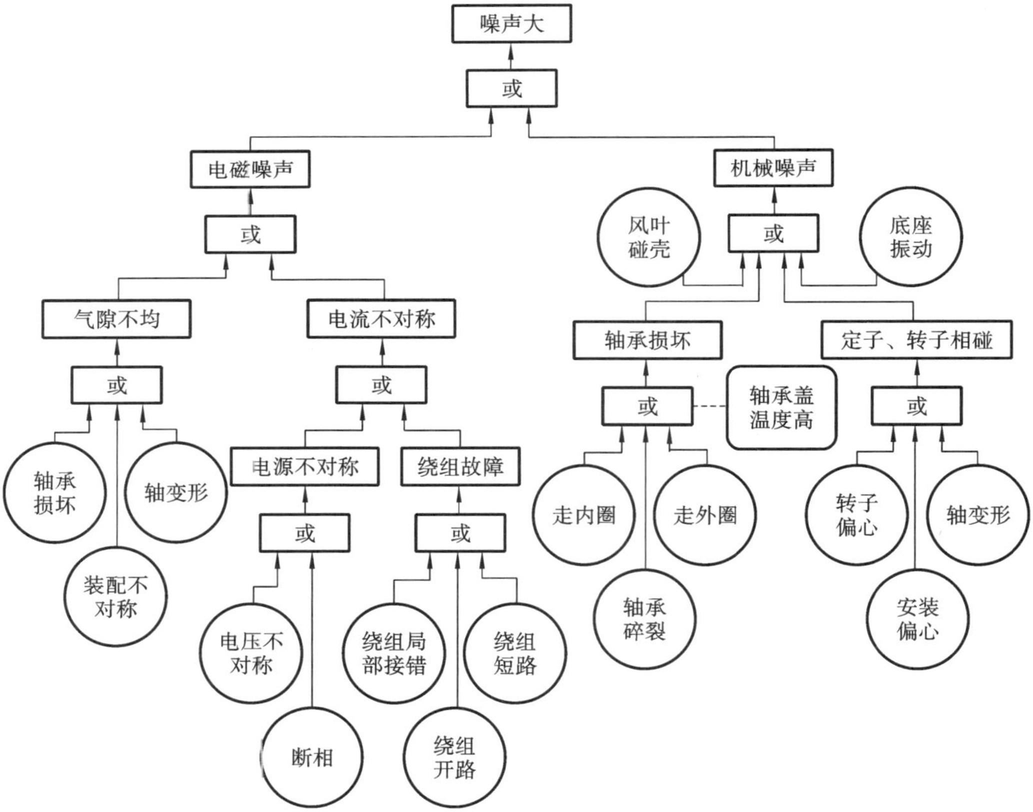

**图 3.12 电动机运行时噪声大的故障树**

　　检查步骤：判别该噪声是电磁噪声还是机械噪声，或者两者都存在。判别方法是在空载试验时切断电源，若噪声消失，说明是由电磁不对称引起的电磁噪声；若只有当转速下降到一定程度时噪声才消灭，而且噪声大小随转速减小而明显减小，说明是由机械部分引起的机械噪声；若切除电源，噪声只减弱，说明既有电磁噪声，又有机械噪声。

　　5）电动机运行时振动过大

　　电动机的振动一般由电磁不对称引起或由机械方面引起。从这两个方面进行分析，其故障树如图 3.13 所示。

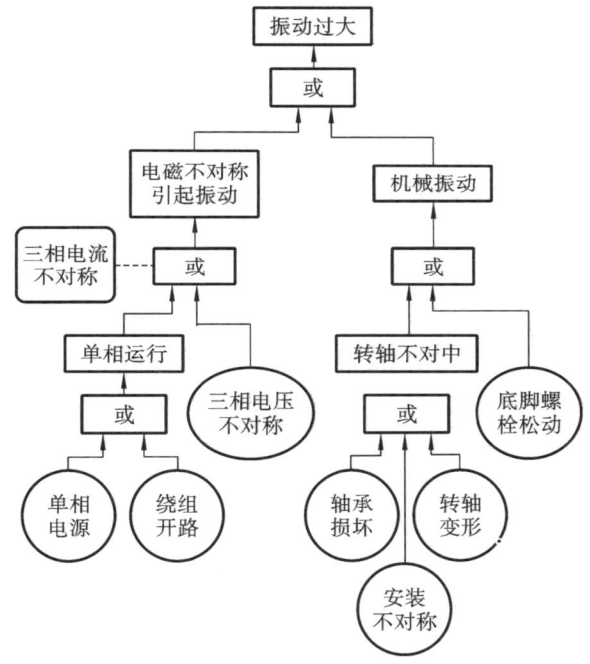

**图 3.13　电动机运行时振动过大的故障树**

　　检查步骤：判别振动由电磁不对称引起还是由机械方面引起（判别方法：在空载运行情况下切断电动机电源，如果振动消失，说明振动过大由电磁不对称引起；如果只有当转速下降到一定程度时，振动才减轻或消失，说明振动过大由机械故障引起）；根据判别结果进一步按故障树上的分枝进行检查。

　　6）轴承过热

　　从轴承本身故障、安装故障和润滑故障三个方面分析，故障树如图 3.14 所示。

　　检查步骤：当电动机转动运行达到额定转速时，检查是否伴有噪声，如果没有，说明润滑方面存在故障；如果有噪声，使联轴器脱离，使电动机空载运行，若这时噪声消失，说明联轴器安装不良；如果噪声仍然存在且振动，说明轴或轴承本身故障，要解体检查。

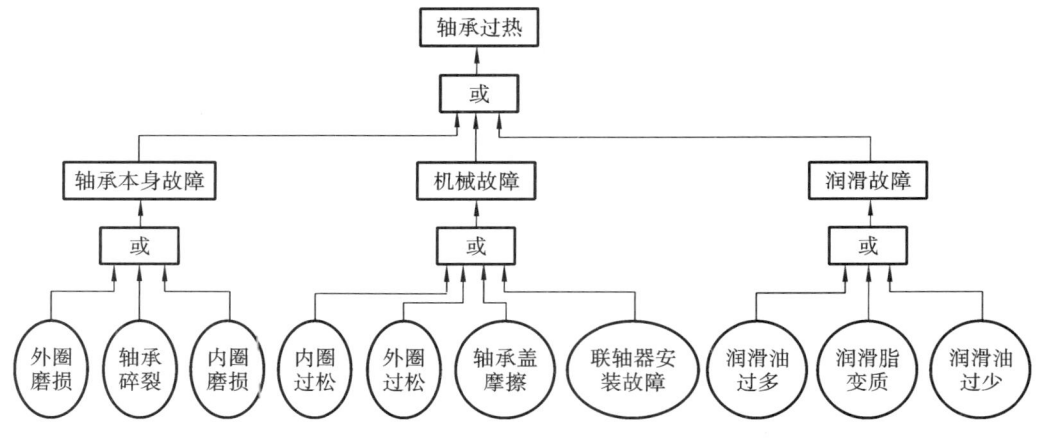

图 3.14　轴承过热的故障树

**2. 异步电动机常见故障的维修**

1）绕组故障检查和维修

（1）绕组断路故障检查。

断路故障大多数发生在绕组端部、导线的线头以及绕组与引接线的连接处。由于绕组端部在铁芯外面，导线易被碰断；由于接线头焊接不良，长期运行后易脱焊。这都会造成绕组端部断路。因此，发生断路故障后，应先检查绕组端部，找出断路点后重新连接、焊牢，包上相应的绝缘材料，再涂上绝缘漆。

检查单支路绕组电动机断路时，一般用万用表（电阻挡）或校验灯。若绕组为星形联结，应分别测量每相绕组，如图 3.15 所示，断相时表不通或灯不亮；若绕组为三角形联结，应将三相绕组接头拆开后分别测量每相绕组，如图 3.16 所示，断相时表不通或灯不亮。

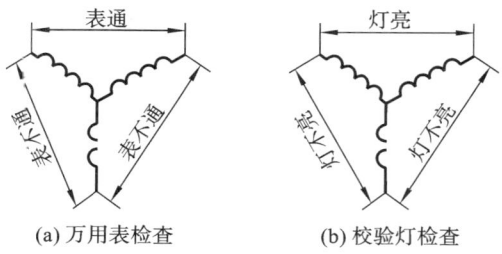

(a) 万用表检查　　　　(b) 校验灯检查

图 3.15　万用表或校验灯检查星形绕组断路

功率较大的电动机绕组大多数采用多根导线并绕或多路并联，若其中一根（或几根）或一个支路断路，可采用以下两种检查方法。

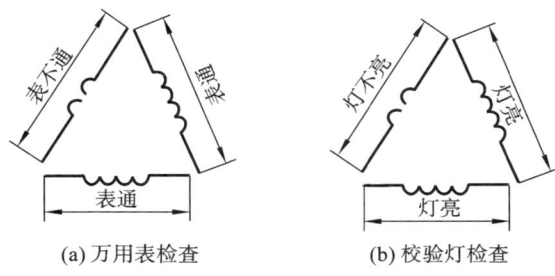

(a) 万用表检查　　　　(b) 校验灯检查

图 3.16　万用表或校验灯检查三角形绕组断路

①电流平衡法。对于星形联结的电动机,首先将三相绕组并联后用自耦变压器提供低电压、大电流的交流电,然后用钳形表测量各相支路的电流(如果三相电流相差 5% 以上,电流小的一相为断路相),最后将断路相的并联支路拆开,逐路检查(表不通或灯不亮的支路为断路相里的断路支路)。对于三角形联结的电动机,首先将定子绕组的接点拆开,再逐相通入低电压的交流电,测量其电流(电流小的一相为断路相),最后将断路相的并联支路拆开,逐路检查,找出断路的支路。

②电阻法。采用电桥测量三相绕组的电阻,若电阻相差 5% 以上,电阻较大的一相绕组可能有断路故障。

(2) 绕组短路故障检查。

定子绕组的短路故障主要是匝间短路和相间短路。

①匝间短路。在正常情况下,导线表面都有绝缘层,所以匝间是绝缘的,电流只能沿导线一匝一匝地通过。如果线圈中相邻的两个线匝绝缘破裂而短路,交变磁通穿过被短路线匝回路,将产生感应电动势,由于短路线匝的电阻很小,在闭合回路中会产生很大的电流(将超过额定电流的若干倍),会将这一线匝或几组线匝烧焦。

②相间短路。三相绕组之间因绝缘损坏而造成的短路称为相间短路。相间短路会导致电机电流急剧增加,可能引起电机烧毁。

检查绕组匝间短路和相间短路的方法有以下几种:用兆欧表或万用表测量相间绝缘电阻,如果绝缘电阻很低,说明该两相绕组短路;用电流平衡法分别测量三相绕组电流,电流大的一相为相间短路相;用电桥测量三相绕组的电阻,电阻较小的一相为匝间短路相。

对于多并联的绕组,必须把各支路拆开才能用短路侦察器测试,否则绕组支路中有环流,无法分清哪个槽的绕组有匝间短路。如果短路点在槽内,应将该槽绕组加热软化后翻出,换上新的槽绝缘,用绝缘材料包好导线的短路部位,然后重新嵌入槽内,再按上述方法进行检查。如果短路的匝数很少,只占每相总串联匝数的 1/12 以下,为了应急可将短路线圈一端切断,用跨接法把短路线圈重新接通,注意一定要切断短路线圈的全部导线,使之不能成为闭合回路,并妥善绝缘,以免重新接通。如果线圈损伤太多,包上新绝缘后会导致导线无法嵌入槽内;切断的匝数超过总匝数的 1/12 以上时,应拆下线圈重绕。

（3）绕组接地故障维修。

异步电动机长期过载运行,定子、转子摩擦,振动过大,受潮等,都会引起绝缘性能降低、老化或机械损伤而产生定子绕组接地故障。电动机更换定子绕组时,槽绝缘被损坏或绝缘未垫好,也会产生定子绕组接地故障。检查定子绕组接地的方法很多,可用绝缘电阻表、万用表和校验灯检查。只要有一相对地绝缘为零,说明有接地故障,应把电动机解体,先用肉眼查看接地那一相定子绕组的绝缘,如果发现绝缘有焦痕或破裂,即为接地点。如果找不到破裂或焦痕,应用校验灯检查。这时接地点可能有冒烟或火花产生。若有条件,可将接地的那一相定子绕组接单相调压器,将电压逐渐升高到 500～1000 V 时,接地点就会明显跳火。若没有单相调压器,也可以用 500 V 或 1000 V 绝缘电阻表检查。

若用上述方法检查后仍不能找出接地点,接地点有可能在槽内。这时,应将该相定子绕组极相之间的连接线剪断,分组逐极检查。经验证明,接地点一般出现在定子绕组伸出槽口的拐弯处。排除定子绕组接地故障时,应仔细检查绝缘损伤的情况,除了绝缘已经老化,一般可以复补。若接地点在定子绕组伸出槽口的拐弯处,而且只有少数导线损坏或只是个别地方绝缘没有垫好,可将定子绕组稍微加热,使绝缘绕组软化,用竹片或划线板将定子绕组撬开,在绕组与铁芯之间垫绝缘衬垫;若损坏严重,应更换绕组。

（4）绕组接线错误与嵌反检查。

绕组接线错误或嵌反后,通电时绕组电流方向变反,电动机不能正常运行。电动机磁场不平衡会引起电动机剧烈振动,噪声异常,三相电流严重不平衡,温度升高,转速降低,甚至不转。若不及时切断电源,有可能烧毁电动机的绕组。

①三相绕组首尾接反的检查方法有交流感应法、直流感应法、剩磁感应法、旋转磁场法。

a.交流感应法。将任意两相定子绕组串联,连接之后将一相绕组接一个低压（36 V）灯泡,将另一相绕组接低压（36 V）交流电源（对于小容量的电动机,可直接用 110 V 或 220 V 交流电源）,如果灯泡亮,说明串联的两相绕组首尾相连,即一相绕组的首与另一相绕组的尾相连;如果灯泡不亮,说明两相绕组同名端相连。用同样的方法也可确定另一相绕组的首尾端。

b.直流感应法。在测出每一相绕组的端头之后,按要求连接,电源用两节电池,电流表用直流毫安表（万用表的毫安挡）。当开关闭合的一瞬间,如果电流表指针正向偏转,表明连接电池正极的接线与连接电流表正极的接线的端头是异名端,反之为同名端。用同样的方法也可判别另一相绕组的接线端头极性。

c. 剩磁感应法。三相异步电动机的绕组接线后,用手转动转子,当毫安表指针基本不动时,各相绕组假定的首尾端正确。若指针摆动很大,说明其中一相首端接错,应调换一相绕组首尾端再试,直到指针基本不动,说明三个首端接在一起(或三个尾端接在一起)。剩磁感应法可用于中、小型三相异步电动机和三相同步发电机的首尾端判别。转动转子的速度应尽量快一些,指针的摆动才能更加明显。

d. 旋转磁场法。三相自耦调压器输出三相对称的低压交流电给三相异步电动机的绕组,若绕组首尾端接线正确,会产生一个均匀的旋转磁场,将指南针或短路环置于定子内腔中央会旋转。若电动机转速太高或太低,甚至不转,说明三相绕组首尾接线有误,应依次调换,直到转动正常。若找不到指南针,也可用易拉罐,将两端中央分别凿一个小孔,穿一根轴来代替。

②绕组内部个别线圈或极相组接错或嵌反的检查方法如下:将低压直流电(一般用蓄电池)通入某相绕组,用指南针沿着定子铁芯内圆移动,逐槽检查,如果指南针经过各极组时,指南针的方向交替变化,表示接线正确;如果经过相邻极相组时指南针的指向不变,表示极相组接反。如果一个极相组中个别线圈嵌反,极相内指南针指向就会交替变化,此时可把绕组故障部分的连接或过桥线加以纠正。在以上检查过程中,若指南针的指向变化不明显,应提高电源电压。

2)笼型转子断笼的维修

(1)铸铝笼型转子断条的维修。

铸铝转子常见的故障是断笼,主要是由铸铝质量不好或使用不当等原因造成的,如经常正反转启动、过载、有冲击负载。断笼包括断条和断环,断条是指笼条中一根或数根断裂(或有严重气泡),断环是指端环中一处或几处裂开。断笼后,虽然电动机能空转,但是启动转矩和额定转矩均降低很多。这时如果测量三相绕组电流,就会发现电流表指针来回摆动,有时还伴有噪声。发现上述情况后,应将转子取出检查,先目测,若端环开裂,一般可以看出;若断条严重,运行时间长,断条槽口处可能会出现小黑洞。若目测不易发现,可用短路侦察器检查,逐步转动转子,当被短路侦察器磁通包围的笼条完好时,短路侦察器电流表的读数大,如果该处笼条断裂,电流表读数变小。

笼型转子断笼的维修方法有以下几种。

①焊接法。先将导条或端环的裂口扩大,然后把转子加热到 450 ℃左右,最后用锡(63%)、锌(33%)和铝(4%)组成的钎料气焊补焊。

②冷接法。先在裂口处用一只与槽宽相近的钻头钻孔并攻螺纹,然后拧上一个铝螺

钉,最后用车床或铲刀除掉螺钉的多余部分。

③换条法。用车床车去原有的端环,用夹具夹住转子铁芯,浸入浓度为 60% 的工业烧碱液中 6～7 h,便可以将铝条腐蚀掉(若将烧碱加热到 100 ℃,腐蚀速度加快);立即用水冲洗铝熔化后的转子,再投入浓度为 0.25% 的冰醋酸溶液中煮沸 1～2 h 后取出烘干。也可将转子直接加热到 700 ℃ 左右,将铝条全部熔掉并清理干净。将截面积等于 70% 转子槽形面积的铜条插入槽内,铜条必须顶住槽口和槽底,不能让铜条有活动的余地;铜条两端伸出槽口 20～30 mm,将车好的端环按转子槽口位置对应钻孔套在铜条上,铜条与端环之间用磷铜焊牢。对于小型电动机,可先将伸出槽口的铜条打弯,然后用磷铜将转子两端的铜条熔成整体即成端环,最后将其光车。

(2)铜条笼型转子断条的维修。

为了改善电动机的启动性能,大、中型的电动机采用铜条双笼转子。若这种转子铜条超出转子芯外部较长,受扭力、离心力的作用,容易断裂;当转子动平衡差或装配不良时,容易引起电动机振动;焊接工艺不良,频繁启动、制动,使转子铜条受到很大的电动冲击力等都会引起铜条和端环断裂。端环断裂后,端部受离心力作用向外扩张,将定子端口绕组扫断,从而烧毁电动机。

为了防止这种故障发生,首先应限制操作频度,按设计要求暂载率来操作,使转子铜条受电动冲击次数减少、积累扭伤小一些;其次,改进转子本身的结构,使短路环伸出端缩短,使铜条在槽内没有间隙游回;再次,改进焊接工艺,用铜焊接增加断裂抗拉力;最后,焊接温度不宜过高,温度应均匀,保证焊接质量,消除内应力。

3)轴承故障检修

轴承故障主要体现在轴承端盖过热,伴有噪声、振动等现象。如果出现上述现象,必须解体检查,对症排除。轴承损坏要换同型号、同规格轴承;如果润滑油变质,应清洗并更换润滑油。

轴承端盖或轴颈配合不紧密会造成轴承走外圆(与端盖配合松动)或走内圆(与轴颈配合不紧密)。发生这种故障时,主要现象是端盖过热、噪声大、振动剧烈等。解体时不难发现轴承的外圈或内圈与端盖(或转轴)结合面呈黑色,严重的情况下结合面会起毛。

如果轴承与端盖配合较松,但尚不严重,对于小功率电动机,可用冲头在端盖轴承孔内均匀打出冲点;对于铝端的电动机,若此法不能奏效,必须将端盖轴承孔车大,再镶套。轴承与轴颈配合过松时,必须采用金属喷涂法或电镀法将轴颈部分直径加大,然后按要求光到所需的精度。这两种方法在船上是无法进行的,必须在厂修时进行。对于小功率电动机,可以采用在轴颈四周焊一层锡,再用细砂布磨光的应急修理方法。用焊锡的方法处理是因为轴承的运行最高温度达不到焊锡的熔化温度,焊锡时应尽可能使四周厚度均匀。

### 3. 小型三相异步电动机定子绕组的更换

在船舶上,常发生小型异步电动机绕组烧毁或损坏的情况,应更换绕组。更换绕组的方法如下。

1）测取有关数据

记录电动机铭牌数据,以便了解电动机的额定值、极对数、绝缘等级等参数。拆除旧绕组前,应检查绕组的形式及接法、并联支路数、同绕导线根数、端部尺寸等,同时记录引线的排列、使用引线的种类及绑扎方法、出线盒接线方法等。

2）拆除旧绕组

小型异步电动机的定子多半为闭口槽,槽口较小,线圈多数为散下的软线,浸漆后黏合在一起,拆除困难。通常先通大电流或用喷灯把绝缘烧掉,然后在端部把线圈剪断,从一端边加热边抽出槽内线圈。需要注意的是,必须留 1～2 个完整线圈,以便测取线圈数据和了解槽绝缘情况。

根据留下的完整线圈测出每个线圈的匝数、每槽导线数、线圈跨距、导线直径和同绕导线根数等,拆除绕组后,还要记录下定子铁芯槽形尺寸、铁芯长度和槽数等。

3）制造绕线模

按照取下来的完整线圈制造绕线模,绕线模可做成六角形,如图 3.17 所示。绕线模尺寸要合适,若过小,绕出的线圈小,下线困难;若太大,端部过长会碰触端盖。按实际线圈设计好绕线模以后,可用计算法校核,方法如式(3.2)和式(3.3)所示。

$$Y = \frac{\pi(D + h_2)}{Z_1} Y_1 \tag{3.2}$$

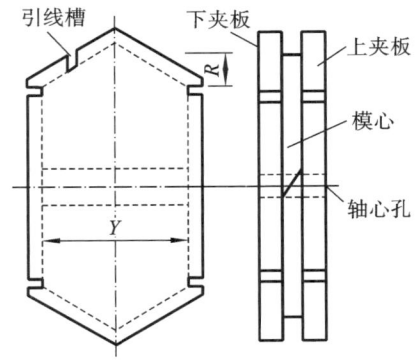

**图 3.17  绕线模图形**

$R$—绕线模端部圆弧半径;$Y$—线圈跨距

式中:$Y$——线模宽度,为线圈跨距;

$Y_1$——用槽数表示的线圈跨距;

$D$——定子铁芯内径;

$h_2$——定子槽高;

$Z_1$——定子槽数。

$$L = L_1 + (20 \sim 30)\text{mm} \tag{3.3}$$

式中:$L$——线模的直线部分长度;

$L_1$——定子铁芯长度。

如果电动机容量较小，导线直径小于 1 mm，可在木板上按线模尺寸钉 6 个螺钉或钉子，包上纱布作为简易绕线模。在钉子上绕好线圈后，稍加整形即可使用。

4）绕制线圈

绕制线圈通常在绕线机上进行，这样可使匝数准确，松紧合适。第一个线圈绕好后，应重新核对其尺寸是否与拆下的旧线圈一致，最好在定子铁芯上试嵌，确定各部分尺寸是否符合要求，确认无误后，再绕其他线圈。绕线时注意导线平直，各线圈的绕向一致，不得损伤绝缘，要留有足够的引线长度。绕好的线圈至少要有四处用白纱线（或带）扎好。

5）下线

下线前，应将铁芯槽清理干净，确保槽内没有黏附的绝缘和凸出的附着物，确认槽内平滑、槽口没有错位的冲片，再将槽绝缘放入。小型电动机多为 E 级绝缘，可用聚酯薄膜与青壳纸的复合绝缘或一层为 0.05 mm 厚的聚酯薄膜、一层为 0.15 mm 厚的青壳纸。如果是双层绕组，还应做好层间绝缘，所用材料与槽绝缘相同。绝缘的尺寸可以按照槽的尺寸剪裁，长度要与线圈的直线部分相同或略长一些，防止端部线圈直接与铁芯接触。为了便于下线，可使槽绝缘高出槽口，下好线后再剪掉。

应按照电动机原绕组形式和跨距，依次将线圈嵌到定子槽内。下线时，应使每匝导线互相平行地嵌入槽内。应随时用理线板理直槽内导线，使导线整齐，不许交叉叠压或绞线。每下完一个极相绕组的线圈，应整理端部，使其向外是喇叭形，再放相间绝缘及层间绝缘。槽上、下层边嵌好后，应用槽楔封好槽口。槽楔用竹片制成，厚度不小于 3 mm，两端应比铁芯长 10～15 mm。槽楔应平直、厚薄均匀，干燥后用变压器油浸泡，用时擦干。

6）整理端部

全部线圈嵌完后，应按照测得的绕组端部尺寸将端部整理好。整理时可用较软的垫木，最好将垫木包一层厚的布放在绕组端部，用小锤轻轻地敲打垫木，使绕组成形。端部伸出部分呈喇叭形，直径要符合测取的尺寸，否则易碰触端盖或转子。整理完后，应剪去伸出外面的相间绝缘。

7）接线

整理好端部形状后，应把线圈串联成极相绕组，然后按照记录的并联路数把极相组接成相绕组。焊接连线时用松香作焊剂，不用锡水，以免腐蚀绝缘。将焊接处套上绝缘套管，然后用细线绳扎好引线，固定在绕组端部，通电进行接线检查。

8）绕组烘干和浸漆处理

电动机绕组更换线圈或重绕后，必须进行浸漆处理，以提高绕组的绝缘性能、散热能力和机械强度。船用电动机对绝缘性能要求较高，浸渍用漆都选用具有较好的干透性、耐热性、耐弧性、耐潮性和附着力强的漆,一般可用耐油清漆(1022)、丁基酚醛酸酚漆(1031)、三聚氰胺醇酸漆(1032)和环氧树脂漆(1033)等。表面覆盖用漆为灰磁漆(1320)。

上述浸渍用漆及覆盖用漆都是烘干漆。浸渍或涂覆后,必须加热烘干,否则不能干透或固化。浸渍处理基本包括预烘、浸漆和烘干三个主要工艺过程,一般浸漆前的预烘只有一次,浸漆和烘干可能反复数次,以达到规定的处理要求。

(1)预烘。更换线圈或重绕电枢线圈须预先进行烘干才可浸漆。预烘的目的在于去除线圈中的水分,使绝缘漆容易浸透。

(2)浸漆。预烘后,冷却到 50～70 ℃,浸没于约 30 ℃的漆中,经 15～20 min 后取出放在漆槽上进行滴漆,余漆滴完后才可以烘干。进烘箱前,应用松节油擦干净电动机上黏有漆的地方,以免加热固化之后不易除去。

(3)烘干。为了使漆中的溶剂挥发,使漆基起聚合作用并加快漆的氧化,形成不再软化的固化树脂膜,浸漆绕组必须在一定温度下,经一定时间进行烘干。烘干可提高绕组的绝缘强度、耐热和耐潮性能,也可提高散热性能、传热性能和机械强度。小容量电动机浸漆处理工艺过程如表 3.3 所示。

表 3.3　小容量电动机浸漆处理工艺过程

| 工序 | 温度/℃ | 时间 | 备注 |
| --- | --- | --- | --- |
| 预热 | 115～125 | 10～16 h | — |
| 一次浸漆 | 50～70 | 15～20 min | 漆黏度:20 ℃时为(20±1)s;<br>时间:以最后不冒气泡为准 |
| 滴干 | 室温 | 不少于 20 min | — |
| 一次烘干 | 125～135 | 20～24 h | 前 4 h 为 70 ℃,通风量稍大,<br>之后以每 0.5 h 升高 20 ℃的速度升高到规定温度,<br>最后 2 h 测绝缘电阻应大于 15 MΩ,并保持不变 |
| 二次浸漆 | 50～70 | 不少于 10 min | 漆黏度:20 ℃时为(35±1)s;<br>时间:以最后不冒气泡为准 |
| 滴干 | 室温 | 不少于 30 min | — |
| 二次烘干 | 125～135 | 20～24 h | 同一次烘干 |
| 三次浸漆 | 50～70 | 约 30 min | 漆黏度:20 ℃时为(35±1)s;<br>时间:以最后不冒气泡为准 |
| 滴干 | 室温 | 不少于 40 min | — |
| 三次烘干 | 125～135 | 20～24 h | 同一次烘干 |

9）清理附漆及焊接引出电线

浸漆烘干后，刮去各处多余的附漆；焊好六根引出电线，测量同名端后把引出电线接到出线盒的端钮上；用细绳绑扎好引出线，使其有次序地盘在绕组端部；进行外观检查、绝缘检查，测量其对地绝缘电阻、相间绝缘电阻。一切合格后，即可进行组装和试验。

## 3.4.2　船用直流电动机的常见故障与修理

直流电动机在船上的使用在逐渐减少，但由于直流电动机具有良好的调速性能和直流发电机制造工艺的改进，目前直流电动机在甲板上的 G-M 系统（发电机-电动机系统）中仍然占有一定的比例。下文针对直流电动机的常见故障和维修内容进行简要分析。

### 1. 电刷下火花过大

直流电动机的多数故障能通过电刷下火花反映。产生火花的原因很多，主要有以下几种。

（1）电机过载。当电机过载时，电刷单位面积的电流大，引起换向困难，造成电刷火花过大。

（2）电刷与换向器接触不良，如换向器表面太脏、电刷弹片太小、电刷与刷握间隙配合太紧等。这时，电刷与刷握之间应保留适当的间隙。此外，电刷与换向器的接触面积应大于 70%。

（3）刷握松动。电动机在运行中电刷排列不成直线会影响换向。电刷位置偏差越大，火花越大。

（4）电枢振动。电枢振动是由于电枢与各磁极间的间隙不均匀，造成磁场不均匀，从而造成电枢绕组各支路内的电压不同，其内部产生的均压电流使电刷产生火花。造成这种间隙不均匀的原因如下：磁极安装不当，如垫片丢失或忘装、磁极松动；轴承磨损或损坏；电机与负载轴线没有对中。

（5）换向片短路。换向器沟槽中填满电刷粉末或换向器铜粉会造成换向片短路。换向片间的绝缘云母脱落或霉变腐蚀也会造成换向片短路。检修换向器（拉槽）时形成的毛刺没有及时打光滑也会造成换向片短路。所以，应经常维护换向器，保持换向片清洁、光滑。

（6）电刷位置不在中性线上，造成火花过大。由于修理过程中移动电刷架或电刷架螺栓松动，换向过程不发生在零电势元件上，电刷下就会产生火花。必须重新调节电刷位置位于中性线，其方法如下。

①感应法：按要求进行接线，当转子静止时，将毫伏表接到相邻的两组电刷上（电刷与换向器接触要良好），将励磁绕组经按钮接在 3 V 的直流电源上；不断按动按钮，若指

针不断摆动,说明电刷不在中性线上,这时应移动电刷架,当毫伏表指针不动时,说明电刷已调到中性线上;固定电刷架。

②试转法。对于可逆的直流电动机,应进行正、反试验。试验时用他励方式,在外加电压、励磁电流、负载都保持不变的情况下,使电动机正转测其转速,然后反转测其转速。若正、反方向转速不相等,应转动电刷架再试验,一直调整到正、反转速相等,这时电刷位置即在中性线上。试验完后,固定电刷架。

(7) 换向极线圈接反。一旦换向极线圈接反,换向极会失去改善直流电动机换向的作用,使运转时换向更加困难,从而在电刷下面产生更大火花。判断的方法是取出电枢正、负电刷成对用导线短接,通入低压直流电,用小磁针试验换向极极性。发电机的换向极极性与沿着转向的前一个主磁极极性相同,电动机的换向极极性与沿着转向的前一个主磁极极性相反,即发电机为 n-N-s-S、电动机为 n-S-s-N(其中大写字母为主磁极极性,小写字母为换向极极性)。

(8) 换向极磁场补偿不当。若换向极磁场太强,补偿电枢反应过强,会产生绿色针状火花;换向极磁场太弱也会产生火花。

(9) 换向片间云母凸出,造成电刷与换向器接触不良,出现跳火现象。

(10) 电枢绕组与换向器脱焊。用电桥逐一测量相邻两片换向片间的电阻,若测到某两片间的电阻大于其他任意两片间的电阻,说明这两片间的绕组已经脱焊或断线。

**2. 直流发电机不能建立电压及电压低**

自励式直流发电机不能建立电压的故障原因如下:①没有剩磁;②检修后,线圈接反;③励磁绕组及调压器发生断路故障;④转向相反。

电压低的故障原因如下:①励磁电流减小;②电枢线圈匝间短路,换向片短路;③电刷不在中性位置或电刷与换向器接触不良;④转速低于额定值;⑤当发电机接上负载后,负载越大电压越低,说明串励绕组接反等。

**3. 电动机不能启动**

电动机不能启动的主要原因如下:①电动机没有电源;②电源电压太低或启动电阻太大,启动转矩小于负载转矩,造成电动机堵转,不能启动;③电刷卡阻,没有与换向器接触或接触电阻太大;④励磁回路开路。

**4. 电动机转速高**

根据电动势平衡方程,在外加额定电压时,造成电动机转速高的原因主要是有效磁通减小。造成磁通减小的原因如下:①励磁回路电阻增大;②串励电动机在轻载启动;③积复励电动机的串励绕组接反;④并联励磁绕组有一路断路等。

**5. 电动机转速低**

造成电动机转速低的原因如下：①外加电源电压低于额定值；②电刷不在中性线上；③电枢绕组短路或接地。

**6. 电枢绕组过热或烧毁**

电枢绕组过热的根本原因是过电流。造成过电流的原因如下：①电动机长期过载；②电绕组短路或换向极线圈短路；③负载不变时，外加电压低于额定值；④发电机外部负载短路，造成电流过大；⑤电动机正、反启动过于频繁；⑥定子、转子摩擦，造成阻力矩增大等。

**7. 磁场线圈过热**

磁场线圈过热分为人为和非人为两种情况。人为原因是指当发电机转速过低或错误地把复励线圈接反，造成端电压下降时，人为调整励磁电压，造成励磁线圈过电流，引起磁场线圈过热。非人为原因包括并励绕组部分短路等。

**8. 电枢振动大**

造成电枢振动大的原因如下：①电枢平衡未校好；②轴承损坏；③检修时风叶装错位置或平衡块移动；④定子与转子摩擦；⑤底脚螺钉松动等；⑥电枢间隙不均匀等。

工作人员应依据故障原因，采用相应的维修方法。

## 3.4.3 交流单相电动机的维修

交流单相电动机一般作为电风扇和电钻等的动力机，常见故障和维修措施如下。

**1. 电风扇常见故障和维修措施**

1）电风扇不能启动

故障原因如下：电源没有接通；定子绕组断路；端环（罩极绕组）脱焊；电容器损坏；轴承损坏；含油轴承内孔有毛刺、异物或无润滑油；转轴严重磨损；轴承支架螺钉松动引起转子间隙不均匀，使定子和转子摩擦；电动机装配不良；调速开关损坏；带有摇头部位的电风扇，因齿轮箱内机械零件卡阻而不能运转；扇头后盖螺钉过紧使转轴过紧。

维修措施如下：检查电源线路；找出断路处，重新焊接好或拆换绕组；重新焊接牢固；更换同规格的电容器，若无相同容量的电容器，也可采用接近的容量替换，但容量不能过小或过大；更换轴承；取出异物，刮去毛刺，清洗，加油；更换转轴；调整好定子、转子间隙，紧固轴承支架螺钉；重新装配，保证同心度；检修调速开关；清除齿轮箱内的异物，更换磨损严重的零件并更换润滑脂；稍微将螺钉拧松。

2）电风扇启动缓慢、转速降低

故障原因如下：电源电压过低；主、辅绕组接线错误；短路环组脱焊；电容量不足；吊扇转子下沉；轴承润滑脂凝固；轴承磨损；扇叶变形、扭角太大使负载加大，电风扇处于超载状态运行；绕组匝间短路。

维修措施如下：检查电源电压；改正接线；重新焊接牢固；更换同规格的电容器；重新装配，排除转子下沉的原因，使转子恢复原位；清洗轴承；更换轴承；对吊扇可取下叶片加以重叠比较，校正扇叶的最高点、最低点和扭角，对台扇应根据变形情况反复校正，必要时更换扇叶；重新绕制绕组。

3）电风扇有时转有时不转

故障原因如下：调速开关接触不良；连接线有脱焊点；定时器失灵；摇头零件配合过紧；罩极式电动机的罩极绕组开路；电容式电风扇的电容器有软击穿。

维修措施如下：维修或更换开关；找出脱焊点重焊；更换定时器；检查摇头零件，找出故障，进行维修；拆卸后检查、维修；更换电容器。

4）电风扇运转时有噪声

故障原因如下：定子、转子气隙内有杂物；定子与转子铁芯未对齐；转子轴向移动量大；调速电抗器的硅钢片松动；轴承损坏；扇叶变形，各片扇叶倾斜角度不同，造成电风扇运转时振动，发出噪声；吊扇吊杆间的防振胶圈老化或损坏。

维修措施如下：清除杂物；对齐定子与转子铁芯；在轴上适当加绝缘垫圈（尼龙、玻璃布板、层压布板均可）；紧固夹紧螺钉；更换轴承；检修校正叶片，必要时更换；更换新胶圈。

5）电风扇发热

故障原因如下：电动机定子、转子摩擦；部分绕组短路；缺油或摇头不灵活。

维修措施如下：检查转轴、轴承，进行对称性维修或更换，装配时注意气隙的均匀度；重绕绕组。

6）电动机要拨动一下才能启动

故障原因如下：电动机辅助绕组断线；电容器短路、开路或接触不良。

维修措施如下：找到断点重接或更换绕组；检查电容器，如有损坏应更换同规格电容器。

7）电风扇摇头机构工作不正常

故障原因如下：钢丝拉线松脱或损坏；上离合齿不能沿啮合轴下滑同下离合齿啮合，使转矩无法传到曲柄上，导致离合器式摇摆机构失灵；扣杆摇摆盘凹处打滑，使摇摆盘不能很好地定位，导致滑板式摇摆机构失灵；滑板上有毛刺或滑道上有异物阻滞；斜齿轮严重磨损或啮合不良;齿轮箱盖上螺钉松脱引起盖板位移,使齿轮啮合不良;摇摆连杆与曲柄连接的开口挡圈脱落或连杆太松。

维修措施如下:松脱时应固定好拉线,损坏时应更换同规格的拉线;检查上离合齿的压缩弹簧,更换压缩弹簧或锉去啮合轴销上的毛刺,并加少许润滑脂;应调节钢丝拉线位置,使扣杆与摇摆盘凹处扣紧;清理干净;更换斜齿轮;上紧盖板螺钉;更换新挡圈,若连杆太松,应适当加垫圈。

**2. 电钻的常见故障与维修措施**

1)电钻不能启动

故障原因如下:电源无电压或电源线路不通;手按式开关接触不良或损坏;电刷和换向器接触不良;电刷座绝缘破裂又受潮而被击穿接地;电枢绕组或定子绕组断路;轴承磨损;减速齿轮损坏。

维修措施如下:检查电源线路;检修或更换开关;更换磨损的电刷、调整弹簧压力、修复电刷、清洗干净换向器表面;拆下电刷座,根据原有的绝缘材料形状、尺寸,重新制作一个电刷座换上;分别检查电枢绕组、定子绕组,确定修理或重绕;更换轴承;更换损坏的齿轮。

2)电钻转速太慢

故障原因如下:电源电压过低;齿轮箱内的润滑脂太少;啮合齿轮磨损;电刷弹簧压力过大;转子绕组与换向片间的连线松脱;电刷不在中性线上;轴承太紧或有脏物;电钻转速太慢。

维修措施如下:检查并调节电源电压;添加性能良好的润滑脂;更换磨损的齿轮;调节电刷弹簧压力;用万用表检查脱焊点,并焊接牢靠;校正电刷位置;清洗,换油;用短路侦察器检查,如有短路,应进行重绕。

3)电钻运转时声响异常

故障原因如下:啮合齿轮损坏;润滑脂不足、不干净;轴承磨损及润滑脂不清洁,或者装配不良;风叶与转轴配合不紧密。

维修措施如下:更换损坏的齿轮;清洗齿轮箱,添足性能良好的润滑脂;更换轴承并加适量性能良好的润滑脂,或者重新进行良好的装配;取下风叶,在风叶部分的轴上包一层厚薄适当的铜皮,再装上风叶,使其紧密地套在轴上。

4)电刷换向器间火花较大

故障原因如下:电刷不在中性线上;定子、转子绕组短路、接触不良;电刷与换向器接触不良;换向器表面不平。

维修措施如下:校正电刷位置;检查故障点,确定维修或重绕;调整电刷压力,修磨或更换电刷;车光换向器表面。

　　5)电钻过热

　　故障原因如下:电钻超载;轴承发热;减速箱外表发热;定子、转子绕组发热。

　　维修措施如下:减轻负载;排除机械装备不良故障,清洗,换油,注意润滑脂的质量和用量;清洗减速箱,更换润滑脂,调整齿轮配合;找出故障点,进行针对性维修。

　　6)电钻某一位置不能启动

　　故障原因如下:换向器与转子绕组连接处有两处以上断头。

　　维修措施如下:重焊。

# 3.5　船用变压器的管理与保养

## 3.5.1　使用与维护特点

　　(1)使用时,应严防潮湿,以防变压器绕组受潮使绝缘电阻下降。在日常维护中,应定期检查变压器的密封性是否良好、螺钉是否松动;应经常测量变压器绕组的绝缘电阻,可用 500 V 兆欧表测量变压器绕组的绝缘电阻,其绕组相间及绕组对地电阻应不小于 1 $M\Omega$,低于 0.5 $M\Omega$ 时,必须采取措施提高绝缘电阻。

　　(2)保持引出线端子的清洁,去除污物和油垢;保证接触良好;若发现端子有过热痕迹,应当除去氧化物,重新旋紧,减少接触电阻,防止短路或接地。

　　(3)经常监视变压器的发热情况,其温升不得超过绝缘允许的最高温升。在船舶上加装容量较大的单相负载时,应使变压器的三相电流平衡,三相电流的不平衡程度不得超过额定电流的 5%,最大相的电流不得超过额定电流。

　　(4)在使用各种小型变压器时,应注意电源的接线,不能把副边绕组接电源,以免损坏电气设备。

## 3.5.2　变压器的主要故障

　　(1)变压器绕组接地。在变压器原边绕组或副边绕组对地绝缘电阻为零或接近零时,视为发生接地故障。其主要原因如下:绕组严重受潮,失去绝缘能力;绕组绝缘材料老化,使绝缘电阻下降;机械原因使绕组绝缘层损坏;变压器引线碰壳;引出端子处积有污垢和水等。

　　(2)变压器绕组断路。由于变压器绕组导线较粗,绕组导线部分不易断路。通常断路点会出现在接线处,如接线螺钉松动、焊接处发热开焊等。

（3）变压器绕组短路。变压器绕组短路即变压器匝间短路。短路的原因如下：导线局部受力，使绝缘强度减弱，导致绕组在电磁力和发热作用下短路；在维护保养中发生机械碰伤，使绕组绝缘层损坏而短路。变压器绕组短路时，变压器会严重发热，产生焦味或冒烟。

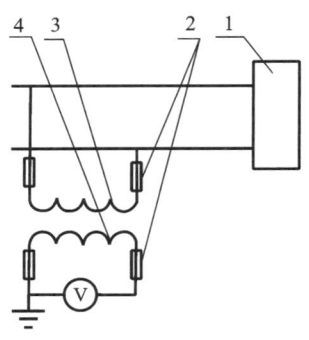

**图 3.18　电压互感器**

1—负载；2—熔断器；

3—原边绕组；4—副边绕组

### 3.5.3　特殊变压器的使用管理

#### 1. 电压互感器

（1）电压互感器的原边绕组接在被测的高压线路中，副边绕组接电压表，如图 3.18 所示。副边电压通常设计为 100 V。在选用电压互感器时，可根据被测电压的数值和所用电压表选择电压互感器的额定电压比，应使互感器原边绕组的额定电压等于或稍大于被测电压，使互感器的额定容量不小于所有测量仪表消耗的功率和。

（2）电压互感器的原边绕组与被测电路并联，副边绕组与电压表连接。其他仪表要量取电压信号，应与电压表并联，并且副边绕组不允许短路。

（3）电压互感器原边绕组、副边绕组要安装熔断器，实现对电网和互感器的短路保护。

（4）电压互感器外壳、铁芯和副边绕组要做可靠接地保护。

#### 2. 电流互感器

（1）电流互感器的原边绕组串联在被测的高压线路中，副边绕组接电流表，如图 3.19 所示。电流互感器的副边额定电流通常设计为 5 A 或 1 A。原边绕组匝数很少，有时只有一匝。在选择电流互感器时，可根据被测电流的数值和所用电流表选择电流互感器的电流比，应使电流互感器原边绕组的额定电流等于或稍大于被测电流，使额定容量不小于所有测量仪表消耗的功率和。

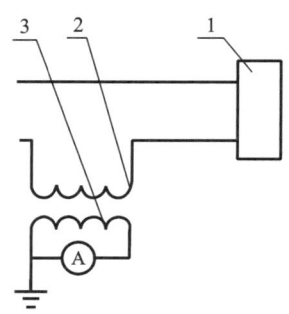

**图 3.19　电流互感器**

1—负载；2—原边绕组；3—副边绕组

（2）电流互感器的原边绕组与被测电路串联，副边绕组不允许开路。

（3）电流互感器原边绕组、副边绕组不得安装熔断器，防止互感器副边绕组开路而产生高压。

（4）电流互感器外壳、铁芯和副边绕组要做可靠接地保护。

### 3.5.4　交流电焊机专用变压器的管理

（1）在露天使用时,要防止海水或雨水浸入,使用后要放置在干燥遮雨的地方并固定,以免随船摇晃而移动。

（2）要经常检查原边绕组、副边绕组的对地绝缘电阻以及绕组间的绝缘电阻。

（3）使用时,交流电焊机专用变压器温升不得超过绝缘允许的最高温升。

（4）电焊机焊接时电流很大,绕组和铁芯经常受到较大的电磁力的作用,所以要定期检查各螺钉的紧固情况,如有松动应及时紧固。应定期检查电抗器的线圈及连线是否有绝缘破损、导线断裂等情况。

（5）定期清除内部、外部的积垢、油污和灰尘等,防止异物落入壳内。同时,应检查焊钳引线是否有绝缘破损。

# 第 4 章

## 船舶辅机电气控制装置
## 的维护与管理

# 4.1 电气控制线路故障查测

## 4.1.1 一般故障的检查方法

电气线路中,不论是主回路还是二次控制回路的故障,都可归纳为短路、断路和接地三种情况。

### 1. 线路短路故障的检查

短路故障的原因主要有两点:维护管理不善、操作不当等造成短路和设备本身缺陷造成短路。前者包括电气线路的绝缘浸水或严重受潮;电缆经过金属孔或锐利金属边缘时,由于衬垫破损而未及时更换,使绝缘破损;操作时碰坏绝缘保护层;线路中接线柱间过脏,通电时柱间放电;在运行中或维修时,金属零件掉落到导线接线端头或导线裸露导体部件上等。后者包括设备出厂前就存在绝缘不良,局部绝缘损坏等隐患在长期运行时导致短路;电机或电器线圈绕制不符合要求、绝缘薄弱、设备或线路绝缘老化、材料变质等。

短路故障的现象比较明显,常常表现为短路点流过电流很大,熔断器烧断或保护器动作,有关监测仪表指示失常,系统报警。严重的短路故障会导致线路绝缘烧焦、冒烟等现象。

检测线路的短路故障时,应先切断电源,查出烧断的熔断器。检测时,用万用表的电阻挡测量电路两端点间的电阻,若阻值为零,即为短路;若被测电路为单回路,可沿着线路对所有接线柱、串联的电器线圈或其他元件进行检查。

检查时应注意以下几点。

(1)为了使测量准确,要把万用表置于 RX1 挡进行测量。检测前要分析了解被测线路的正常电阻,以作为参考。

(2)被测线路中有较大容量的电容时,应在检查前将其断开,以免将电容充电误认为短路。

(3)若电路似通非通,可根据情况用兆欧表测量,若短路,兆欧表指示为零。为进一步确认,可再用万用表检查。但对于含有各种电子设备的线路,不得使用兆欧表检查,以免损坏元件。要使用兆欧表检查时,应使电子设备脱离被测线路。

(4)若线路为多路并联,必须检查短路发生在哪条并联线路中,这时可用"逐个断开法"找出短路的支路,即断开线路的电源开关,用万用表的 RX1 电阻挡测量 AB 间的电

阻,如图4.1所示。由于短路,这时万用表指示电阻为零。依次断开各支路的分断开关
或接线柱($K_1$、$K_2$、$K_3$、$K_4$),当断开某线路时,万用表指示电阻增大较显著,说明刚才断开
的线路中有短路故障。这时,可再单独检测该线路,查出故障点。若两个并联线路都有
短路故障,断开第一个有短路故障的支路并不会使万用表的指示电阻有明显变化,因为
第二条支路短路点仍然存在。

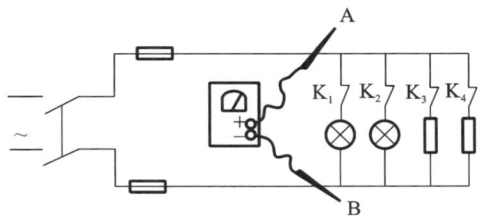

**图 4.1　并联线路短路检查示意图**

　　因此,发现一个短路点并不是短路故障检查的结束,必须把已查明有短路故障以外
的所有支路接通,重复上述做法进行检查。如果万用表指示电阻仍为零,表明还有支路
短路。当某个并联线路断开时,万用表指示电阻突然增大,这说明找到第二个短路线路。
用这样的方法可以逐个把全部短路点找出来。当然,如果怀疑多支路短路,在检测方便
的情况下,可以在断开支路时同时测该支路的电阻,若为零,说明该支路也存在短路故障
点,没有必要像上述过程那样重复检测。有时会发现线路的自动开关跳闸或熔断器烧
断,但是检查时未发现该线路有短路故障,重新通电后,线路仍正常运行,出现这种情况
可能有两种原因。其一,线路中的短路是非连续短路,即短路处由于油垢或污物堆积而
形成放电。当通过大电流时,污物被烧掉,或者有导电物体掉落在用电设备裸露的部分
上而引起短路,然后自行脱落,使故障不能持续,所以合上开关或更换熔件后,线路又正
常运行。其二,熔断器的熔件使用时间较长后,由于电源的浪涌电流作用而烧断。因此,
在熔件烧断时,若检查设备的表面,没有发现烧焦、异味的情况,可以换上一个同型号、同
容量的熔件,看看是否仍然烧断。如果线路正常,说明并无持续短路故障。否则,应再仔
细检查线路短路故障的部位。

**2. 线路断路故障的检查**

　　当电源电压正常,电源开关开闭良好时,合闸(或按下通电按钮)后,出现不能接通电
源系统中的电器(或电机等)不动作、各种灯具不亮的现象,则线路可能出现了断路故障。
断路故障的原因如下:线路熔断器的熔件熔断;导线接头处螺钉松动或螺母脱落;线路接
触器触头接触不良;导线中的导体断开;某些转换开关损坏或接触不良;线路被外来物砸
断;有些线路中的保护器的触点接触不良或动作前未复位,使电路断路;设备本身有断路

故障,如电机绕组、电器线圈的导线断路,某些灯具的灯丝烧断或镇流器线圈断路等。

检查断路故障的方法如下。

1）带电检查断路故障

带电检查断路故障可以用万用表的电压挡(其量程应不低于电源电压),也可以用校验灯检查。检查前,应确认电源电压正常、电源开关没有断路或接触不良的现象,把电源开关闭合,测量电压正常后,即可进行检查。

由于线路断路,电路中没有电流,在电路中的电阻、电器线圈或电机绕组等都没有电压降;断路点 A、B 两端的电压应等于电源电压。因此,电压表在线路中各元件或接线两端测量时,若指示值为电源电压的数值,则表明两表笔之间的线路或元件有断路,如图 4.2 所示。

在一些控制线路中,由于各电器间连锁关系复杂,接通电源时,有些电器因断路不动作,为了缩小检查范围,可以在带电和不损坏设备或危及人身安全的前提下,人为推动某电器的衔铁,查看断路点是否在电器的触点中。

在船上检查熔断器断路常用交叉法,这时可用校验灯检查,如图 4.3 所示。当校验灯与电源构成闭合回路时,校验灯亮。这样,可根据校验灯与熔断器两端交叉接触时灯的亮灭找出断点:两灯左右交叉接触,若左亮右灭,下 FU 为断路;若左灭右亮时,上 FU 为断路。按此原理可以检查其他断点。

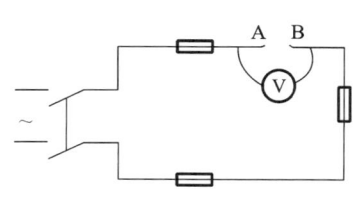

图 4.2　带电检查断路点

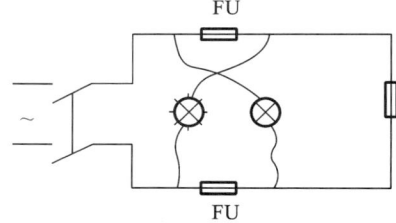

图 4.3　校验灯检查断路点

2）不带电检查断路故障

不带电检查断路故障可用万用表的电阻挡。检查时,万用表应选用较大的量程。由于 A、B 断路处的电阻为无限大,当用万用表沿着线路依次测量元件或接线柱两端的电阻时,若万用表指示电阻为无限大,则两表笔间必有断路,如图 4.4 所示。

检查时应注意以下几点。

（1）被检查的电路或电路中的元件不能有并联通路,否则断点处测不到的电阻为无限大,应使元件的一个端头脱离电路后再进行测量。

（2）被测电路中有电器的触点时,必须人为推动衔铁使其闭合,以免测量错误。

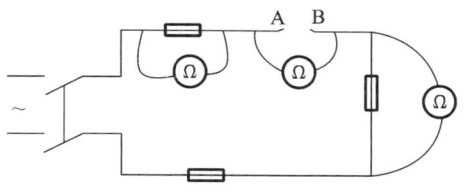

**图 4.4　不带电检查断路点**

（3）万用表的量程应置于 $R \times 1\,k$ 或 $R \times 10\,k$ 挡上，以避免由于某些元件电阻很大，导致判断不准确。使用万用表时，不能用手同时触及两表笔的金属部分，以免影响测量精度。

**3. 线路接地故障的检查**

在三相三线制的船舶电网中，电气线路中的一点接地时，电气设备尚可正常运行，若再有另一点接地，就形成多点接地间接短路故障。所以发生一点接地后，应及时排除故障，以提高线路运行的可靠性。

通过配电板上的地气灯找到接地的系统，然后使该系统脱离电源，再用逐段缩小法找出接地点，即把线路分成两个部分，用兆欧表测出接地线路，然后把接地线路分成两个部分，找出接地部分线路。依此类推，即可找出接地故障点。

也可以直接用配电板上的地气灯来检查，寻找故障点。依次断开各线路中的各设备开关或各灯具开关，若地气灯亮度恢复正常，则表明刚刚断开的设备有接地故障。

## 4.1.2　电气控制线路的常见故障排除

**1. 常见故障**

根据原理电路图或安装接线图，可以用看图查线的方法查找和确定故障位置并排除故障。

电气控制线路的常见故障包括以下几种。

（1）该通的不通，要求接通的接点接触不良或断开、线圈断线等。

（2）该断的不断，要求断开的地方没有断开，主要表现为短路、接地、触头熔焊、线圈短路绝缘、电阻过小等。

（3）电压不正常，表现为失压、失相，电压过低等。

（4）元件参数变化过大，如电阻过大或过小、各种参数整定值不适合等。

应先根据故障现象确定故障在主电路还是在控制电路、是开路故障还是短路故障，再确定故障的具体位置，并根据实际情况，按先易后难的顺序逐步排除故障。若控制某电气设备电源通断的接触器动作正常，但该电气设备不能正常工作，可大致断定故障在主电路,反之故障在控制电路。在断定主电路(或控制电路)故障后,可逐段测量各线间的电压并与正常值比较,以找到故障点。

若确定是发生了短路故障,应查明是哪个熔断器烧坏,并据此查明短路原因,排除短路源,再用相同的熔断器更换;若确定是发生了断路故障,可用看图查线法确定断路点,并使之恢复正常。

**2. 主电路故障的检查与排除方法**

一般来说,主电路线路中只有主触点、接线螺柱、各种电器的电流线圈或互感器线圈等,电路比较简单。检查时,应先确认电动机绕组没有故障,然后检查线路。如果按下启动按钮,接触器动作,但电动机不启动,若检查得到电源电压正常,主电路的熔断器或空气开关正常,表明主电路线路中可能有断路故障,应先切断电源,再用万用表测量主回路的线路是否断路。测量时,应用手推动接触器衔铁使主触头闭合。找出断路相后,应用前述办法找出断路点。

**3. 控制电路故障检查与排除方法**

下面以某电动机的控制线路为例,简要说明控制电路故障检查方法:检查故障时,应注意图中一路从熔断器经接触器,再经启动按钮、停止按钮、熔断器回到电源。

1)通电检查

若按启动按钮时,电动机不启动,经检查电源供电正常、电动机拖动系统无卡死且观察到接触器不动作,控制回路有断路故障,其检查方法如下。

(1)用万用表(或校验灯)检查熔断器是否良好,熔断器正常,则断路故障发生在后面的线路中。

(2)若熔断器正常,继续检查启动按钮、停止按钮等触点是否接触良好,若正常,进行下一步检查。

(3)按下启动按钮,用万用表电压挡表笔依次接触各元件端钮,若跨接到接触器线圈两端时,万用表电压指示值为电源电压,则说明接触器线圈内部导线有断路。

(4)若接触器正常,按下启动按钮后,用万用表表笔接触到哪两个端钮间时万用表电压指示值为电源电压,断路点就在哪两个端钮之间。

(5)找到断路点线路后,断开电源,仔细检查两端钮间的线路和元件,找出准确的断路点。控制电路断路故障较多,常见的有螺钉松动、触点接触不良、线圈或绕组引出线断路。通电测量时是带电操作,要特别注意两点:一是不能使用万用表的电阻挡,应使用交流电压挡,而且电压表的量程必须大于所测电路的实际电压;二是要防止测量过程中短路和人员触电。

2）断电检查

断开电源,确保被测电路断电后方可进行测量,然后按下列步骤操作。

（1）将电源开关断开,把万用表打到欧姆挡,调好零位,进行测量。把万用表的一根表笔放在端子 1 上,用另一根表笔接触接触器线圈端子 2,如果表针指零,说明热继电器的触点是通的。

（2）用另一根表笔接触端子 3,若表针不为零,也不为无穷大,说明接触器线圈是正常的。

（3）把一根表笔放在端子 0 上,用另一根表笔接触端子 5,表针指向零说明熔断器正常;表针指向无穷大说明熔断器已烧毁,应更换。

（4）用另一根表笔接触端子 4,表针应指零,按下停止按钮后表针指向无穷大,说明停止按钮是正常使用状态。

（5）用另一根表笔接触端子 3,电阻应为无穷大,按下启动按钮后电阻为零,说明启动按钮正常。

（6）逐点测量,直到找到断路故障点。

# 4.2　船用电气控制箱的日常管理与维护

船用电气控制箱的常见故障可分为电动机本身故障和控制系统故障两大类,限于篇幅,这里仅讨论控制系统故障。

## 4.2.1　常见故障分析

### 1. 系统不能启动故障

系统不能启动故障的原因如下:电动机本身故障;电动机无电源;机械卡死。电动机本身故障和机械卡死在此不做分析。

由主电路故障引起的可能原因如下:线路停电;开关未闭合;接触器未闭合（或接触器衔铁卡死无法闭合）。

由控制电路故障引起的可能原因如下:启动按钮失效,合不上（按下后不能接通）;停止按钮开路;短路保护熔断器断开;接触器线圈故障（或接触器线圈不能得电）;过载保护热继电器开路（或常闭触头断开动作后未复位）。

### 2. 启动按钮复位后电动机停转故障

造成该故障的唯一原因是并联在试验按钮两端的自锁触头失去作用。出现这种故障时,应检查自锁触头的触点是否完好、引线是否松脱、触头接触是否良好。

### 3. 电动机运行中突停故障

应检查是否由过载保护热继电器动作导致电动机运行中突停故障的出现。在电动机过热、过载情况下,过载保护热继电器动作正常,在这种情况下,应减小负载(或机械有卡死、轴承损坏等,应及时排除);若电动机不发热、没有过载迹象,过载保护热继电器动作不正常,应调整过载保护热继电器的整定值(或过载保护热继电器本身已损坏,需更换);如果过载保护热继电器没有动作而电动机运行中突停,应按"系统不能启动故障"进行检修。

## 4.2.2 泵的自动控制系统维修

船舶上使用的多种用途的泵,根据其服务的对象不同可分为两大类:一类是服务于船舶动力装置的泵,如循环水泵、冷却水泵、燃油泵等;另一类是服务于船舶系统的泵,如消防泵、压载泵、舱底泵、卫生泵、淡水泵、通用泵等。由于服务对象的不同、船舶自动化程度的不同,不同的泵有不同的自动控制系统。

### 1. 泵的自动控制系统的技术要求

由于船舶自动化程度的不同,泵的自动控制系统的技术要求也不同,一般除了像启动箱的常规要求,还有如下要求。

(1)能够在集中控制室内对各组泵进行遥控启动和停止。

(2)自动控制时,同组泵能够进行自动切换。

(3)在电网失电后恢复供电时,各组泵能够依据主次按顺序逐台重新自动启动。

(4)泵能够就地控制。

(5)泵自动控制系统应设置报警功能。

### 2. 泵的自动控制系统的日常维护

泵的自动控制系统的日常维护内容除了与启动箱要求的维护内容一样,还应增加如下内容。

(1)开航前应检查自动切换操作是否正常,如果设有遥控功能,还要检查是否能够进行遥控。

(2)要定期检查时间继电器、压力继电器的整定值。

(3)同组两台泵运行时间应基本相同。

(4)应经常检查各零件是否有松动或脱落现象。

# 4.3　船舶起货机电气系统的维护

## 4.3.1　交流电动起货机电气系统的日常维护

一般而言,交流电动起货机电气系统的日常维护从三个方面进行,即巡视检查、每航次的一般性检修和定期检修。

**1. 巡视检查**

起货机在使用中应根据装卸货物的种类和本身设备的技术状况制定巡视检查制度,一般巡视检查包括下列内容。

(1)监测电动机和电磁制动器的温升,在运行中不应超出允许温升。若电动机过热,应检查电动机通风冷却系统是否正常,同时检查电动机是否有堵转及电磁制动器的动作和释放是否符合技术要求。

(2)了解控制屏上各电器的工作情况、查看是否有紧固零件松动或脱落现象;查看机械部分是否有因受力而变形、断裂或影响正常灵活动作的情况,衔铁在吸合和释放时是否有振动、噪声;查看时间继电器的延时是否有明显差异;查看各电器线圈是否有过热、焦煳味或冒烟等现象。

(3)对于克令吊,应检查各种限位保护和报警装置是否正常。

(4)检查操作是否符合规程;检查手柄位置与运行转速是否相符;检查起重滑程是否过大,若过大,应检查电磁制动器的动作及有关电器是否正常,必要时停车调整;检查电磁制动器间隙。

(5)巡视时应观察各电器的动作值,若与整定值有明显偏差,可停机调整。对于有时间继电单元、过载保护单元和变速单元电子设备的起货机,应观察有关指示灯的亮灭和亮度变化等。

(6)装卸结束时,应检查起货机及主令控制器的电源是否切断,电动机的风门、控制室的门窗是否关闭,防水罩是否遮盖好。温度较低时,接通控制器和电动机加热电阻进行驱潮、防凝露。

**2. 每航次的一般性检修**

每航次离港后,在到达目的港前,必须进行一次维修保养工作,主要内容如下。

(1)清洁控制屏、去除在港装卸货时沾染的灰尘、污物。

(2)仔细检查各紧固件是否有松动、脱落、折断损坏等现象;各接线头是否松动掉落。

电器的各反作用弹簧应正常、没有变形。若反作用弹簧失去弹性、断裂或脱落丢失，应更换。

（3）检查正反转接触器和各加速接触器的主副触头是否良好，若发现触头烧毛、接触面有氧化物或细小的熔物，应用油光锉磨光，力求接触表面光洁，保持原来的形状并贴合良好，触头清洁后，用万用表检查其接触情况。

（4）检查各时间继电器、中间继电器、保护用继电器以及风机接触器等电器的触头接触是否良好，是否损坏、变形；动作是否灵活；若发生变形、断裂或脱落等故障，应及时修理或更换。触头清洁或修理后，应用万用表检查接触情况。

（5）检查控制屏内电器的线圈是否有短路、断路或接地等故障，若发现线圈有变色、烧焦现象，应仔细检查，必要时应更换。

（6）测量控制屏对地绝缘电阻。若对地绝缘由于受潮而不符合要求，应用热风吹干，必要时应仔细擦拭后，使用驱潮电热器通电驱潮。

（7）检查和清洁主令控制器，测量电磁制动器间隙。

（8）每个控制屏保养完毕并检查无误后，应进行通电运行试验。操作主令控制器，测试各项功能无误之后，切断电源，加盖防水，关闭控制门窗。

**3．定期检修**

定期检修内容除了包括一般航次检修内容，还包括如下内容。

（1）检查和调整各接触器、电压继电器线圈的动作电压与释放电压值，以及各保护器的整定值，使其符合规定的技术要求。

（2）检查与调整接触器、继电器触头的断开距离、超行程、初压力、终压力以及线圈对地绝缘电阻；测量线圈电阻，判断内部是否存在短路，若有短路，应及时更换线圈。

（3）用兆欧表测量控制屏、电动机绕组及电磁制动器线圈的绝缘电阻，如因潮湿导致绝缘电阻降低，应采用热风驱潮，提高绝缘电阻。

（4）检查电动机通风系统，并对鼓风机进行解体、清洁、更换轴承润滑油，检查并清洁风门、开关，清除风道中的灰尘和污物。

（5）解体、清洁电磁制动器，更换损坏或磨损严重的部件。

（6）检查接触器衔铁上的短路环是否断裂、松动或高出接触面而影响贴合并产生噪声。

## 4.3.2 交流电动起货机的常见故障与维修

船舶采用的交流电动起货机大多数采用变极调速，控制系统按恒功率特性或恒转矩特性设计，整个控制环节大致相同，只是为满足各自的调速特性的要求而略有不同。在交流调速起货机故障时，为了尽快排除故障，应对起货机的机电系统和控制电路及控制过程有一个非常清晰的了解。

下面以国产交流变极调速起货机控制电路为例进行分析。交流变极三速起货机控制系统主要包括以下几个部分:起货电动机及主回路部分、控制部分(主令控制器电路和继电接触器组成的电路)、保护环节、调速环节和制动环节。

**1. 交流电动起货机的常见故障与维修**

交流变极三速起货机的常见故障及发生故障的可能原因和维修方法如下。

(1) 上升和下降各挡都不来车。故障的原因及排除故障的方法如下。

①电源短路或电力不能送到主回路和控制回路。检查电源回路、熔断器、电源开关、短路点。

②刹车没打开或打开不到位。检查制动器,使制动器动作,将间隙调整合适。

③主令控制器失控。检查主令控制器的机械传动机构和触头位置。

④风门未被打开或风门开关接触不良。检查风门开关及其回路。

⑤热继电器触点断开或接触不良。检查热继电器,复位及修复。

⑥零压继电器触点断开或接触不良。检查零压继电器及其回路。

(2) 有提升(或下降)而无下降(或提升)。故障的原因如下:方向接触器的线圈短路或断路;方向接触器的主副触点接触不良;主令控制器触点接触不良。排除故障的方法是逐一检查、修复。

(3) 主令控制器手柄从第三挡快速扳到零位,电动机仍然运转;手柄反向操作,电动机运转方向不变。故障的原因如下:时间继电器失控;传动机构卡死或延时时间过长;逆转矩控制电路失控。应该逐一检查,排除。

(4) 落货时滑程太大。故障的原因如下:制动环节失控或制动时间调节过长,即时间继电器延时时间过长,超过再生制动时间。应检查时间继电器的延时工况,按要求调整,一般时间继电器的延时时间设定在 0.7 s 左右,不能大于 1 s,目的是保证电动机有足够的再生制动时间。

(5) 轻载情况下,高速上不去。故障的原因如下:负载继电器的整定值调得不对,应重新调整。

(6) 电磁制动器打不开,电动机堵转。故障的原因如下:电磁制动器线圈断路、短路或接地;时间继电器线圈断路。应该逐一查测,排除故障。

(7) 电磁制动器不释放(制动)。故障的原因如下:刹车片卡死或电磁制动器主触点卡死;加速接触器的副触点没断开。应逐一检查,修复。

(8) 电磁制动器打开后又释放。故障的原因如下:时间继电器延时时间太短;经济电阻太大及反作用弹簧力太大。应调整好时间继电器延时时,经济电阻不应串入太大,弹簧的强度应调节合适。

（9）电磁制动器的温升太高。故障的原因及排除故障的方式如下：对于刹车线圈匝间短路故障，应测刹车线圈、修复；对于摩擦片间隙太小或间隙不均匀导致的故障，应调整刹车间隙；对于经济电阻太小或串入时间太迟导致的故障，应调整经济电阻，调整时间继电器的延时时间。

（10）摩擦片磨振太快。故障的原因及排除故障的方法如下：对于摩擦片间隙太小导致的故障，应调整好间隙；对于摩擦片材料耐磨性差导致的故障，应换质量好、耐磨的摩擦片；对于摩擦片间隙不均匀导致的故障，应重新安装刹车盘，使间隙均匀。

（11）重载时刹不住车。弹簧力不强或弹簧断裂是造成故障的主要原因。发生这种故障时，应检查电磁制动器的反作用弹簧。另外，摩擦片太光滑或间隙过大，也可能造成刹不住车。

### 2. 交流电动起货机故障维护试验

1）交流电动起货机故障修复后的空载试验

空载试验的目的是检查和调整空载状态下控制线路与电动机协调工作的情况，了解电动机空载电流和转速是否符合要求。具体步骤如下。

（1）将电动机引出线按拆下时的标记与控制屏连接好，并检查各挡接触器触头是否与各速绕组相对应（在厂修线路变动不大的情况下，控制线路调试与空载试验一起进行）。

（2）接通电源，操纵主令手柄，检查电动机的转向、转速是否与主令器操纵挡位相符。反复操纵、观察电器的可靠运行情况，使早期失效的元件尽早暴露出来，当各挡运行正常、稳定之后，测量各挡的空载电流和转速并做好记录。

（3）反复快速操纵主令手柄，检查各时间继电器的延时时间是否能满足逐级自动延时启动和三级制动要求，细致观察电动机转速变换时是否有堵转情况，同时应调整电磁制动衔铁的动作时间。

（4）检查电动机运行时振动、噪声及机械转动部分的运转情况。

2）交流电动起货机修复后的负载试验

在空载试验一切正常的情况下，方可进行负载试验。负载试验的目的是检查起货机在额定负载下电动机的工作情况，精确整定各时间继电器的延时和电磁制动器线圈放电回路的延时；了解电动机和电磁制动器的发热情况；整定负载继电器的动作电流等。具体步骤如下。

（1）调试前准备好试验负载，给起货机逐渐增加负载到额定负载，在额定负载下，以低中速运转。调整电磁制动器的间隙，使其可靠刹车，其松紧程度，除了要保证能迅速制动,还应使其在额定负载下滑程不超过允许值。从开始制动到完全制动为止,滑程(m)不得大于 $v/6000,v$ 为制动前的速度(m/s)。应注意制动器的温升,若温升过高,应增加再生制动时间,并按技术要求调节电磁制动器间隙。

（2）快速操纵主令手柄,仔细调整各时间继电器的延时,配合调整电磁制动器线圈回路的放电延时,按三级制动要求进行整定,同时仔细观察启动和制动时电动机堵转情况。电动机堵转必须符合要求,若堵转严重,会使电动机运行时过热。

（3）起货机必须满足逐级自动启动的技术要求。

（4）对于恒功率调速的起货机,还应调整负载继电器的动作值,在负载为 $0.5I_N$（额定电流）时,起货机应能高速运行,这时高速绕组电流为 $I_N$。当负载为高速绕组电流的110％时,电动机不能高速运行。

（5）以各挡对应的额定负载运行一段时间,记录各挡三相电流和转速,测量并记录热态绝缘。

（6）经过额定负载试验后,应在 110％ 额定负载下,以低中速运行一段时间,观察起货机工作情况,检查电动机、电磁制动器工作情况,观察系统的机械是否变形、电器是否能正常工作。记录各挡三相电流和转速。

通过上述调试和试验,一切符合技术要求,船舶起货机方可使用。

# 4.4　船舶锚机、绞缆机电气系统的维护

## 4.4.1　电动锚机对控制电路的要求

（1）一般用鼓形控制器或凸轮控制器把电动机接成正转、反转和调速电路。

（2）当主令手柄从零位直接扳到高速挡时,控制电路应具有自动逐级启动的功能。

（3）控制电路应能满足电动机堵转 1 min 的要求。

（4）在深水抛锚时,为了实现变加速抛锚为等速抛锚,控制电路应能完成再生制动和能耗制动。

（5）控制电路应具有短路、失压和过载等保护功能。

（6）控制电路应能完成电气和机械联合的制动,满足快速停车的要求。

## 4.4.2　锚机、绞缆机电气拖动控制系统常见故障

锚机、绞缆机电气拖动系统在运行过程中,除了电气方面可能出现故障,机械方面也可能出现故障,简要阐述如下。

### 1. 锚机电动机温升过高

电动机温升过高的主要原因有以下几点：工作条件恶劣；操作频繁；启动电流大；高速制动。

在电动机发热严重时，热继电器动作，保护电动机，但有时需要应急起锚，所以系统设置了紧急开关，按下开关可以强制起锚。

### 2. 系统高速上不去

出现这种故障常常是因为过电流继电器误动作或主令控制器触头及继电接触器触头接触不良。另外，时间继电器延时时间整定过短，过流保护太早介入，在启动时也会导致系统高速上不去。

### 3. 电磁制动器失灵

如果启动后又立即抱闸，说明电磁制动器线圈回路断路，应检查经济电阻是否烧断、接触器触头是否接触不良。如果接触器线圈吸合，刹车还打不开，应检查时间继电器是否正常动作。主令手柄在零位时，继电器应该吸合，若继电器正常动作，应检查机械传动装置是否损坏。

其他故障检查可参照交流电动起货机的常见故障及处理方法。

## 4.4.3 锚机、绞缆机电气拖动控制系统故障维修调试

锚机、绞缆机电气拖动控制系统故障维修调试一般分三个阶段进行：空载，负载，以及航行抛、起锚。下面分别介绍各阶段调试特点。

### 1. 空载试验

（1）粗略整定各保护器。失压保护继电器，可整定在 $80\%U_N$（额定电压）。过流继电器，交流整定为 $110\%I_N$（额定电流），直流整定为稍大于 $2I_N$。

（2）接通电源，主令手柄在零位，观察各电器动作情况，零压继电器和三个时间继电器应动作，其他电器不应动作；正、反转逐级操作，观察电动机的转向、转速是否与线路原理图和主令手柄位置相符，并注意观察各挡的启动电流、空载电流。

（3）分别将主令手柄从正、反转的高速挡快速扳回零位，观察是否能迅速制动。

（4）在各挡转速下检查和监听齿轮箱、电动机和轴承的声音是否正常，一切正常后，空载运行 2 h，检查系统工作、轴承温升、电动机发热、锚机工作等情况，不应有异常现象。

（5）停机，测量绝缘电阻。

### 2. 负载试验

在空载试验一切正常之后，方能进行负载试验。在大修时线路变动不大且锚和锚链

没有检修,不能进行空载试验时,可以直接进行负载试验。

（1）将主令手柄扳向"起锚"第一挡,电动机启动、低速运行,记录启动电流、工作电流、转速;把主令手柄扳向其他各挡,记录相同内容。

（2）把主令手柄从高速挡快速扳回零位,观察制动器的制动性能,应符合规范要求。

（3）将主令手柄扳向"抛锚"各挡,记录电流和转速,观察能否再生制动匀速抛锚,以及制动器的工作情况。

（4）反复操纵主令手柄,观察电动机、齿轮箱、锚机各部件工作情况是否正常,是否有异常声响和振动。

**3．航行抛、起锚试验**

在试验过程中,要测量各挡转速下电动机的电流和转速;当锚破土时,锚机承受最大的负荷,应准确地记录锚破土瞬间电动机的电流和转速。在锚破土之前,交流锚机应能以中速挡运行。通常情况下,靠锚机本身的力矩能够拔锚出土。若电动机力矩不能使锚破土,电动机将堵转,这时应靠主机冲车,利用船体向前的冲力拔锚出土。此外,应进行双锚的抛锚和起锚试验。

# 4.5　船舶舵机电气系统的维护与检修

## 4.5.1　船舶舵机电气系统的技术要求

（1）从主配电板到舵机,应用两路分离较远的馈电线(其中一路还应该与应急配电盘相连)对舵机供电。驾驶台内操舵装置和舵机应使用同一电源。

（2）为保证电动液压系统的工作可靠,电动油泵机组采用冷备旁待方案,各台机组可单独运行,互成自动切换冷备旁待,也可两台机组并联运行。

（3）舵机电动机应满足舵机技术性能的要求,在舵机舱和驾驶室、机舱集中控制室都能控制电动机,并有操纵转换装置,以防同时操纵。

（4）在船舶处于满载吃水和最大营运航速前进时操舵,应能使舵自任一舷的 35°转至另一舷的 35°,并且自任一舷的 35°转至另一舷的 30°所需的时间不超过 28 s。

（5）舵角指示器指示舵叶位置的误差不应大于 ±1°。

（6）应设有如下保护装置:舵叶偏转限位开关;电源失压报警;过载声、光报警。

## 4.5.2 舵机拖动控制系统的维护

### 1. 开航备车时对舵

对舵时应注意以下各项。

(1) 检查操舵台上的控制开关、按钮、指示灯,以及失压、过载报警,声、光信号等装置是否完整有效。

(2) 观察两舷供电转换使用情况,并用应急电源在驾驶室和舵机舱分别试操。

(3) 用各种操舵方式在各操作台进行试操,检查应急舵操纵是否有效,观察两套机组工作是否正常、自动切换是否可靠、控制系统工作是否正常、舵机的机械传动部分是否灵活可靠。

(4) 自动舵及电动舵机系统不应有跑舵、冲舵、不回舵及振荡等现象。

(5) 检查操舵仪、舵角指示器与舵叶实际位置的偏差:在正航时,偏差应为 0°;在大舵角时,偏差应不大于 2°。

(6) 复查舵从任一舷 35°转至另一舷 30°所需时间是否符合规定,同时检查舵叶偏转速度是否均匀,转舵时是否有异常声音、异常现象等。

### 2. 航行期间的巡视检查

巡视检查应包括下列内容。

(1) 查看机组的运行情况,电动机运转的声音、温升。

(2) 检查电磁阀、伺服电机、限位开关等动作是否可靠。

(3) 观察各仪表读数、机组运行指示、舵角指示等装置的工作是否正常。

(4) 有两套舵机拖动控制系统的船舶,应定期轮换使用。

### 3. 舵机电气系统维护保养的主要内容

舵机电气系统维护的周期及内容要求如表 4.1 所示。

表 4.1 舵机电气系统维护的周期及内容要求

| 项目 | 周期 | 内容要求 |
| --- | --- | --- |
| 自动舵操纵台 | 1 次/6 个月 | 主操舵器传动部分加油 |
| | 1 次/1 年 | 1. 检查齿轮及微型轴承等传动部分的油质,如变质,洗净后加油<br>2. 必要时更换易损零件 |

续表

| 项目 | 周期 | 内容要求 |
|---|---|---|
| 随动控制系统 | 1 次/航次 | 1. 对 AEG 式舵机,检查发讯器和受讯器的电阻、电刷、导电环;对滑环式舵机,检查滑环、导电滚轮;对手柄式舵机,检查复位触点及其他反馈装置<br>2. 检查系统中的连杆、弹簧等机件<br>3. 清除装置内的铜屑和灰尘 |
| 执行装置 | 1 次/航次 | 一般性检查 |
| | 1 次/3 个月 | 1. 检查电刷、集电环的磨损情况,检查机械制动的开距及刹车片的磨损情况<br>2. 对执行电磁阀进行解体检查,要求衔铁活动部分无卡阻、打毛现象,行程符合要求;测量电磁阀线圈的电阻,若不符合要求应更换 |
| 舵角指示器 | 1 次/3 个月 | 检查舵角指示器的内部轴承磨损情况,清除灰尘并检查电源 |
| | 不少于1 次/1 年 | 1. 清洁仪器内部并对各摩擦部分、轴、齿轮(橡皮件除外)加油<br>2. 检查仪器的密封情况<br>3. 检查调光电阻及灯光是否适当 |

电动液压舵机日常维护应注意以下几点。

（1）对油泵电动机的维护一般与电动机相同。

（2）两台机组和启动箱应轮流使用,其运行时间应基本相同。

（3）应经常检查各连接件是否有松动或脱落等现象。

（4）具有互为备用的双通道系统的印刷电路板应经常互换使用,以保证其工作性能不变。备用印刷电路板和元件应密封或干燥保存。

## 4.5.3　自动舵的常见故障与维护

在船上使用的自动舵种类很多,但其工作原理基本相同。自动舵的线路、调整结构比较复杂,操舵装置与推舵装置又相距较远,所以对自动舵的检修比较困难。如果不能掌握基本的检修方法,在海上航行时,自动舵故障必将带来难以预料的后果。

自动舵故障时,总会暴露出一些不正常现象。仔细观察这些现象,根据学过的自动舵原理,以这些现象为线索进行认真的分析,找出可能的原因,逐步缩小可能的故障部位范围,总能找到故障所在并排除。

自动舵故障一般可以归纳为不工作、不灵敏、不稳定和不准确等方面。几种故障可能并发,也可能间断发生。

自动舵不工作一般因明显的故障引起,如电源开路、熔断器烧断、短线(断路)短路、电子元件故障等。自动舵不灵敏可能因放大器增益定值不当、相位不合、系统内元件失灵引起。自动舵不稳定的原因分为硬件故障和电源问题:硬件故障是指自动舵的硬件组件或连接部件损坏,导致舵机无法正确响应指令,从而产生持续转圈的现象;电源问题是指电源不稳定或电压波动导致自动舵系统工作异常,进而引发不稳定行为。自动舵不准确可能因自动舵执行机构运行不灵活等引起。

图 4.5 所示为自动舵一般故障排查图(以 PR-4507 型自动舵为例)。

## 4.5.4 舵机拖动电气控制系统维修后的调试

舵机拖动电气控制线路不同,具体的调试办法也有所不同,但调试的内容是一样的,所以,无法针对某个线路讲述它的具体调试方法,只能讲述舵机拖动电气控制系统的调试内容和一般方法。

**1. 初次通电前的检查内容**

(1) 清洁整个系统,包括清洁控制箱、电动机和接线盒、反馈装置、电磁阀和执行电动机等,同时检查自动操舵仪。

(2) 熟悉图纸及舵机系统的工作原理,检查接线及安装情况是否与线路图相符。

(3) 把系统中的熔断器按图纸要求的容量全部校对或装好,把指示灯按规定数量安好。

(4) 检查绝缘电阻,测量主回路和控制线路的绝缘电阻是否符合要求,测量时应注意不得损坏各种半导体器件或印刷电路板。

(5) 检查系统动作的灵活性,如电动油泵、机械执行机构、反馈装置、舵机装置手轮、手柄等。

**2. 电动液压舵机电气系统调试**

电动液压舵机电气系统调试按操舵方式分别进行。

1) 应急操舵调试

把操舵选择开关置于手动操舵位置,启动油泵机组,待油泵和控制箱正常工作时,方能进行应急操舵调试。

在舵机舱操作手柄,操舵时先小角度,后大角度。检查舵叶偏转方向是否与手柄转动方向一致、机械传动装置动作是否灵活、舵角指示器是否能准确反映舵角;检查限位开关动作是否准确,限位开关位置应能使舵叶停在左、右 35°处,误差过大时应调整。

进行满舵操作试验,即从零向左和从零向右至满舵,再从右满舵到左满舵及从左满

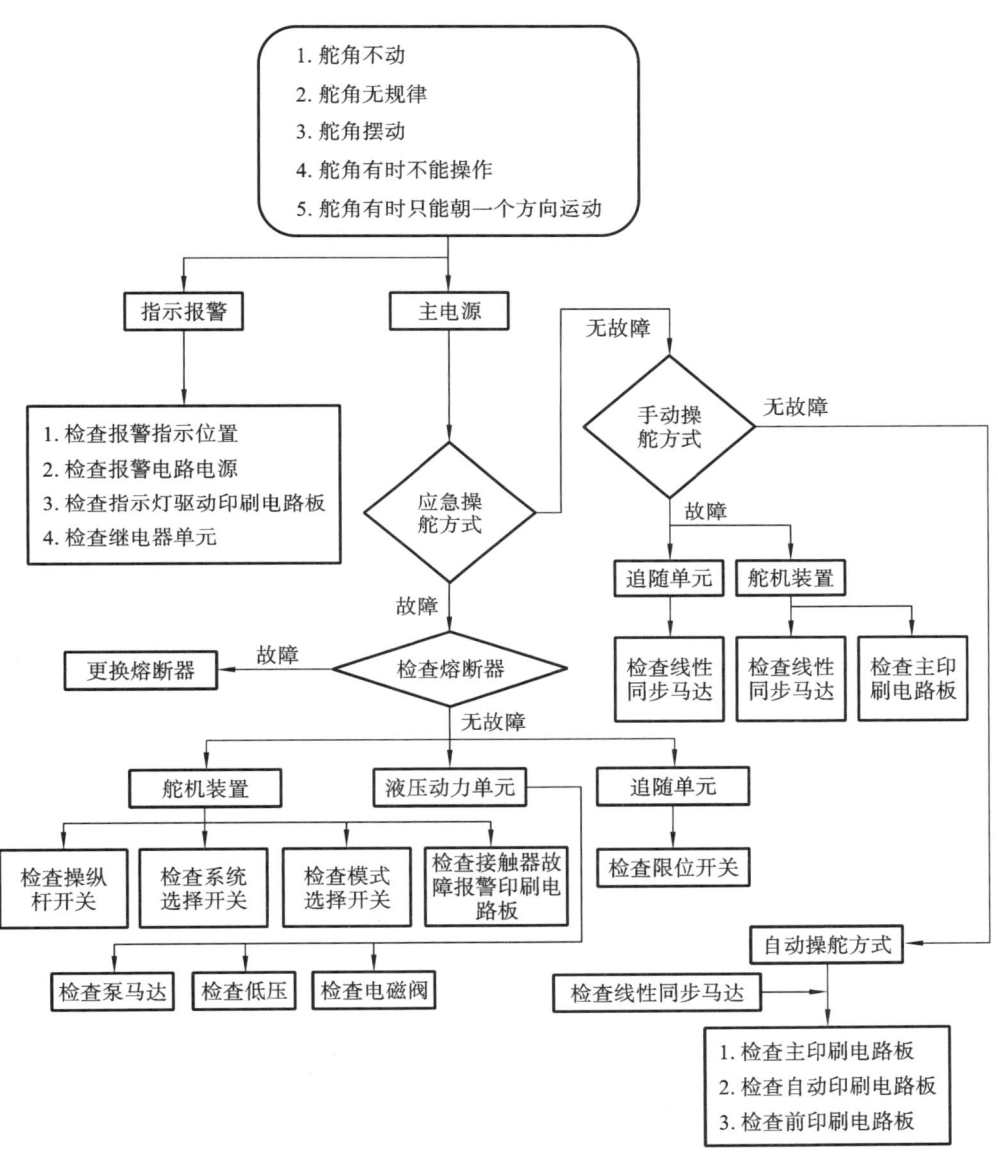

**图 4.5　自动舵一般故障排查图**

舵到右满舵,这时舵叶偏转应符合技术规范,从一舷满舵到另一舷 30°所用的偏舵时间不大于 28 s。

在舵机舱调试完成后,进行驾驶室应急操舵调试。合好相应开关,先核对舵角指示器工作是否正常,无误后,按上述相同步骤进行应急操舵调试。

2)随动操舵调试

把转换开关扳向随动操舵位置,转动随动操舵手轮,先做小角度随动操舵,检查偏舵方向是否与手轮转动方向一致、舵角指示器指示舵角与实际舵叶偏转角度是否相同,再做大角度操舵。在随动操舵调试中,尚应检查系统的振荡情况、舵角与舵角指示器的指示误差等。

3)自动操舵调试

系泊预调:用随动操舵使舵叶置零位,即使舵叶处于船的艏艉线上,将压舵旋钮置零位,将灵敏度调节(天气调节)调为一般位置(灵敏度不可过高),将选择开关扳向"自动"位置。转动压舵旋钮或航向改变旋钮,舵叶会偏转至给定角度。

航行调试:预调结束后,进行航行调试,进行航向改变、航向稳定、微分、压舵等试验。

# 4.6 船用辅锅炉电气控制系统的维护与检修

船舶辅锅炉电气控制系统比较复杂,线路的种类也很多。维修人员只有掌握了锅炉的控制原理,才可能在发生故障时排除故障。

## 4.6.1 锅炉控制系统的维护

锅炉自动控制系统的维护内容及要求如表 4.2 所示。

**表 4.2 锅炉自动控制系统的维护内容及要求**

| 项目 | 周期 | 维护内容及要求 |
|------|------|----------------|
| 控制系统 | 1 次/2 个月 | 检查顺序控制器的程序动作是否灵活可靠,进行人工操作时声、光报警安全设施是否有效、正常 |
| 点火系统 | 1 次/2 个月 | 检查点火棒间隙、棒极的绝缘性能以及光敏元件和电磁阀的工作情况。保持光敏元件的良好透光度,光敏元件要定期轮换使用 |
| 给水系统 | 1 次/2 个月 | 检查自动给水控制器及水位传感器的动作是否灵敏可靠、水密性是否良好 |
| 风油调节装置 | 1 次/2 个月 | 检查电器元件机械传动是否灵活、牢固,检查比例式压力调节器的压力上下限整定值是否符合要求 |
| 废气锅炉机械传动 | 1 次/2 个月 | 检查三相换向阀的电气及机械传动部分是否灵活可靠 |

日常维护时还应该注意以下几点。

(1)定期清洁控制箱,清洁多回路时间继电器及其他继电器和接触器的触点,清洁各电位器的触点。同时,应防止油、水进入控制箱。

（2）经常检查点火系统的绝缘，尤其是点火棒的绝缘；清洁点火棒尖端积炭；定期检查各电动机绝缘电阻，监测电动机运行时的发热情况。

（3）清洁水位观察器，防止水垢积存，保持玻璃透明。

（4）保持声、光报警装置处于良好状态，及时更换损坏的指示灯。

## 4.6.2　锅炉自动控制系统的常见故障与处理

### 1．蒸汽压力自动控制环节的常见故障与处理

1）比例控制系统故障

比例控制系统的锅炉在燃烧时，气压和气温不能自动维持正常值，波动比较大的主要原因一般是风油比例调节器工作不正常，处理方法如下。

（1）检查压力调节器的整定值是否变化、工作是否正常、运动部件是否被卡死、电位器的滑动触点是否接触良好。

（2）检查电动比例操作器、伺服电机工作是否正常，控制电路各器件是否损坏，反馈电位器的滑动触点是否接触良好。

（3）检查回油调节阀是否卡死、风油挡板连接螺钉是否松脱。

2）锅炉点火过于频繁故障

锅炉点火过于频繁故障的原因如下：压力继电器（双位控制系统）的上、下限值偏差太小，电动比例操作器（比例控制系统）不能随蒸汽压力的变化而自动调节风油比例。故障处理方法如下。

（1）合理设置压力继电器（双位控制系统）的上、下限值偏差。

（2）维修电动比例操作器（比例控制系统），使其随蒸汽压力的变化而自动调节风油比例。

3）锅炉不能按原先的设定值点火、熄火故障

锅炉不能按原先的设定值点火、熄火故障的主要原因是压力继电器上、下限值调整出现偏离或比例调节系统参数调整不当。故障处理方法如下。

（1）重新调整压力继电器上、下限值。

（2）重新调整比例调节系统参数。

### 2．程序控制环节的常见故障与处理

1）锅炉点火失败

锅炉点火失败故障可能由电路或油路两个方面的原因引起。

电路方面的原因与故障处理方法如下。

（1）检查点火火花。将点火电极棒从炉内抽出,按启动按钮,观察点火电极是否有火花,如果没有火花,应该检查点火变压器及其控制回路是否存在开路等故障。

（2）如果点火变压器及其控制回路均正常,应检查电极及其引线的对地绝缘和相间绝缘,检查其绝缘套管是否损坏,检查电极是否被油泥黏结、表面是否积炭、电极间隙是否过大或过小、电极与喷油嘴端部位置是否合适等。

（3）如果有点火火花而不能点燃,应检查油头电磁阀是否动作。

（4）如果油头电磁阀不动作,应用万用表检查电磁阀是否有工作电压,若有,说明电磁阀本身故障,应更换。

（5）若电磁阀线圈没有工作电压,应检查控制电路,重点检查油压继电器是否动作、油压是否建立、油温是否过低、油温继电器是否失效。

（6）若油压、油温均正常,应进一步检查相应的电气控制线路。

油路方面的原因和故障处理方法如下。

（1）常造成点不着火的原因是油嘴堵塞、管路堵塞、燃油压力不足。检查燃油或燃气的供应情况,确保油嘴和管路正常工作,确保燃油压力充足;定期清理油路,可以使用专业的清洗剂或高压气体清理油路,确保燃油能够顺畅流动并充分加热。

（2）燃油温度过低、黏度大,造成喷油困难、雾化不好,也会点不着火。检查加热系统,确保锅炉的加热系统正常工作;提高燃油的加热温度,降低燃油的黏度,使其更容易流动和雾化;清洁或更换油嘴,改善燃油的雾化效果。

2）锅炉不能自动启动

（1）将操纵方式切换到手动,如果还不能启动,按"锅炉点火失败"进行处理。

（2）如果手动能启动,说明故障出在时序控制器或外围电气元件上（压力、温度、液位继电器等）,应重点检查与时序控制有关的各外围电气元件、各安全保护元件是否动作。

（3）按下自动启动按钮,检查风机、油泵是否运行,检查凸轮电动机（对有触点时序控制器而言）是否转动,检查轴上所带的各微动开关是否有动作异常现象。

（4）检查各相关接线柱连接情况等。

3）锅炉点火燃烧后运行期间突然熄火

（1）检查火焰传感器是否老化、感光窗是否被污染,然后进一步检查火焰监测电路是否有元件损坏。

（2）对于风油比例控制的锅炉,当锅炉蒸汽压力与设定值偏差较小时,应该减小风门和油门来维持气压和气温,如果操作器失去控制并仍以大风量、大油门燃烧,会很快使锅炉气压升高而自动熄灭;另外,风门机械拉杆调整不当也会使锅炉熄火,如操作器应给出小油门时却给出大风门。

（3）检查自动保护用的外围传感器是否故障。

（4）检查燃油电磁阀线圈是否烧坏。

（5）检查程序控制器是否故障。

### 3. 警报及保护环节

在辅助锅炉运行过程中，除了对锅炉水位与燃烧采用自动控制，还必须对各种危险工况采取安全保护措施。安全保护环节主要有以下几种。

（1）极限低水位：由液位控制器监测。

（2）蒸汽压力过高：由压力调节器监测。

（3）点火失败、异常熄火：由火焰传感器监测。

（4）燃油压力过低：由油路压力继电器监测。

（5）燃油温度过高或过低：由温度调节器监测。

设置安全保护装置后，一旦在锅炉点火或运行中产生异常情况，相应的感应元件就能检测出相应的故障并发出声、光警报，使锅炉熄火后扫风，避免发生各种事故。

# 第 5 章

# 船舶常用低压电器的维护与管理

# 5.1 熔 断 器

## 5.1.1 熔断器的分类

熔断器是一种安全保护器,主要用于短路保护。熔断器在电网和用电设备的保护装置中被广泛应用。当电网或用电设备出现短路故障时,通过熔体的电流大于其额定值,熔体因过热而熔化,自动切断电路,防止事故蔓延。熔断器在切断电路过程中往往产生强烈的电弧并向四周飞溅,为了安全有效地熄灭电弧,一般把熔体安装在壳体内,并采取有效措施,快速熄灭电弧。

熔断器主要由熔体、绝缘底座组成。熔体是熔断器的核心部分,常做成丝状或片状。熔体材料必须具有熔点低、导电性能好、易于熔断、不易氧化等性质。制作熔体的材料一般有铅锡合金、锌、银、铜等。下面主要介绍插入式熔断器、螺旋式熔断器和有填料封闭管式快速熔断器。

### 1. 插入式熔断器

插入式熔断器常用于低压电路实现电气设备的短路保护。使用时,熔丝的额定电流不能超过瓷件上标明的额定电流,否则熔丝烧断时产生的电弧极强,会烧坏熔断器。

### 2. 螺旋式熔断器

螺旋式熔断器的熔断管内装有熔丝和石英砂,熔断管一端有色点,当熔丝熔断时,色点跳出,指示熔丝已断。指示器的色别如表 5.1 所示。

**表 5.1 指示器的色别**

| 熔丝额定电流/A | 2 | 4 | 6 | 10 | 16 | 20 | 25 | 35 | 50 | 80 | 100 | 125 | 200 |
|---|---|---|---|---|---|---|---|---|---|---|---|---|---|
| 指示器色别 | 玫瑰 | 棕 | 绿 | 红 | 灰 | 蓝 | 黄 | 黑 | 白 | 银 | 红 | 黄 | 蓝 |

### 3. 有填料封闭管式快速熔断器

有填料封闭管式快速熔断器由熔断管、熔体、指示器、填料底座等部分组成。熔体用银带制成 V 形的狭窄截面或网状形式,使熔断器具有快速性,可用于半导体整流元件的短路保护。

## 5.1.2　熔断器的选用

### 1. 熔断器类型的选择

熔断器主要根据负载的情况和电路短路电流的大小来选择。对于容量较小的照明线路或电动机的保护，可选用 RC 系列半封闭式熔断器或 RM 系列无填料封闭管式熔断器；对于短路电流大的电路或有易燃气体的地方，应选用 RL 或 RT 系列有填料封闭管式熔断器；对于晶闸管及硅元件的保护，应选用 RS 型快速熔断器。

### 2. 熔体额定电流的确定

选择的熔断器的熔体在短路电流作用下应可靠熔断，起到应有的保护作用。为保证设备的正常运行，必须根据设备的性质合理地选择熔体。

1）选用熔断器注意事项

①熔断器的保护特性应与被保护对象的过载特性有良好的配合。

②按线路电压等级选用熔断器，通常熔断器额定电压不应低于线路额定电压。

③应根据配电系统中可能出现的最大短路电流，选择具有相应分断能力的熔断器。

④电路中的各级熔断器应相应配合，要求前一级熔体比后一级熔体的额定电流大 2～3 倍，以免发生越级动作而扩大停电范围。

⑤熔体额定电流应小于或等于熔断器的额定电流。

2）照明电路熔体额定电流的确定

①照明支路：熔体额定电流＞支路上所有灯的工作电流之和。

②照明总路：熔体额定电流＞全部灯的工作电流。

3）电动机熔体额定电流的确定

①单台直接启动电动机：熔体额定电流为 1.5～2.5 倍电动机额定电流。

②多台直接启动电动机：总熔体额定电流为功率最大的电动机额定电流的 1.5～2.5 倍和其余电动机额定电流之和。

③降压启动电动机：熔体额定电流为 1.5～2 倍电动机额定电流。

④绕线式电动机和直流电动机：熔体额定电流为 1.2～1.5 倍电动机额定电流。

此外，熔体额定电流应为 1～1.2 倍变压器低压侧额定电流；熔体额定电流应不小于电热设备额定电流；熔体额定电流应为 1.5～2.5 倍负载电流；熔体额定电流应不小于 1.57 倍整流元件额定电流。

## 5.1.3　熔断器的维修

应根据各种电器设备用电情况（电压等级、电流等级、负载变化等）来正确选择熔体

（丝）。在更换熔体时，应按规定换上相同型号、材料、尺寸、电流等级的熔体。

熔丝两端的固定螺钉应完好、无滑扣现象，以保证固定熔体时接触良好、配合牢固，否则会造成接触处温度升高，烧坏熔体。安装熔丝时，应按顺时针方向弯曲熔丝，这样紧固螺钉时熔丝不会被挤出来；应先放好弹簧垫或钢纸垫，再紧固螺钉，不要用力过猛，否则会损坏瓷底座；不要划伤、碰伤熔丝，更不要随意改变熔丝的外形、尺寸。更换熔体时，必须切断电源，不允许带电，特别是带负载拔出熔体，以防止发生人身事故。在维修短路保护线路时，应注意以下几点。

（1）对于变压器中点接地的三相三线制或三相四线制供电线路，电动机回路必须采用短路保护。

（2）对于不同性质的负载（如主回路、控制回路、照明回路、指示回路等），应分别保护；小容量电动机的控制回路可用主电路的熔断器进行短路保护。

（3）对于容量较小且容量相差不大的两台或三台电动机，可采用一组共用的熔断器进行短路保护；对于容量较大且容量相差较大的几台电动机的分支电路，应分别进行短路保护。一个末端支路的短路保护共用一组熔断器时，应符合以下要求：①末端支路馈电线路的最大额定电流应不大于 100 A；②每台电动机要有单独的过载保护装置；③在有分支电路中，熔体的熔断动作应有选择性，前一级熔体的额定电流必须大于分支电路的熔体额定电流。

（4）在下列线路中，不允许接入熔断器：①接地线路；②三相四线制的中性线路；③直流电动机的励磁回路。

# 5.2　空气断路器

## 5.2.1　空气断路器的选用与分类

空气断路器又叫自动空气开关，是一种不仅可以接通、分断电路，而且能对负载电路进行自动保护的开关电器。当负载电路出现短路、过载、欠电压等故障时，空气断路器能自动切断电路。我国建造的船舶电力系统大多数采用低压空气断路器。

**1. 空气断路器的选用**

1）一般选用

①断路器的额定电流≥负载工作电流。

②断路器的额定电压≥线路或设备的额定电压。

③断路器的脱扣器额定电流≥负载工作电流。

④断路器的极限通断能力＞电路最大短路电流。

⑤断路器失电压脱扣器额定电压＝线路额定电压。

2）配电用断路器的选用

①长延时动作电流整定值＝0.8～1 倍导线允许载流量。

②短延时动作电流整定值≥$1.1(I_L + 1.35kI_{max})$（$I_L$ 为线路计算负载电流；$k$ 为电动机启动电流倍数；$I_{max}$ 为最大一台电动机额定电流）。

3）电动机用断路器的选用

①长延时电流整定值＝电动机额定电流。

②6 倍延时电流整定值的可返回时间＞电动机实际启动时间。

③鼠笼式电动机瞬时整定电流＝8～15 倍脱扣器额定电流。

4）照明用断路器的选用

①长延时电流整定值≤线路计算负载电流。

②瞬时电流整定值＝6 倍线路计算负载电流。

### 2. 空气断路器的分类

根据结构不同，常用空气断路器分为塑壳式断路器（molded case circuit breaker，MCCB，又称装置式）和框架式断路器（air circuit breaker，ACB，又称万能式）两类，如图 5.1 所示。

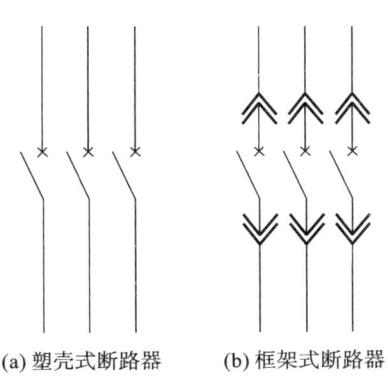

**(a) 塑壳式断路器**　　**(b) 框架式断路器**

**图 5.1　空气断路器的电气符号**

在使用时，应先根据具体使用条件选择类别，再按电路的额定电流及对保护的要求来选用。当实际额定电流在 630 A 以下时，可选用塑壳式断路器；当额定电流比较大时，应选用框架式断路器。

在船舶电力系统中，塑壳式断路器和框架式断路器都有着非常广泛的应用。塑壳式断路器的外壳采用塑料绝缘材料压制而成，并将灭弧系统、触点等机构置于内部绝缘室内；框架式断路器采用智能模块化结构，可独立分为框架、触点灭弧系统、电动操作机构、手动操作机构、智能型控制器和抽屉座等部件，组装和维护都非常方便。

塑壳式断路器主要用于额定电流为 630 A（一些新产品可达到 1600 A）以下的电路。其产品种类繁多，但功能较为简单，特点是结构紧凑、操作简单，一般标准配置过流脱扣器（多为双金属片）和瞬时脱扣器（电磁式），有的可选配欠压脱扣器。

框架式断路器一般适用于额定电流为 630～6300 A 的电路。相比于塑壳式断路器，框架式断路器的分断能力更为卓越，功能更为完善，尤其是随着微机技术及集成电路的发展，功能模块组合更多，其正向着高性能、易维护、网络化的方向发展。

在实际应用中，额定电流为 630 A 以下的回路，一般使用塑壳式断路器；额定电流为 800 A 以上的回路、对分断能力要求高的回路，或需要功能较多的回路，应采用框架式断路器。框架式断路器在船上多用于船舶发电机的主开关和大功率负载的供电开关（如侧推装置等）。

## 5.2.2　断路器的结构

断路器主要由触点系统、灭弧装置、操作机构和保护装置等组成，具体介绍如下。

### 1. 触点系统

在任何一种有触点系统的电器中，触点都是一个很重要的执行元件，用于实现电路的接通或分断。触点系统包括用于主电路通断的主触点和用于控制电路的辅助触点。

框架式断路器闭合时，触点的闭合顺序是首先闭合弧触点，其次闭合辅助触点，最后闭合主触点；断开时相反，首先断开主触点，其次断开辅助触点，最后断开弧触点。主触点的作用是通过负载电流，辅助触点的作用是在主触点分开时保护主触点，弧触点的作用是承担切断电流时的电弧烧灼。所以电弧只能在弧触点上形成，从而保证了主触点不被烧蚀，能长期稳定地工作。若弧触点失去作用，辅助触点也可代替弧触点进行保护。

### 2. 灭弧装置

灭弧装置主要用来熄灭主触点在断开电路时产生的电弧。其作用具体如下。

（1）将电弧拉长，使电源电压不足以维持电弧燃烧，从而使电弧熄灭。

（2）有足够的冷却表面，从而仅电弧能与整个冷却表面接触，迅速冷却。

（3）将电弧分成多段，使电弧成为短弧，使电弧快速熄灭。

（4）限制电弧火花喷出的距离，避免造成相间飞弧。

### 3. 操作机构

操作机构主要包括传动机构和自由脱扣机构两大部分，具体内容如下。

1）传动机构

按操作方式分，传动机构可分为手动传动、杠杆传动、电磁铁传动和电动机传动。按闭合方式分，传动机构可分为储能闭合和非储能闭合。

2）自由脱扣机构

它的功能是实现传动机构和触点系统之间的联系。当自由脱扣机构扣上时，传动机构应带动触点系统一起动作,使触点闭合;当自由脱扣机构脱扣后,传动机构与触点系统脱开。常用的自由脱扣机构有非储能操作的自由脱扣机构和储能操作的自由脱扣机构。

### 4. 保护装置

脱扣器是断路器的感觉元件,负责检测电路中不正常的情况或进行继电保护。操作人员发出信号,通过脱扣器使断路器分闸。

框架式断路器通常设有失电压脱扣器、过电流脱扣器及分励脱扣器,通过它们对自由脱扣机构的作用来实现对主电路的失电压、欠电压、短路、过载等保护及遥控分励操作。框架式断路器脱扣器原理示意图如图 5.2 所示。塑壳式断路器与框架式断路器类似。

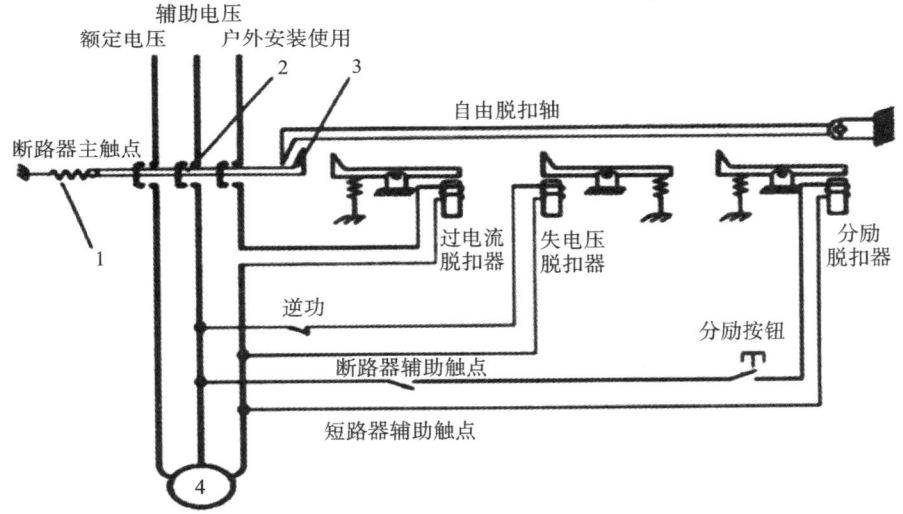

**图 5.2　框架式断路器脱扣器原理示意图**

1—弹簧;2—主触点系统;3—锁扣;4—高压断路器

失电压脱扣器一般是一个瞬时动作的电磁铁机构。发电机正常起压后,加在失电压线圈两端的电压使失电压脱扣器克服反力弹簧作用力而动作,吸住衔铁,这是确保断路器能正常合闸的首要条件;断路器合闸后,与主触点系统相连的锁扣扣住自由脱扣轴,使弹簧受力而处于储能状态;当发电机电压低于规定的整定值时,失电压线圈的电流减小,电磁吸力不足以克服反力弹簧的失(欠)电压保护作用。为避免电网电压瞬时波动产生误动作,可延时,延时时间一般为 1~3 s。此外,失电压线圈一般与发电机逆功率保护的常闭触点串联,因此发电机逆功率保护动作时,常闭触点断开,使失电压线圈失电而自动分闸,因此发电机逆功率保护的执行一般通过失电压脱扣器使失电压线圈失电来实现。

过电流脱扣器实际是一个复合式脱扣器,一般有电子式(半导体式)和电磁式两种。

它被用作发电机的过载和短路保护,一般具有反时限延时动作、定时限动作和瞬时动作三种动作特性。当电路过载时,电子式脱扣单元会根据过流值的不同程度分别发出分级卸载、过载长延时、过载短延时、短路信号。分级卸载仅是卸掉次要负载,尽量避免发电机过载;过载长延时、过载短延时、短路信号直接使过电流脱扣器动作,使断路器分闸。如果发电机过电流极大,电磁式脱扣单元会动作,直接控制自由脱扣轴动作,使断路器分闸。

分励脱扣器主要用于远距离控制断路器的分闸,断路器合闸后,其辅助常开触点闭合。当按下分励按钮时,分励线圈有电,衔铁吸合,克服反力弹簧作用力,其顶板推动自由脱扣轴使断路器分闸。

## 5.2.3 断路器维护

### 1. 运行中巡视检查

除了在投入运行前对断路器进行一般性的解体检查,还应在运行中对断路器进行巡视检查,以保证断路器处于正常工作状态,具体检查内容如下。

(1) 检查所带的正常最大负载电流是否超过断路器的额定值。

(2) 检查触点和导线连接点处是否有过热现象,尤其是有热元件保护装置的断路器。

(3) 检查分闸、合闸状态,检查辅助触点与信号指示是否相符。

(4) 监听断路器在运行中是否有不正常的响声。

(5) 检查传动机构是否有变形、锈蚀、销钉松脱现象,检查弹簧是否完好。

(6) 检查相间绝缘,检查主轴连杆是否有裂痕、表面剥落和放电现象。

(7) 检查脱扣器工作状态,检查整定值指示位置与被保护负载是否相符;检查电磁铁表面及间隙是否正常;检查短路环是否有损伤;检查弹簧是否腐蚀;检查脱扣线圈是否有过热现象及不正常响声。

(8) 检查灭弧室的工作位置是否受振动移动,检查是否有破裂和松动情况,检查外观是否完整,检查是否有喷弧痕迹及受潮现象,检查是否因触点接触不良而发出放电响声。

(9) 当灭弧室损坏时,无论是多相还是单相,都必须停止使用,应修配、装齐后才允许继续使用,以免在断开时造成飞弧现象,引起相间短路而扩大事故。

(10) 当发生长时间的负载变动(增加或减少)时,应相应调节过电流脱扣器的整定值,必要时应更换断路器或附件。

(11) 断路器因短路故障而跳闸或有喷弧现象时,应解体检查,重点是检修触点系统和灭弧室。

(12) 检查绝缘外壳和操作手柄是否有裂损现象。

（13）检查电磁铁机构或电动机合闸机构的润滑是否良好，检查机件是否有裂损现象。

（14）检查辅助触点是否有烧蚀现象。

（15）运行中发现断路器过热，应立即设法减少负载，观察是否继续发热；在允许停电的情况下，应停止运行并做好安全措施，对触点部分进行检修。

（16）断路器损坏后，选配新的断路器时应注意以下内容：断路器的电流（交流或直流）频率、电压和极数等应与原来的相同；脱扣器的形式、额定电流和动作特性等应与原来的相同；操作方式应尽量与原来的断路器相同。

### 2. 常见故障与处理

断路器常见故障与处理方法如表 5.2 所示。

表 5.2　断路器常见故障与处理方法

| 序号 | 故障现象 | 故障原因 | 处理方法 |
|---|---|---|---|
| 1 | 手动操作断路器触点不能闭合 | 1. 失电压脱扣器无电压或脱扣线圈烧坏<br>2. 储能弹簧变形<br>3. 机构不能复位再扣<br>4. 反作用弹簧力太大 | 1. 检查线路电压，如正常，应更换线圈<br>2. 更换储能弹簧<br>3. 调整再扣接触面至规定值<br>4. 重新调整弹簧压力 |
| 2 | 电动操作断路器触点不能闭合 | 1. 操作电源电压不符<br>2. 电源容量不够<br>3. 电磁铁拉杆行程不够<br>4. 电动机操作定位开关失灵<br>5. 控制器中整流管或电容损坏 | 1. 调整或更换电源<br>2. 增大操作电源容量<br>3. 重新调整或更换拉杆<br>4. 重新调整开关<br>5. 更换元件 |
| 3 | 一相触点不能闭合 | 断路器有一相连杆断裂 | 更换连杆 |
| 4 | 分励脱扣器不能使断路器分断 | 1. 线圈断路或短路<br>2. 电源电压过低<br>3. 再扣接触面太大<br>4. 螺钉松动 | 1. 更换线圈<br>2. 检查电源电压并调节<br>3. 重新调整<br>4. 紧固螺钉 |
| 5 | 失电压脱扣器不能使断路器分断 | 1. 弹簧力变小<br>2. 机构卡死<br>3. 如为储能释放，储能弹簧断裂或弹簧力变小 | 1. 调整弹簧力<br>2. 排除卡死故障<br>3. 调整或更换储能弹簧 |

续表

| 序号 | 故障现象 | 故障原因 | 处理方法 |
|---|---|---|---|
| 6 | 启动电机时断路器立即分断 | 1. 过电流脱扣器瞬时整定值太小<br>2. 脱扣器反力弹簧断裂或整定值太小<br>3. 脱扣器的某些零件损坏 | 1. 调整过电流脱扣器瞬时整定弹簧<br>2. 更换弹簧或重新安装<br>3. 更换脱扣器或更换损坏零件 |
| 7 | 断路器闭合后,一定时间后自行分断 | 1. 过电流脱扣器延时整定值不对<br>2. 热元件或半导体延时电路参数漂移 | 1. 调整或更换<br>2. 更换元件 |
| 8 | 失电压脱扣器噪声 | 1. 反力弹簧力过大<br>2. 铁芯工作面有油污<br>3. 短路环断裂 | 1. 重新调整弹簧力<br>2. 清除油污<br>3. 更换衔铁或铁芯 |
| 9 | 断路器温升过高 | 1. 触点压力过低<br>2. 触点表面过分磨损或接触不良<br>3. 两个导电零件连接螺钉松动<br>4. 过负载<br>5. 触点表面氧化,有油污 | 1. 调整触点压力或更换弹簧<br>2. 更换触点或更换断路器<br>3. 拧紧螺钉<br>4. 立即减少负载,观察是否继续发热<br>5. 清除氧化膜或油污 |
| 10 | 辅助开关故障 | 1. 辅助开关的动触点卡死或脱落<br>2. 辅助开关传动杆断裂或滚轮脱落<br>3. 触点不能接触或表面氧化,有油污 | 1. 拨正或重新安装好触点<br>2. 更换传动杆和滚轮或更换辅助开关<br>3. 调整触点或清除氧化膜与油污 |
| 11 | 断路器跳闸 | 灭弧室损坏 | 拆下灭弧室进行触点检查,检修或更换、清扫灭弧室 |
| 12 | 半导体过电流脱扣器误动作使断路器分断 | 1. 半导体过电流脱扣器损坏<br>2. 半导体过电流脱扣器完好,有外界电磁干扰 | 1. 更换半导体过电流脱扣器<br>2. 排除外界电磁干扰(邻近有大型电磁铁、接触器分断、电焊机等),隔离或更换电路 |

# 5.3　接　触　器

接触器主要用于频繁接通或分断交流电路、直流电路,具有控制容量大、可远距离操作、能实现联锁控制等优点,具有失电压及欠电压保护,被广泛应用于自动控制电路。其主要控制对象是电动机,也可用于控制其他电力负载,如电热器、照明设备、电焊机、电容器组等。按控制电流的种类分,接触器可分为交流接触器和直流接触器,具体介绍如下。

## 5.3.1　交流接触器

### 1. 结构和工作原理

1）结构

交流接触器主要由电磁系统、触点系统、灭弧装置和其他部件组成。

①电磁系统是接触器的重要组成部分,包括电磁线圈和铁芯。接触器依靠动铁芯来带动触点的闭合与断开。

②触点系统是接触器的执行部分,包括主触点和辅助触点。主触点的作用是接通和切断主回路,控制较大的电流,一般为数安到数百安。辅助触点接在控制回路中,其额定电流一般为 5～10 A,以满足各种控制方式的要求。为了保证接触器的可靠工作,触点必须满足的要求如下:连续工作时不应超过规定的允许温升;闭合时接触良好,断开后触点间应有足够的绝缘间隙,不应发生熔焊;具有一定的接通和分析能力,在规定的条件下接通电流时不发生熔焊;有足够的机械强度及动、热稳定性;有良好的耐弧性、耐磨性,使用寿命长;维修方便。

③灭弧装置主要用来保证触点断开电路时熄灭所产生的电弧,减少电弧对触点的破坏作用。通常容量较大的接触器装有灭弧装置;对于 10 A 以下的,利用相间隔板隔弧;对于 20 A 以上的,采用半封式陶土灭弧罩,并配强磁吹弧回路。

④其他部件有绝缘外壳、反力弹簧、短路环、传动机构等。

2）工作原理

当电磁线圈通电时,静铁芯产生电磁吸力,将动铁芯吸合。由于触点系统通过绝缘连杆与动铁芯联动,动铁芯带动主触点闭合,使辅助触点随之动作。当线圈断电时,电磁吸力消失,动铁芯联动部分依靠反力弹簧的反作用力而分离,使主触点断开,辅助触点随之动作。

### 2. 接触器的选用

选择接触器时,应根据不同的使用条件正确地选择产品类型和容量等级。主触点的额定电流应大于或等于负载的额定电流；在频繁操作或用于电动机正反转及反接制动的场合时，选择接触器容量必须考虑电动机的启动电流、通电持续率。为了防止主触点的烧蚀和过早损坏，应将触点的额定电流降低，通常可降低一个电流等级或选大一挡的。

电磁线圈允许在额定电压的 85%～100% 范围内正常使用，其电压等级有 36 V、110 V、127 V、220 V、380 V 等，可根据控制回路的电压等级选择。

接触器一般按控制功率相等的原则计算接触器的工作电流。在较低的工作电压下的工作电流不应超过同一接触器的额定发热电流；最高工作电压不能超过接触器的额定绝缘电压；在较高的工作电压下，接触器的控制功率可能有所增加或降低，这主要取决于其触点系统性能的好坏。

### 3. 安装使用

1）安装前

检查铭牌及线圈上的技术数据（如额定电压、额定电流、操作频率和通电持续率等）是否符合实际使用要求；用手分合接触器的活动部分，确保动作灵活、无卡阻现象；将铁芯面上的防锈油擦净，以免油垢黏滞造成接触器在断电时不能释放；检查和调整触点的工作参数（如开距、超程、初压力和终压力等）并使各极触点的动作同步。

2）安装时

安装接线时，不要使螺丝、垫圈、接线头等零件掉落，以免掉进接触器内部，造成活动部分卡阻或短路。应将螺丝拧紧，以防振动松脱。检查接线正确无误后，应在主触点不带电的情况下，使电磁线圈通电分合数次，检查触点动作是否可靠后才能使用。

3）使用和更换注意事项

①在更换接触器时，应保证主触点的额定电流大于或等于负载电流，使用中不要用并联触点的方式来增加电流容量。

②对于操作频繁、启动次数多、经常反接制动或经常可逆运转的电动机，应更换重任务型接触器（如 CJ10Z 系列交流接触器）或更换比通用接触器大一挡至二挡的接触器。

③当接触器安装在体积一定的封闭外壳中，更换后的接触器在其控制回路额定电压下电磁系统的损耗及主回路工作电流下导电部分的损耗不能比原来接触器大很多，以免温升超过规定。

④更换后的接触器与周围金属体间沿喷弧方向的距离，不得小于规定的喷弧距离。

⑤更换后的接触器在用于可逆转换电路时，动作时间应大于接触器断开时的电弧燃烧时间，以免可逆转换电路短路。

⑥更换后的接触器的额定电流及闭合与分断能力均不能低于原接触器，线圈电压应与原控制电路电压相符。

⑦接触器的实际操作频率不应超过规定值,以免引起触点严重发热,甚至熔焊。

⑧更换元件时,应考虑安装尺寸,以便留出维修空间。

⑨触点表面应经常保持清洁,不允许涂油。若触点表面由于电弧作用面形成金属小珠,应及时铲除;若触点严重磨损,应及时调整超程;若厚度只剩下 1/3,应及时调换触点。银及银基合金触点表面在分断电弧中生成的黑色氧化膜接触电阻很低,不会造成接触不良现象,所以不必锉修,否则会使触点寿命大大缩短。

⑩原来带有灭弧罩的接触器决不能不带灭弧罩使用,以防发生短路事故。对于陶土灭弧罩,由于其性脆易碎,应避免碰撞,若裂碎,应及时更换。

4）运行维护

运行中检查的注意事项如下。

①通过的负载电流是否在接触器的额定值之内。

②接触器的分、合信号指示是否与电路状态相符。

③灭弧室内是否有因接触不良而发出的放电响声。

④电磁线圈是否有过热现象,电磁铁上的短路环是否有脱出或损伤现象。

⑤接触器与导线的连接处是否有过热现象。

⑥辅助触点是否有烧蚀现象。

⑦灭弧罩是否有松动和损裂现象。

⑧铁芯吸合是否良好,是否有较大的噪声,断开后是否能返回正常位置。

定期维护的主要内容如下。

①经常保持接触器的清洁(用干燥的压缩空气吹净浮灰或用刷子蘸电器清洁液刷净)。

②检查接触器各紧固件是否松动,特别是紧固压接导线的螺钉,以防止其松动脱落,造成连接处发热。如发现过热点,可用整形锉轻轻锉去导电零件接触面的氧化膜,再重新固定好。

③定期检查和调整触点的压力、开距、超程,使之保持在规定的范围内,触点上不得涂抹润滑油。

④检查衔铁与铁芯接触是否紧密,接触处的铁锈、尘埃和污垢必须清除干净。

⑤接触器的灭弧罩应安装牢固,灭弧栅片不得缺少,若振裂破损或灭弧罩烧损严重,应更换。

⑥反力弹簧长期使用后,若失去弹性或疲劳断裂,应及时换新。

触点系统检查的主要内容如下。

①检查动触点、静触点是否对准,三相是否同时闭合,应调节触点弹簧使三相一致。

②测量相间绝缘电阻,电阻应不低于 10 MΩ。

③检查触点的磨损程度。触点磨损深度不得超过 1 mm,严重烧损、开焊脱落时必须更换触点。银或银基合金触点仅有轻微烧损或接触面发黑、烧毛时,一般不影响正常使用,可不进行清理,否则反而会使接触器损坏;影响接触时,可用整形锉磨平打光,除去触点表面的氧化膜,清除触点表面烧毛的颗粒,不能使用砂纸。

④更换新触点后,应调整分开距离、超程和触点压力,使其保持在规定范围之内。

⑤检查辅助触点动作是否灵活、触点是否松动或脱落;触点开距及行程应符合规定值;当出现接触不良又不易修复时,应更换触点。

铁芯检查的主要内容如下。

①定期用干燥的压缩空气吹净接触器堆积的灰尘。灰尘过多会使运动系统卡阻,加大机械磨损。带电部件间堆积过多的导电尘埃会造成相间击穿短路。

②定期清除油污,定期用蘸有少量汽油的棉纱或用刷子将铁芯极面间的油污擦干净,以免引起铁芯发响及线圈断电时接触器不释放。

③检查各缓冲件位置是否正确。

④检查铁芯端面是否有松散现象,铆钉是否断裂。

⑤检查短路环是否脱落或断裂;若断裂,会引起很大噪声,应更换短路环或铁芯。

⑥检查电磁铁吸力是否正常、是否有错位现象。

触点压力检查的主要内容如下。

定期检查触点压力弹簧及反力弹簧是否变形或弹力不足。接触器的触点压力应保持在规定的范围内,触点压力不正确时,会造成触点磨损过快或烧毛。如有需要,应更换弹簧。

电磁线圈检查的主要内容如下。

①定期检查接触器控制回路电源电压,并调整到一定范围之内。电压过高时,线圈发热,闭合时冲击大;电压过低时,闭合速度慢,容易使运动部件卡阻。

②应重点检查吸合电压和释放电压,一般规定吸合电压不低于电磁线圈额定电压的85%、释放电压不高于电磁线圈额定电压的70%。

③检查线圈是否有过热或表面老化、变色现象。表面温度高于 65 ℃,即表明线圈过热,可引起匝间短路。如不易修复,应更换线圈。

④检查电磁线圈是否有短路、断路、发热、变色现象,引线是否有断开或开焊现象。

⑤检查线圈骨架是否有磨损和裂纹、是否牢固地装在铁芯上。

⑥运行前,应用兆欧表测量绝缘电阻是否在允许范围之内。

灭弧罩检查的主要内容如下。

①检查灭弧罩是否破裂或烧损。若破裂或烧损严重,应更换。

②检查栅片灭弧罩是否完整或烧损变形、严重松脱、位置变化。若不易修复,应及时更换。

③清除灭弧罩内的金属飞溅物和颗粒。

### 4. 常见故障与处理

交流接触器常见故障与处理方法如表 5.3 所示。

表 5.3  交流接触器常见故障与处理方法

| 序号 | 故障现象 | 故障原因 | 处理方法 |
|---|---|---|---|
| 1 | 不吸合 | 1. 线圈供电线路断路<br>2. 线圈导线断路或烧坏<br>3. 控制按钮的触点失效,控制回路触点接触不良,不能接通电路<br>4. 机械可动部分卡住,转轴生锈或歪斜<br>5. 控制回路接线错误<br>6. 电源电压过低 | 1. 更换导线<br>2. 更换线圈<br>3. 检查控制回路,排除故障<br>4. 排除卡住故障,修理受损零件<br>5. 检查、改正电路<br>6. 调整电源电压 |
| 2 | 吸力不足(不能完全闭合) | 1. 电源电压过低或波动较大<br>2. 控制回路电源容量不足,电压低于线圈额定电压<br>3. 触点弹簧压力过大或触点行程太大<br>4. 控制回路触点不洁或严重氧化使触点接触不良 | 1. 调整电源电压<br>2. 增加电源容量<br>3. 调整弹簧压力及行程<br>4. 定期清扫,修理控制触点 |
| 3 | 吸合太猛 | 控制回路电源电压大于线圈电压 | 调整控制回路电源电压 |
| 4 | 不释放或释放缓慢 | 1. 可动部分卡住,转轴生锈或歪斜<br>2. 触点弹簧压力太小<br>3. 触点熔焊<br>4. 反力弹簧损坏<br>5. 铁芯极面有油污或尘埃 | 1. 排除卡住故障,检修受损零件<br>2. 调整触点弹簧<br>3. 排除熔焊现象<br>4. 更换弹簧<br>5. 清理铁芯极面 |

续表

| 序号 | 故障现象 | 故障原因 | 处理方法 |
|---|---|---|---|
| 4 | 不释放或释放缓慢 | 6. 自锁触点与按钮间的接线不正确使线圈不断电<br>7. 铁芯使用已久,剩磁增大,使铁芯不释放 | 6. 检查更正接线<br>7. 更换铁芯 |
| 5 | 电磁铁噪声大或振动 | 1. 线圈电压过低<br>2. 动铁芯、静铁芯的接触面接触不良<br>3. 短路环断裂或脱落<br>4. 触点弹簧压力过大<br>5. 铁芯极面生锈或异物(油污、尘埃)侵入铁芯极面<br>6. 铁芯极面磨损严重且不平<br>7. 铁芯卡住或歪斜<br>8. 铁芯安装不好,造成铁芯松动 | 1. 提高控制回路电压<br>2. 修理接触面,保证接触良好<br>3. 处理或更换短路环<br>4. 调整弹簧压力<br>5. 清理铁芯极面<br>6. 更换铁芯<br>7. 修复铁芯卡住故障<br>8. 紧固铁芯 |
| 6 | 无电压后释放失灵 | 1. 反力弹簧反力过小<br>2. 主触点磨损严重使反力太小<br>3. 非磁性垫片装错或未装<br>4. 铁芯极面有油污或剩磁作用,使铁芯黏附在静铁芯上<br>5. 铁芯磨损严重,使中间极面防止剩磁的气隙太小 | 1. 更换弹簧<br>2. 更换主触点<br>3. 更换或加装非磁性垫片<br>4. 清除油污或更换铁芯<br>5. 将中间极面锉平 |
| 7 | 线圈过热或烧损 | 1. 电源电压过高或过低<br>2. 操作次数过于频繁<br>3. 铁芯极面不平或气隙太大<br>4. 运动部分卡住<br>5. 线圈绝缘损伤或制造质量不好<br>6. 使用环境条件特殊(潮湿、有腐蚀性气体或环境温度太高)<br>7. 线圈匝间短路,造成局部发热 | 1. 调整电源电压<br>2. 选择合适的接触器<br>3. 处理极面或更换铁芯<br>4. 修复运动部分卡住故障<br>5. 修复损伤部分或更换线圈<br>6. 使用采用特殊设计的线圈<br>7. 排除短路故障或更换线圈 |

续表

| 序号 | 故障现象 | 故障原因 | 处理方法 |
|------|---------|---------|---------|
| 7 | 线圈过热或烧损 | 8. 线圈技术参数与实际使用条件不符(电压、频率、通电持续率、适用工作制等)<br>9. 交流接触器派生直流操作的双线圈,其常闭联锁触点熔焊不释放<br>10. 铁芯端面有杂物或铁芯表面变形、衔铁运动受阻,造成动触点、静触点不能紧密闭合,使线圈电流增大 | 8. 调整线圈或接触器<br>9. 修复、调整联锁触点<br>10. 清洁铁芯表面或修复 |
| 8 | 触点熔焊 | 1. 控制回路中线圈端电压过低,造成吸力不足<br>2. 触点闭合过程中,可动部分被卡住<br>3. 触点闭合时,触点及动铁芯发生跳动<br>4. 操作过于频繁或过负荷使用<br>5. 触点弹簧压力过小<br>6. 触点表面有金属毛刺、不平、异物<br>7. 负载侧短路 | 1. 修复并提高线圈电压<br>2. 修复并消除卡住故障<br>3. 修复并调整触点初压力及超行程<br>4. 修复并调换合适的接触器<br>5. 修复并调整弹簧压力<br>6. 修复并清理表面<br>7. 修复并排除短路故障 |
| 9 | 触点过热或灼伤 | 1. 操作频率过高、工作电流过大、触点容量太小<br>2. 触点的超行程太小<br>3. 触点弹簧压力太小<br>4. 触点表面有油污、氧化物、高低不平、金属毛刺<br>5. 短时工作制采用的铜触点用于长期工作制<br>6. 环境温度过高 | 1. 更换大一级的接触器<br>2. 调整触点超行程<br>3. 调整弹簧压力或更换弹簧<br>4. 清洁触点表面<br>5. 选择合适的触点<br>6. 选大一级的接触器 |

续表

| 序号 | 故障现象 | 故障原因 | 处理方法 |
|---|---|---|---|
| 10 | 触点磨损严重 | 1. 三相触点动作不同步<br>2. 负载侧短路<br>3. 接触器选用不合适<br>4. 灭弧装置损坏<br>5. 触点的初压力太小<br>6. 触点分断时电弧温度太高使触点金属氧化 | 1. 调整到同步<br>2. 消除短路故障<br>3. 重选合适的接触器<br>4. 更换灭弧装置<br>5. 调整初压力<br>6. 检查灭弧装置或更换 |

### 5. 接触器的拆装工艺

拆交流接触器前,记录线圈数据、不同触点的数量及各对触点动作前后的电阻等。

1）接触器拆卸步骤

①拆卸灭弧罩。拆下灭弧罩上面的紧固螺钉,取下灭弧罩。

②拆卸主触点。用手向上拉紧主触点定位弹簧夹,取下主触点的动触点接触桥片及主触点压力弹簧片。拆卸主触点的动触点时,必须将主触点侧转 45°后取下。拧出主触点的静触点与接线座铜条上的螺钉,即可将静主触点取下。

③拆卸辅助触点的静触点。松开辅助常开静触点的接线柱螺钉,取下常开静触点。

④拆卸底部盖板。将接触器倒置,底部朝上,松开接触器底部的盖板螺钉,取下盖板。在松盖板螺钉时,必须用另一只手压住胶木盖板,以防缓冲弹簧的弹力将盖板弹出。

⑤拆卸静铁芯。取下由底部盖板压住的静铁芯缓冲绝缘纸片及静铁芯,取下静铁芯支架及缓冲弹簧。

⑥拆卸电磁线圈。拔出线圈接线端的弹簧夹片,取下线圈。

⑦拆卸衔铁及支架。取下反力弹簧,取下衔铁和支架,从支架上取下动铁芯定位销,取下动铁芯及缓冲绝缘纸片。至此,接触器的拆卸基本结束。

2）接触器的修理及装配

接触器需修理或更换的元器件主要是动主触点、静主触点和电磁线圈。修理后的装配可按与拆卸相反的步骤进行。

3）接触器自检

用万用表欧姆挡检查线圈及各触点是否良好;用兆欧表测量各主触点间绝缘电阻及主触点对地绝缘电阻是否符合要求;通过用手按动绝缘连杆顶端的方式检查运动部分是否灵活,以防产生接触不灵、振动和噪声。

4）交流接触器的校验

①将装配好的接触器按图 5.3 所示接好校验电路。

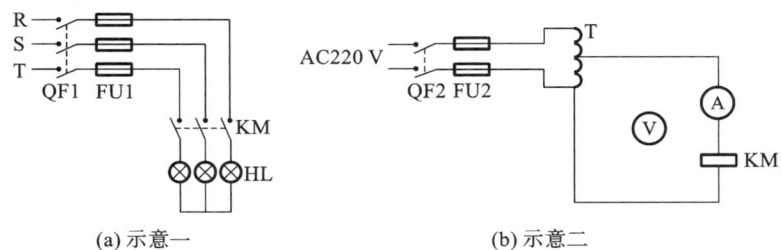

**图 5.3　接触器校验电路**

QF1、QF2—开关；KM—接触器；HL—氖泡指示灯；FU1、FU2—熔断器；

R、S、T—三相电源的标识，分别代表 A 相、B 相和 C 相；T—接触器主触头；AC—交流电

②选好电流表、电压表量程并调零，将自耦调压器输出置于零位。

③合上 QF1 和 QF2，均匀调节自耦调压器，将电压提升至接触器铁芯吸合所需的水平，此时电压表的指示值即为接触器的动作电压。该电压应大于或等于 $85\%U_N$（$U_N$ 是电磁线圈的额定电压）。

④保持吸合电压，分合开关 QF2，做两次冲击合闸试验，以校验动作的可靠性。

⑤均匀地降低自耦调压器的输出电压直至衔铁分离，此时电压表的指示值即为接触器的释放电压。释放电压应大于 $50\%U_N$。

⑥将自耦调压器的输出电压调至接触器线圈的额定电压，观察铁芯是否有振动及噪声，根据指示灯的明暗判断主触点的接触情况。

5）触点压力的测量与调整

用纸条凭经验判断触点压力是否合适。将一张厚约 0.1 mm、比触点稍宽的纸条夹在 CJ10-20 型接触器的触点间，使触点处于闭合位置，用力拉动纸条。若触点压力合适，稍用力纸条即可拉出；若纸条很容易被拉出，说明触点压力不够；若纸条被拉断，说明触点压力太大。压力不合适时，可调整触点弹簧或更换弹簧，直至压力符合要求。

6）注意事项

①拆卸过程中，应备有盛放零部件的容器，以免丢失零部件。零部件应按顺序整齐放置，以便于装配。

②拆装过程中不允许硬撬，以免损坏电器。装配辅助静触点时，要防止动触点卡住。

③通电校验时，接触器应固定在控制板上，并有人监护，以确保用电安全。

④通电校验过程中，要均匀、缓慢地改变自耦调压器的输出电压，以使测量结果尽量准确。

⑤调整触点压力时,注意不得损坏接触器的主触点。

## 5.3.2　直流接触器

### 1. 概述

直流接触器主要用于远距离接通、分断直流电路,以及频繁地使直流电动机启动、停止、反转和反接制动。

直流接触器由操作电磁系统、触点灭弧系统、辅助触点及底板等部分组成。当接通操作线圈的工作电源时,电磁系统产生电磁吸力,带动可动部分,使接触器触点闭合;当操作线圈断电时,电磁吸力消失,在触点压力和反力弹簧的带动下,使触点断开。

直流接触器分为一般直流接触器、牵引直流接触器和高电感直流接触器。常用的直流接触器有 CZ0、CZ10、CZ16、CZ18、CZ19、CZ22 等系列。选择直流接触器时,应先对其使用场合和控制对象的工作参数进行全面了解,包括控制功率、工作电压、电流、操作率、工作制、控制电路参数及环境条件等,然后从各种系列中选择合适的直流接触器。

### 2. 安装和维护

正确安装和定期维护直流接触器可延长其使用寿命和确保其安全可靠运行。

1）安装前检查

①检查所选用的接触器是否能满足电路实际使用的要求。

②检查外观是否完整,灭弧室和胶木件是否破裂。

③检查铁芯极表面是否有防锈油、是否出现锈渍。

④用手开闭接触器,检查可动部分是否灵活、是否有卡碰现象。

⑤检查和调整触点工作参数(如开距、超程、初压力、终压力等)、触点动作的同步性和接触良好性。

2）安装时检查

①根据使用说明书正确地安装和接线,在规定的飞弧距离内严禁有任何物体。对有接线极性要求的直流接触器,必须严格按规定的极性连接。例如,大额定电流接触器的直流操作线圈与电源的连接线太长,应选用加大截面积的导线,以免连接导线压降过大而影响可靠的闭合。

②安装要牢固,防止有小零件掉进接触器内。

③对有灭弧室的接触器,可先将灭弧室拆下,待安装固定好后,再将灭弧室装上。

3）安装后检查

①用手开合接触器,检查可动部分的灵活性。

②测量绝缘电阻,应不小于 15 MΩ。

③检查接线正确无误后,应在主触点不带电的情况下试操作数次,其动作符合要求后才能投入运行。

④对于控制电动机正反转直流接触器,应检查电气联锁和机械联锁的可靠性。

⑤接触器投入运行前,应观察其分断电弧时的声、光情况是否正常。

4）使用后维护

①外观检查。清除灰尘,检查外观是否完整,拧好紧固件。

②检查灭弧室是否有破裂或严重烧损,检查灭弧室内的栅片是否变形或脱落。若不能修复,应更换;若无须更换,可用毛刷进行清理或铲除灭弧室内的金属溅物和颗粒。重新安装灭弧室时,应将它安装在原来的一极上,不能随意更换到另一极上,以免影响灭弧能力。

③触点维修。触点上有烧毛现象是正常的,不会影响工作能力,通常不必清理;若触点接触处有金属颗粒或毛刺,可用细锉锉掉;若银焊触点有开焊、裂缝或磨损到原来厚度的 1/3,应更换。

④检查铁芯极面是否有变形、松开现象。擦拭极面上的污垢,检查交流操作铁芯的短路环是否断裂,直流操作铁芯非磁性垫片是否磨损或脱落;检查缓冲件是否完整、位置是否正确。

⑤检查线圈外表层是否过热变色、接线是否松动、线圈骨架是否有碎裂现象、线圈的固定是否牢固、缓冲件是否完整。

### 3. 常见故障与处理

直流接触器常见故障与处理方法如表 5.4 所示。

表 5.4　直流接触器常见故障与处理方法

| 序号 | 故障现象 | 故障原因 | 处理方法 |
|---|---|---|---|
| 1 | 吸不上或吸不到底 | 1. 电源电压过低<br>2. 控制回路电源容量不足、断路或控制触点接触不良<br>3. 线圈参数与使用条件不符<br>4. 可动部分卡住、线圈短路或烧坏<br>5. 触点压力与超程过大 | 1. 调高电源电压<br>2. 增加电源容量,修复线路或控制触点<br>3. 调换线圈<br>4. 排除卡住故障、更换线圈<br>5. 重新调整 |

| 序号 | 故障现象 | 故障原因 | 处理方法 |
|---|---|---|---|
| 2 | 吸上立即断开 | 直流操作双绕组线圈的保持绕组断线或接线头松动 | 更换线圈或紧固接线头 |
| 3 | 不释放或释放缓慢 | 1. 触点压力太小<br>2. 触点熔焊<br>3. 反力弹簧力太小或损坏<br>4. 铁芯极面有油污或尘埃<br>5. 可动部分卡住 | 1. 调整触点压力<br>2. 修复或更换触点<br>3. 调整或更换反力弹簧<br>4. 清理铁芯极面<br>5. 排除卡住故障 |
| 4 | 电磁铁噪声大 | 1. 电源电压过低<br>2. 铁芯极面磨损严重且不平<br>3. 触点弹簧压力过大<br>4. 铁芯卡住或歪斜<br>5. 极面生锈或异物（油污等）侵入铁芯极面 | 1. 提高电源电压<br>2. 更换铁芯<br>3. 调整弹簧压力<br>4. 修复铁芯卡住故障<br>5. 清理铁芯极面 |
| 5 | 线圈过热或烧损 | 1. 电源电压过高或过低<br>2. 线圈绝缘损伤或制造质量不好<br>3. 使用环境条件特殊（潮湿、有腐蚀性气体或环境温度太高）<br>4. 线圈技术参数与实际使用条件不符（电压、频率、通电持续率、适用工作制等） | 1. 调整电源电压<br>2. 修复损伤部分或更换线圈<br>3. 采用特殊设计的线圈<br>4. 调整线圈或接触器 |
| 6 | 触点熔焊 | 1. 控制回路中线圈端电压过低，造成吸力不足<br>2. 触点闭合过程中，可动部分被卡住<br>3. 两极触点动作不同步<br>4. 操作过于频繁或过负荷使用<br>5. 触点弹簧压力过小<br>6. 触点表面有金属毛刺、不平、异物<br>7. 负载侧短路 | 1. 修复并提高线圈电压<br>2. 修复并消除可动部分卡住故障<br>3. 修复并调整触点使其同步<br>4. 修复并调换合适的接触器<br>5. 修复并调整弹簧压力<br>6. 修复并清理表面<br>7. 修复并排除短路故障 |

续表

| 序号 | 故障现象 | 故障原因 | 处理方法 |
|---|---|---|---|
| 7 | 触点过热或灼伤 | 1. 操作频率过高、工作电流过大、触点容量太小<br>2. 触点的超行程太小<br>3. 触点弹簧压力太小<br>4. 触点表面有油污、氧化物、高低不平、金属毛刺<br>5. 短时工作制采用的铜触点用于长期工作制<br>6. 环境温度过高 | 1. 更换大一级的接触器<br>2. 调整触点超行程<br>3. 调整弹簧压力或更换弹簧<br>4. 清洁触点表面<br>5. 选择合适的触点<br>6. 选大一级的接触器 |
| 8 | 相间短路 | 1. 可逆转换的接触器互锁触点不可靠,出现误动作,致使两个接触器同时投入运行,造成相间短路<br>2. 接触器的动作太快,转换时间短,在转换过程中产生电弧短路<br>3. 尘埃堆积,有水气、油垢等使线圈绝缘能力降低<br>4. 灭弧室碎裂,零部件损坏 | 1. 检查电气联锁和机械联锁在控制线路中的中间环节<br>2. 调换接触器或延长转换时间<br>3. 定期清理,保持清洁卫生<br>4. 更换零部件 |

# 5.4　热　继　电　器

## 5.4.1　概述

热继电器是对三相异步电动机进行过载保护的一种电器。常用的热继电器是双金属片式。某热继电器的结构示意如图 5.4 所示。

使用时,热元件串联到电动机主回路,其常闭触点串联到交流接触器线圈控制回路,电动机正常运行时,触点不动作。电动机过载时,其电流大于额定值,热元件温度升高,超过正常运行温度,使双金属片弯曲,推动推杆,使常闭触点断开,切断交流接触器的控制回路,接触器释放,主回路断开,电动机脱离电源,起到保护作用。如想使电动机再次启动,必须经过一定的时间,待双金属片冷却后,按下复位按钮,使触点复位。如需自动复位,将调节螺钉顺时针方向转动即可;如需再调回手动复位,将调节螺钉再逆时针方向

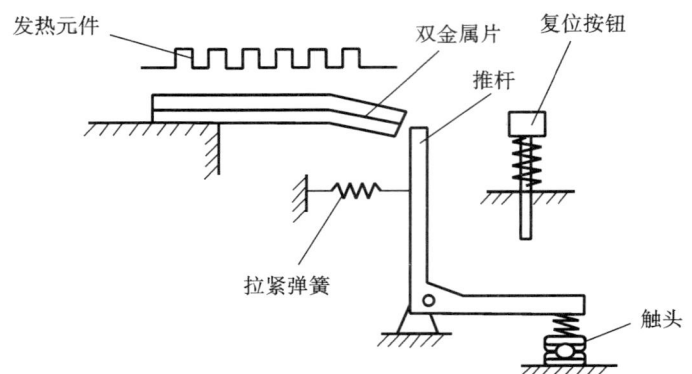

发热元件 双金属片 复位按钮 推杆 拉紧弹簧 触头

图 5.4　某热继电器的结构示意

转动即可。

常用的热继电器有 JR14、JR15、JR16、JR20 系列,用于额定电压为 380 V、额定电流为 150 A 以下的一般异步电动机的过载保护。该系列热继电器带有断相保护装置,能在三相异步电动机一相断线时起保护作用。

## 5.4.2　热继电器的选用及选配

### 1. 选用

(1) 一般情况下,按电动机额定电流来选择热继电器。热元件的额定电流应为电动机额定电流的 1.1～1.25 倍。

(2) 热继电器整定值一般按电动机额定电流的 1.05 倍选取。

(3) 对于允许长期过载工作的电动机,当电动机长期过载超过 20% 时,热继电器应可靠动作,热继电器的动作时间应大于电动机长期允许过载及启动的时间,整定值一般取电动机额定电流的 1.2 倍。

(4) 热继电器的工作温度与环境温度的温差应为 15～25 ℃。

(5) 对于启动时间较长的电动机,为防止误动作,常选择电流互感器与热继电器配合使用。

(6) 需要带断相保护时,应选用带动导板的三相热继电器。

(7) 当电动机启动频繁时,热继电器可能误动作,所以在控制重复短时工作制的异步电动机时不宜用热继电器进行过载保护。

(8) 一般情况下可选用两相结构的热继电器,但有下列情况之一者,应选用三相结构的热继电器:①电网电压不平衡;②工作条件恶劣、很少有人看管的电动机;③与大容量电动机并联的小容量电动机(共用一组熔断器或供电变压器)。

（9）热继电器具有很大的热惯性，不能作为线路的短路保护。

**2. 选配**

当原来设备中所用的热继电器已经损坏，无法修复且买不到同型号的热继电器，须选配其他型号的热继电器来代替时，可按以下要求选配。

（1）更换的热继电器与原来的热继电器的使用场合应相同。

（2）更换的热继电器与原来的热继电器的主要动作性能应相同，特别是最低动作电流的倍数和整定电流的动作时间应相同。

（3）对于星形连接的电动机，可使用两极或三极的热继电器；对于三角形连接的电动机和带有短路保护的电路，应使用三极的热继电器或带断相保护的热继电器。

（4）更换的热继电器的电流应与原来的热继电器相同，一般热继电器的电流应等于或接近电动机的额定电流。更换热继电器后，要经过试验才能正式投入使用。

在选配热继电器时，应根据电动机铭牌上的额定电流来选择。当没有铭牌和产品样本时，可用式（5.1）进行近似计算。

$$I = KP \tag{5.1}$$

式中：$I$——三相异步电动机额定电流，A；

$P$——电动机的功率，kW；

$K$——系数，取值如表 5.5 所示。

表 5.5　不同容量电动机的系数

| 功率/kW | 电压/V | |
| --- | --- | --- |
| | 220 | 380 |
| 2 以下 | 4 | 2.5 |
| 大于 2 | 3.5 | 2 |

## 5.4.3　运行维护

**1. 安装前检查**

（1）检查铭牌数据，确认热继电器的整定电流是否符合要求。

（2）检查热继电器的可动部分，要求动作灵活可靠。

（3）清除部件表面的污垢。

**2. 运行中检查**

（1）检查负荷电流是否与热元件的额定电流相符。

（2）检查热继电器与外部导线的连接点处是否有过热现象。

（3）检查与热继电器连接导线的截面积是否满足电流要求。

（4）检查热继电器的运行环境温度是否变化、是否超过允许范围（－30～40 ℃）。

（5）如热继电器动作，应检查动作情况是否正确。

（6）检查热继电器周围环境温度与电动机周围环境温度。如果电动机环境温度较高，应选用大一号等级的热元件；如果电动机环境温度较低，应选用小一号等级的热元件。

**3. 热继电器电流整定值的调整及常见故障的处理**

热继电器在电路中主要用于过载保护，其电流的整定值应与被保护电动机的额定电流一致。若不一致，应转动刻度盘进行调整。热继电器常见的故障主要有以下几个方面。

（1）用电设备操作正常，但热继电器动作频繁；电气设备烧毁，但热继电器不动作。

其原因和故障处理措施如下。

①热继电器的电流整定值小于被保护的设备的额定电流，热继电器动作频繁；电流整定值太大，电气设备烧毁，热继电器不动作。应转动刻度盘，使整定值与设备的额定电流相符。

②热继电器的可调整部件固定支钉松动，不在原整定点上。应将支钉铆紧，并重新进行调整试验。

③经过大的短路电流后，双金属片已产生了永久变形。应对热继电器进行重新调整或更换。

④热继电器久未校验，灰尘堆积或生锈，动作机构不灵敏。在正常情况下，应每年进行一次校验，清除热继电器表面灰尘或锈迹并重新进行调整。

⑤热继电器的外接线未接上或松动。应检查并拧紧外接线螺钉，必要时更换合适的接线。

（2）热继电器接入后主电路不通。

其原因和故障处理措施如下。

①外接线的螺钉未拧紧。应拧紧外接线的螺钉。

②热元件烧毁。应更换热元件或热继电器。

（3）热继电器的触点在控制电路中不通。

其原因和故障处理措施如下。

①触头烧毁或变形，导致不能接触。应修理或更换触头。

②刻度盘或调整螺钉转到了不合适的位置，使触头顶开。应重新调整刻度盘或调整

螺钉。

③热继电器动作后没有复位。如果热继电器因过载保护动作或过热保护而未复位，可以等待一段时间让其冷却；如果热继电器因线路故障（如断路或短路）而无法复位，应检查并修复故障线路；如果热继电器损坏，应更换新的热继电器。

热继电器常见故障与处理方法如表 5.6 所示。

表 5.6　热继电器常见故障与处理方法

| 序号 | 故障现象 | 故障原因 | 处理方法 |
|---|---|---|---|
| 1 | 不动作 | 1. 热继电器电流整定值过大<br>2. 动作机构卡住<br>3. 可调整部件松动，推杆或导板脱出<br>4. 热继电器通过较大的短路电流后，双金属片已产生永久变形<br>5. 可调整部件损坏或未对准刻度<br>6. 连接线的接线螺钉松动或脱出<br>7. 热元件烧断或脱焊<br>8. 触点接触不良或触点失灵不能断开<br>9. 热继电器型号、规格选错 | 1. 按要求调整电流整定值<br>2. 清除热继电器上的灰尘、油垢，检查磨损件，保证动作灵活<br>3. 紧固松动件并重新调整试验<br>4. 更换双金属片并重新调整试验<br>5. 更换部件，对准刻度并重新调试<br>6. 紧固松动螺钉<br>7. 更换热元件或重新焊牢<br>8. 清除触点的灰尘、油垢<br>9. 重选合适的热继电器 |
| 2 | 误动作 | 1. 电流整定值偏小（未过载就动作）<br>2. 电动机启动时间过长<br>3. 设备操作频率过高<br>4. 有强烈冲击、振动<br>5. 环境温度过高、过低 | 1. 调整电流整定值<br>2. 改进控制线路<br>3. 调整操作或调整电流整定值<br>4. 重选合适的热继电器<br>5. 改善环境条件 |
| 3 | 热元件烧断 | 1. 负载侧出现短路故障，电流过大<br>2. 负载电流过大<br>3. 反复短时工作，操作频率过高 | 1. 检查电路，排除短路故障<br>2. 更换热继电器并重新调整电流整定值<br>3. 合理选用热继电器 |

| 序号 | 故障现象 | 故障原因 | 处理方法 |
|---|---|---|---|
| 4 | 动作时快时慢,不稳定 | 1. 内部机构有松动部件<br>2. 接线螺钉松动<br>3. 检修中双金属片被折弯 | 1. 查找并紧固松动部件<br>2. 查找并紧固松动螺钉<br>3. 更换双金属片 |
| 5 | 无法调整 | 1. 热元件的发热量太小,装错了热继电器<br>2. 双金属片的安装方向反了或双金属片用错 | 1. 更换热元件或热继电器<br>2. 更正或更换双金属片 |
| 6 | 主回路不通 | 1. 热元件烧坏<br>2. 接线螺钉松动 | 1. 更换热元件<br>2. 紧固松动螺钉 |
| 7 | 控制回路不通 | 1. 触头烧坏<br>2. 刻度盘或调整螺钉转不到合适位置 | 1. 检修触点及触片<br>2. 调整刻度盘和螺钉 |

# 5.5 控制继电器

## 5.5.1 结构特征、分类及选用

控制继电器是在电力拖动控制线路中,用于远距离接通与分断交流、直流小容量控制电路和保护电路或用于信号转换的中间元件。

### 1. 结构特征

控制继电器是一种自动电器,具有输入回路和输出回路,输入量一般是电压、电流等电量,也可以是热、光、温度、速度、压力等非电量,输出信号是触点的信号。当输入量变化到某数值时,控制继电器动作,接通与分断交流或直流小容量控制电路。大多数控制继电器采用电磁式结构,与接触器基本相同,只是应用于控制回路,接通、分断电流小,不需要灭弧装置。

### 2. 分类

控制继电器的种类繁多,按控制线圈电流种类,分为交流控制继电器和直流控制继电器;按用途不同,分为电压继电器、电流继电器、中间继电器、时间继电器、温度继电器、速度继电器、压力继电器、热继电器等。

**3．选用**

电磁式控制继电器的工作原理是当线圈中的电流或两端电压达到继电器的动作值时，电磁吸力克服弹簧的反力，使衔铁吸合且带动触点动作，以切换所控制的电路。

选用电磁式控制继电器时，除了线圈电压或线圈电流满足要求，还应按被控制对象的电压、电流和负载性质及要求（如延时时间、脱扣电流倍数等）来选择。如果控制电流超过控制继电器额定值，可将触点并联使用，以提高长期允许通过电流。在需要提高分断能力时（一定范围内），可用触点串联方法，但触点有效数量减少。

## 5.5.2　运行维护

**1．安装前的检查**

（1）检查继电器的可动部分，要求动作灵活可靠。

（2）清除部件表面污垢，以保证运行的可靠。

（3）按控制线路和设备的要求，检查铭牌数据（如线圈额定电压、额定电流、过电流继电器或热继电器的整定电流等）是否符合要求。

**2．安装和调整**

（1）继电器应按规定的方向安装，倾斜角度一般不得超过 5°。

（2）安装接线应正确，安装螺钉不得松动。电磁式控制继电器在投入运行前，应在主电路触点不带电的情况下，使电磁线圈通电试验 2～3 次，检查动作确实可靠后才能投入使用。

（3）保护用的继电器，如过电流继电器及热继电器，必须在符合要求后才能投入运行，以实现对电路和设备的可靠保护。

（4）新安装的继电器一般不必调整；对于拆装后的继电器，线圈与铁芯之间的距离不可能和原来一样，继电器的动作值会发生变化，应重新进行调整。

（5）使用继电器时，经过拆装的或发现动作不准的，若要改变参数，可按以下方法调整。①如果要增大继电器的动作电流或电压，对于螺线管式电磁铁继电器，应将动铁芯位置调整得远离螺线管，若有弹簧力作用在动铁芯上，可增大弹簧对动铁芯的拉力；对于转动式电磁铁，应增加衔铁与静铁芯之间的分开距离或增大加于衔铁上的弹簧力，也可以同时使用以上两种办法。②如果要减小继电器的动作值，调整方法相反。

**3．运行中的维护**

（1）定期检查继电器各部件，要求可动部分不卡死、紧固件不松动，损坏部件应及时更换。

（2）应仔细擦去触点上的积灰及油污,以保证接触良好。触点磨损严重时应及时更换,触点烧损后应及时更换。对于电磁式控制继电器,在触点修整后,应调整好触点开距、超程、接触压力,以及动触点、静触点接触面。

（3）电磁继电器整定值应在线圈工作温度下进行调整。

（4）热继电器动作特性应定期检验。检验时应保持电流稳定,避免外界气流、阳光照射及其他因素的影响。

## 5.5.3　中间继电器

中间继电器实质上就是电压继电器。当电路端电压达到某一规定数值时,中间继电器动作。中间继电器的触点多,可增加控制电路中的信号数量或将信号放大,即用小电流控制大电流作为辅助继电器,可增加被控制线路的数量与允许断开容量。

中间继电器采用电磁式结构,与接触器相似,由电磁系统和触点系统组成。由于触点接通和分断的是交流、直流控制电路,电流很小,中间继电器一般不需要灭弧装置。中间继电器线圈在施加 85％～105％ 的额定电压时应能可靠运行。

常用的中间继电器有 JZ7、JZ11、JZ14、JZ15 系列和小型直流继电器 JRX-4、JRX-13F 系列。中间继电器的选用主要依据被控制电路的电压等级,以及所需触点数目、种类及容量等。

中间继电器使用维护注意事项有以下方面。

（1）应保持中间继电器清洁,接线螺钉应紧固,接触应良好。

（2）中间继电器触点的压力、超行程和分开距离等都应符合规定。

（3）应保证衔铁与铁芯接触紧密,应及时清除接触处的尘埃和污垢。

（4）中间继电器的分断电流能力很差,因此不能用它代替接触器使用。

（5）当中间继电器用于直流控制回路时,应在接通与断开的触点间加灭弧装置。

（6）更换中间继电器时,不要用力太猛,以免损坏有机玻璃外罩。

（7）使用中间继电器时,如果发现有不正常噪声,可能是静铁芯与衔铁极面间有污垢。

（8）焊接接线底座时,不要用焊水,最好用松香作为焊药焊接。接点焊好后,应套上绝缘套管,防止线间短路故障的发生。

## 5.5.4　时间继电器

时间继电器得到输入信号时,经过一定的延时后才能使触点动作,主要用于需要按时间顺序控制的电路。目前,在交流电路中,延时控制应用较为广泛的是晶体管式时间继电器。

时间继电器是为所控制线路延缓时间传送信号的,大多数时间继电器由电磁线圈、延时机构、触点组成。因此,选用时间继电器时要依据电磁线圈、延时范围、触点数量、额定电流、允许操作频率等电气参数。

晶体管式时间继电器是一种新型的有触点与无触点结合的电子式时间继电器。它与电磁式和电动式时间继电器相比,具有延时范围广、精确度高、调节方便、返回时间短、消耗功率少、寿命长等优点。延时方式有通电延时、断电延时及重复延时等。

常用的晶体管式时间继电器有 JSJ、JS20 系列等。其中 JS20 系列时间继电器是全国统一设计产品,与国内同类产品相比,具有通用性和系列性强、工作稳定可靠、精度高、延时范围广、输出接点容量较大等特点。JS20 系列时间继电器采用插座式结构,在罩壳顶部有整定电位器旋钮,其刻度将延时时间分为 10 等分;使用时用旋钮定时,并有指示灯,当继电器吸合时指示灯亮。顶部铭牌上标明型号、额定电压、延时时间等。

JS20 系列时间继电器的安装方式有装置式和面板式两种。装置式配有带接线端子的胶木底板,与继电器本体部分采用插接式连接,靠底座上的两个尼龙锁扣锁紧,以防松动。面板式采用电子管大八脚插入结构代替插座部分,更换维修方便。

更换或代用时间继电器时,应选择与实际延时时间范围接近的时间继电器,以保证延时精度和可靠性。

常见故障与处理方法如下。

(1)调节延时时间的可调电位器使用日久,电位器内碳膜磨损或进入灰尘,使延时时间不准确。应用少量电器清洗剂顺着电位器旋柄滴入并转动旋柄,磨损严重时,应及时更换。

(2)晶体管损坏、老化,造成延时电路参数改变,使延时时间不准确,甚至不延时。应拆下继电器进行检修或更换。

(3)晶体管时间继电器受振动影响,使元件焊点松动、插座脱离。应进行仔细检查或补焊。

(4)检查元件的外观是否有异常,不要随意拆开外壳进行调换、焊接,以免损坏元件,扩大故障面。在更换或代用时,应选择相同型号、相同电压、延时范围接近的晶体管式时间继电器。

# 5.6 控制按钮与主令控制器

## 5.6.1 控制按钮

### 1. 结构

控制按钮是电气自动控制系统中发布指令的元件,用来实现系统中各种运动的手动控制、自动控制,如图 5.5 所示。

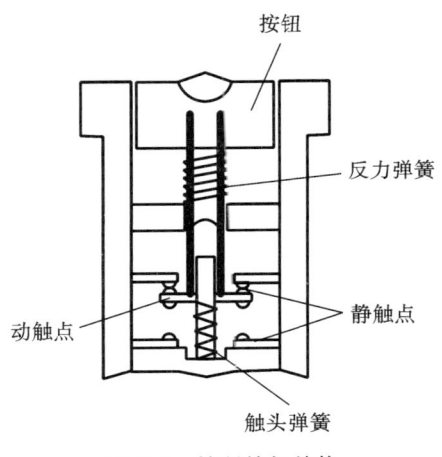

图 5.5 控制按钮结构

### 2. 选用

（1）根据使用场合选择按钮的种类,如开启式、保护式、防水式、防腐式等。

（2）根据用途选用合适的形式,如手把旋钮式、钥匙式、紧急式、带灯式等。

（3）按控制回路的需要确定不同的按钮数,如单钮、双钮、三钮、多钮等。

（4）按工作状态指示和工作情况的要求选择按钮和指示灯的颜色。

### 3. 使用维护注意事项

控制按钮的色标颜色代表按钮的功能,标在绘有图形符号的按钮板上,能使操作者直观地了解控制系统及其功能。更换按钮时,必须严格遵守有关规定:"停止"按钮必须是红色;"急停"按钮必须是红色蘑菇头式;"启动"按钮必须有防护挡圈,防护挡圈应高于按钮头,以防意外触动产生误动作。

控制按钮的光标按钮有如下两种用法。

1）指示

按钮灯亮,指示操作者可以或者应当按下那个亮了的按钮。在某些情况下,按钮灯亮指示操作者必须先完成某项作业,再按下按钮。在按钮发出的命令完成后,灯光熄灭。只有红色按钮、黄色按钮、绿色按钮、蓝色按钮适用于上述用法。

为了引起操作者注意,发出指示的红色按钮或黄色按钮可伴以闪光,如报警指示。在使用时按下按钮可使闪光变为平光并一直保持平光,直至采取措施使报警解除。

2）证明

当按下不亮的指示灯按钮时,灯亮,证明按下的按钮发出的指示已经实现。此后,灯光一直亮着,直到接收相反的指令。只有白色按钮适用于这种用法。为了起到"双重证明"作用,白色按钮可伴以闪光,当按下按钮时,灯光开始闪动,证明操作开始。当操作完毕时,闪光自动变为平光,证明正常运转条件已经建立。

安装按钮的按钮板和按钮盒必须是金属的,并应与设备总接地母线连接。对于悬挂式按钮,必须设有专用接地线,不得借用金属管作为地线。

**4. 常见故障与处理**

控制按钮的故障分为电气故障和机械故障,具体原因和故障处理措施如下。

1) 电气故障

①触点烧毛。触点接触不良,表面不清洁,使接触电阻增大,引起触点过热、烧毛。应使用锋利的刀刃或锉刀修平,不可用砂纸或其他研磨工具。

②触点接触不良。由于使用日久,触点接触不良,尤其是常闭触点不能复位闭合,如急停按钮的常闭触点用于电动机正反转时采用按钮触点连锁的常闭触点。引起故障的原因是动触点的返回弹簧弹力失效或触点表面不清洁,触点磨损松动,使触点返回时接触不良,甚至接触不上,应维修或更换弹簧及触点。

③光标按钮指示灯损坏。进行初步检查,检查电源连接是否正常,以及是否有松动或断开的线路。若发现指示灯灯泡损坏,应更换新的灯泡。

④塑料变形老化。环境温度高或灯泡发热,导致塑料变形老化,造成更换灯泡困难或接线螺钉相间短路。应查明原因,如灯泡发热可适当降低电压。

⑤绝缘性能降低。长期使用或密封性不好,使尘埃或油、水流入,造成绝缘性能降低甚至被击穿。应进行绝缘和清洁处理,并采取相应的密封措施。

2) 机械故障

①按钮螺帽拧不紧,使按钮在按钮板活动或转动。应重新拧紧螺帽。

②光标按钮上的揿钮脱落,按钮内的灯泡发光时产生的热量不易散发,使揿钮与揿钮套同时受热;由于它们受热后产生的变形不一样,揿钮弹出脱落。应检查脱落的揿钮是否完整,如果揿钮弯曲或断裂,应进行更换;可使用专用胶水固定揿钮,确保其牢固、不松动。

③光标按钮内的灯泡不易更换。可找一内径略小于灯泡外径的塑料管,无论取出还是装入灯泡,只要将灯泡挤入塑料管内再拧动,更换便十分方便。

④压紧导线用的瓦形垫弹力不足;按钮使用日久,瓦形垫弹力失效;或由于制造时热处理加工不好,瓦形垫弹力不足,引起导线松动、脱落。遇到上述故障时,应及时更换瓦形垫。

### 5.6.2 主令控制器

**1. 结构**

主令控制器是一种多位置、多回路的控制开关,用于操作频繁且要求有多种控制状态的场合,如控制起货机、锚机等。图 5.6 所示为主令控制器的结构示意图。

主令控制器的触头的开闭次序,由凸轮形状决定。手柄在不同位置时,凸轮位置改变,使相应的触头闭合或断开。主令控制器轴上的凸轮一般不超过 12 片,手柄的工作位置正反可有 4~8 个。由于各凸轮的形状不一,各触点在不同工作位置时,有不同的开闭状况。

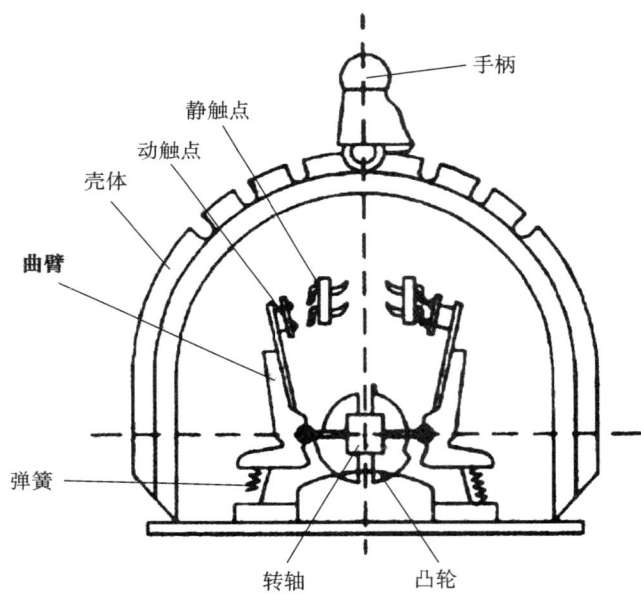

图 5.6 主令控制器结构示意图

**2. 安装维护**

(1) 安装前,应检查铭牌上的技术数据与所选择的规格是否相符,如不一致,不许安装。

(2) 检查外壳是否严重损坏,零件的油漆或电镀是否有严重变色、起皱现象,灭弧罩等是否碎裂,绝缘是否损坏。如有上述问题,应更换零件。

(3) 检查主令控制器触点的开闭顺序是否符合规定的要求,每对触点是否可靠开闭等。

（4）按接线图将主令控制器与电动机、保护器进行连接，并将金属外壳可靠接地。

（5）应按开闭表或原理图要求接线，经反复检查，确定正确无误后才能通电。

（6）通电前，应把灭弧罩和主令控制器外壳全部装上，以防电弧喷出，造成事故。

（7）不使用主令控制器时，手轮应准确地停止在零位。

（8）首次操作或检修后试运行时，如主令控制器转到第 2 位置后，仍未使电动机转动，应停止启动，查明原因。主要检查线路是否有故障、制动部分是否有卡住等现象。

（9）试运行时，转动手轮不能太快，当转到第 1 位置时，使电动机转速达到稳定后，经过一定的时间间隔（约 1 s），再使主令控制器转到另一位置，以后逐级启动，防止电动机的冲击电流超过电流继电器的整定值。

（10）定期清除主令控制器内的灰尘，所有活动部分应定期加润滑油。

**3. 常见故障与处理**

1）操作时有卡住现象及噪声

①滚动轴承损坏。应检查并更换轴承。

②紧固件嵌入轴承内引起卡住现象。应检查凸轮鼓是否嵌入异物或触点部分是否有异物嵌入。发现有异物时，应立即查看损伤情况，如不能修复，应更换。

2）触点支持件烧焦

①触点温度过高，使触点支持胶木烧焦。应检查触点支持件使用是否合理、选用是否恰当。若选用不恰当，应立即更换。

②动触点、静触点接触不良，使触点烧毛，导致个别触点支架胶木烧焦。如果触点烧毛，应使用细锉刀轻轻修整；若支架胶木烧焦，应更换。

③触点弹簧的超程过小。若超程小于 0.5 mm，应更换。

④触点弹簧损坏或有退火变软现象。例如，触点压力变小会导致触点温升增高，应检查触点压力，压力小时应更换。

3）触点烧熔

①触点弹簧脱落或断裂，导致触点压力不正常，应更换弹簧。

②触点脱落或磨光，应更换触点。

③外接电路故障，应检修线路。

4）定位不准或开闭顺序不对

①凸轮片碎裂脱落或凸轮磨损导致角度变化，使开闭角度变化，应更换凸轮。

②棘轮机构损坏或磨损严重，应更换棘轮机构。

# 5.7　行程开关与组合开关

## 5.7.1　行程开关

### 1. 结构

行程开关主要用于将机械位移转变为电信号,用来控制机械运动部件的行程和变换运动的方向、速度及进行程序控制。

行程开关借助机械部件上的撞块触动操作机构,推动微动开关,使触点闭合或断开(见图 5.7)。常用的行程开关有 LX2、LX3、LX5、LX21、LX22、LX32、LX33 等。

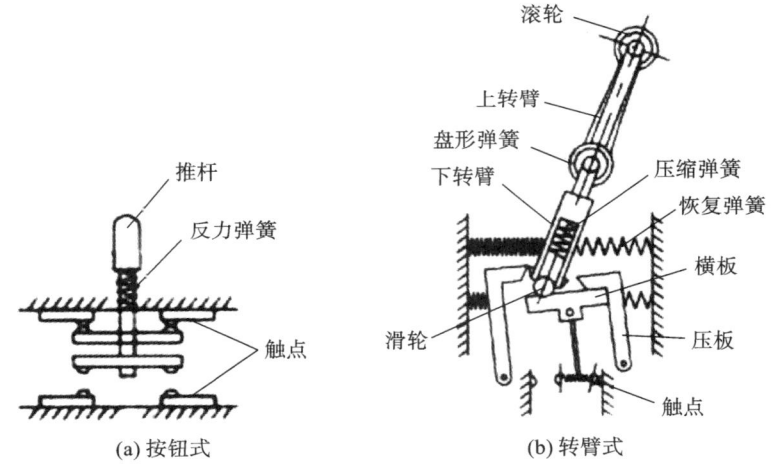

图 5.7　行程开关结构示意

### 2. 选用

(1) 根据使用场合及控制对象选择行程开关。

(2) 根据安装环境选择防护形式,如开启式、保护式。

(3) 根据控制回路的电压和电流选择合适的系列。

(4) 根据机械与行程开关的传动力与位移关系选择合适的头部形式。

### 3. 使用维护注意事项

(1) 行程开关应紧固在安装板和机械设备上,不得有晃动现象。

(2) 在使用过程中,行程开关的银触点经过一定次数的接通和分断后,表面会有烧毛或发黑现象,这并不影响使用。若烧毛比较严重,影响开关性能,应更换。

（3）在使用中，由于行程开关工作在机械运动部位，安装螺钉易松动而使控制失灵。行程开关有时因进入尘埃或油而不灵活，严重时不能接通电路。应定期检查，除去油垢、粉尘，清理触点，经常检查动作是否可靠，随时排除故障，以免引起设备或人身事故。

（4）检修时，应注意行程开关的传动机构是否松动或产生位移，及时调整传动机构的动作超程，使超程保持在规定极限值的 50%～100% 范围内，确保行程开关工作正常。

## 5.7.2　组合开关

### 1. HZ5 系列和 HZ10 系列组合开关

组合开关（万能转换开关）是一种结构紧凑、体积小、使用方便的低压电器。它可用在各种低压电气设备中，用于不频繁地接通和切断电路，多在电气控制设备中作为电源的引入开关。它也可用来控制小容量三相异步电动机的启动、正反转和停车。它的种类较多，用途广泛。

组合开关属于刀开关，其结构特点是用动触片代替闸刀，以左右旋转操作代替刀开关的上、下分合操作。它分为单极、双极和多极。常用的组合开关有 HZ5、HZ10 系列等，具体介绍如下。

1）HZ5 系列组合开关

HZ5 系列组合开关是代替 HZ1、HZ2、HZ3 等系列组合开关的一种新型开关，由接触系统、定位机构、限位件、手柄、面板等主要部件组成。

接触系统由动触点、静触点等构成。动触点是双断点对接式触桥，每个触桥依靠弹簧与静触点接触，且由套在六方转轴上的凸轮控制其接通或断开。

定位机构采用辐射型、滚轮卡棘轮结构，配置不同的限位件，可获得二、三、四位开关的定位状态。

HZ5 系列组合开关按额定电流可分为 10 A、20 A、40 A、60 A 四种。

2）HZ10 系列组合开关

HZ10 系列组合开关是全国统一设计产品，可取代 HZ1、HZ2 等老系列，其通用性强，技术性能及经济效果较好，由若干个分别装于数层绝缘件内的动触点、静触点（刀片）及操作机构组成。动触点随手柄旋转而变更其通断位置，手柄及顶盖内滑板、凸轮、扭簧等构成操作机构。该机构采用了扭簧储能机构，使开关能快速闭合和分断（开关闭合和分断的速度与操作速度无关），从而提高了产品的电气性能。HZ10 系列组合开关按额定电流可分为 10 A、25 A、60 A、100 A 四种。

### 2. 使用维护注意事项

（1）组合开关不得超负荷运行，最好不要带负荷接通和切断电源，以免损坏开关触点,降低使用寿命。

(2)不得随意拆装组合开关,必须拆开维修时,要按一定步骤进行;安装完毕后,应转动手柄,检查接触情况并用兆欧表检查各极间的绝缘情况。

(3)安装在面板上的组合开关,应使用保护罩罩住,至少要将接线端子绝缘保护,防止发生事故。

**3. 常见故障与处理**

(1)手柄转不动,手柄转动无定位感觉,造成不能闭合或断开。这是由组合开关内部机械机构卡住或松动、脱开造成的。

(2)组合开关动触点、静触点烧毛,甚至熔焊而不能随手柄转动断开。产生原因是经常带负荷切断电源、选用不合理或长期超负荷工作。

(3)开关内部的动触片、静触片接触不良或开关额定电流小于负荷回路电流,造成内部接点起弧烧蚀。

(4)开关内部的转轴上的扭簧松软或断裂,使开关动触片无法转动,改变接点位置。

(5)开关固定螺钉松动,旋转操作频繁,引起导线压接松动,造成外部连接点放电、打火、烧蚀或断路。

根据以上故障现象,在维修时应对症排除,必要时将开关解体检修或更换开关。另外,应注意检修时必须停电操作,以免发生触电危险。

# 第 6 章

## 船舶安全用电的管理

# 6.1 人员触电管理

## 6.1.1 触电伤害的种类与触电方式

触电是当人体触及带电体,受到较高电压或较大电流的伤害,引起人体局部受伤、致残或死亡的现象。触电可分电伤(外伤)和电击(内伤)两种。

### 1. 电伤

电伤是电路放电对人体外表造成局部伤害,主要由电流的热效应、化学效应或机械效应引起。常见的电伤有灼伤、烙伤和皮肤金属化现象,可造成皮肤红肿、烧焦或皮下组织损伤。

### 2. 电击

电击是人体直接接触带电体时,电流通过人体内部器官而造成伤害。轻者可使肌肉痉挛、内部组织损伤,造成发热、发麻、神经麻痹等;重者可使肌肉与神经坏死,引起昏迷、窒息、心脏停止跳动、血液循环中止等而使人死亡。

相关调查表明,绝大部分的触电事故是由电击造成的。电击伤害的程度取决于通过人体的电流的大小、持续时间、频率以及电流通过人体的途径等。

### 3. 触电方式

人体任何两点直接触及(或通过导电介质连通)不同电位的带电体时,都可能发生触电事故。钢质船是一个良导体,而且经常处于潮湿等恶劣环境之中,所以船舶属于触电危险场所。人体的触电方式一般分为三种:双线触电、单相触电和单线触电。

## 6.1.2 人体触电电流、触电原因与预防

### 1. 人体触电电流

触电对人体的伤害程度与通过人体的电流的大小、种类、路径和持续时间有关。通过人体的电流的大小取决于人体两点的人体电阻和接触电压。

(1)人体电阻。人体电阻不是固定值,与部位、接触面积、接触紧密程度有关。

(2)接触电压。8~10 mA 的电流会使人难摆脱,几十毫安的电流通过呼吸中枢或几十微安的电流通过心脏会致死。电流通过人体的路径不同,其伤害程度不同。手和脚之间或双手之间触电最危险。安全电压,是指对人体不产生严重反应的接触电压。在一

般环境下,人接触 36 V 以下电压时,通过人体的电流较小,故把 36 V 称为安全电压。

**2. 触电的原因与预防触电的措施**

1）触电的原因

①思想麻痹,违反操作规程,直接触及或过分靠近电气设备的带电部分,如带电作业时未采取必要的安全措施。

②电气设备年久失修,绝缘损坏,没有妥善接地,人体触及这些设备的金属外壳时就会触电。

③意外事故使船体受破坏,使带电体与人体接触而触电。

2）预防触电的措施

①克服麻痹、大意思想。

②严格遵守安全操作规程。

③及时保养、维修电气设备,保证绝缘和接地处于良好状态。

# 6.1.3　人员用电安全管理

**1. 人员用电安全管理原则**

（1）应扣好工作服的衣扣,必要时扎紧裤脚,不应把手表、钥匙等金属带在身边,应穿电工绝缘鞋。

（2）应检查自己的工具是否完备、良好,如检查各种钳柄的绝缘、行灯、手柄、护罩等,如发现有问题,应及时更换。

（3）电气器具的电线、插头必须完好,插头应与插座吻合,不准使用无插头的移动电器,使用 36 V 以上电压的电器时,其外壳必须安全接地。

（4）不应先开启开关后接电源（手提电器）,禁止用湿手或在潮湿的地方使用电器或开启开关。

（5）在任何线路上修理时,应从电源进线端拿走熔断器,并挂上警告牌。修理完毕后,在通电前应确定无人后才可装上熔断器并合上开关。

（6）换熔丝时,一定要先拉断开关,再换上规定容量的熔丝,不得用铜丝或其他金属丝代替。

（7）检查电路是否带电只能用万能表、验电笔和灯,在确定无电前不能进行工作;带电作业必须经电气负责人批准,作业时必须两人一同进行。带电作业时,应尽可能用一只手触及带电设备进行操作。

（8）严禁使用钢卷尺等金属尺进行带电设备的测量工作。

（9）高空作业（离地 1 m 以上）时，应系安全带，以防失足或触电坠落；应注意防止携带的工具、器材落下伤人和损坏设备。

（10）在维修和检查有大电容的电气设备时，应将电容器充分放电，必要时应先短接。

（11）在机舱工作时，应有适当的照明，所用灯具电压应符合安全标准。

（12）工作完毕后，应检查、清点工具，不要遗留，在配电板、发电机等重要设备附近工作时更应注意。另外，工作完毕后应注意把不必留的灯或未燃尽的火熄灭。

（13）严禁使用四氯化碳作为清洁剂。

**2. 触电急救**

发现有人触电时，应迅速切断电源。如果人在高处触电，切断电源时，还应采取安全措施，防止触电者松手后从高处坠落，造成摔伤。

触电者受伤较轻，神志清醒，只有心慌、乏力、肢体发麻等感觉时，可让其在通风处静卧休息，一般在 2～3 min 后即可恢复。

触电者受伤较严重，出现失去知觉、呼吸停止以及心脏停止跳动等现象时，应及时采取人工呼吸和人工按摩进行抢救并及时送医院救治。

# 6.2　电气防火知识

## 6.2.1　船舶电气设备引发火灾的原因

当空气中所含可燃气体达到一定的浓度时，由于氧化反应的传播速度极快，燃烧将变成爆炸。爆炸和燃烧都产生大量的光和热，但爆炸还伴随由于气体急剧膨胀而发出的巨大声响。

燃烧和爆炸须同时具备三个条件：有可燃性气体或物质；有空气或氧气；有火源或危险温度。只要这三个条件不同时存在，就能避免燃烧和爆炸。

船舶电气设备的短路、过载、绝缘老化以及某些故障都是火灾隐患。这些隐患主要是成为火灾的热源或火源。电气设备的热源或火源包括正常的和非正常的两类，引发火灾的具体原因如下。

（1）电气设备（特别是插座）进水形成短路或接地，在短路或接地点局部发热。

（2）导体的连接点松动、氧化、腐蚀等引起接触电阻过大，造成局部发热。

（3）电气设备或电缆长期超负荷工作，短路故障、非正常电压等引起电流过大，使温度过高而产生火花。

（4）乱接、乱拉电线，在插座上接用超过线路允许载流量的电热器或其他用电设备造成线路过热。

（5）其他原因造成的绝缘强度下降或绝缘破坏，造成短路、接地故障，引起局部过热。另外，可燃物质出现在不该出现的地方会为正常工作的电器火源或热源提供可燃物质，成为火灾隐患。例如，违禁使用四氯化碳作为清洗剂或用汽油清洗机器部件时未采取有效的防火措施，未注意通风，会使油气积聚，所以对电气设备的防火要求是避免产生和注意消除各种火灾隐患。应定期检测和检查电气设备的绝缘，确保绝缘状态良好。易燃易爆场所必须使用合格的防爆电气设备。

## 6.2.2　电气设备防火要求、静电预防与灭火

### 1. 电气设备防火要求

电气设备防火的一般要求如下。

（1）经常检查电气线路及设备的绝缘电阻，发现接地、短路等故障时要及时排除。

（2）电气线路和设备的载流量必须控制在额定范围内。

（3）严格按施工要求操作，保证电气设备的安装质量。

（4）按环境条件选择电气设备，易燃易爆场所要使用防爆电器。

（5）电线及导线连接处要牢靠，防止松动、脱落。

### 2. 静电预防

任何两种不同物质的摩擦、紧密接触、分离、受压、受热或感应都能产生正负电荷分离的静电现象。液体的流动、过滤、搅拌、喷雾、飞溅、冲刷、灌注、剧烈晃动等过程，都可能产生十分危险的静电。人体和衣服也会产生危险的静电。穿、脱毛衣与合成纤维衣物时，由于接触、摩擦和分离所产生的静电电压可高达数千伏至数万伏，足以引燃周围的爆炸性气体。人体是静电的良导体，处于带电的静电空间，因感应而成为一个独立的带电等位体，人体与地或与周围物体之间有一定的电位差时就会放电。因此，在静电危险场所的工作人员应穿导电性能好的服装和鞋袜。在货油舱甲板上，禁止穿、脱衣物。由生活居住区进入货油舱区前，手应触摸专设的用来消除静电的金属板，以防止人体带静电进入危险区。船舶在航行中除了防直接雷击，还应注意带电低云层的静电感应会使船舶金属体感应带电。船舶航行时与空气的摩擦也能使金属体带电。由上述种种原因产生的静电积累到一定程度就会在凸出部位产生放电，成为火灾和爆炸隐患。特别是油船，存在可燃气体的空间较大，容易引起爆炸。所以，船舶除了安装避雷装置，还必须设置消除静电的装置，具体要点如下。

（1）金属导体之间或法兰连接的管路之间要用金属导线可靠地连接，并可靠地接地，以便及时泄放静电。图 6.1 所示为锁具、活动吊杆、舱口盖和油管消除静电的接地方法。

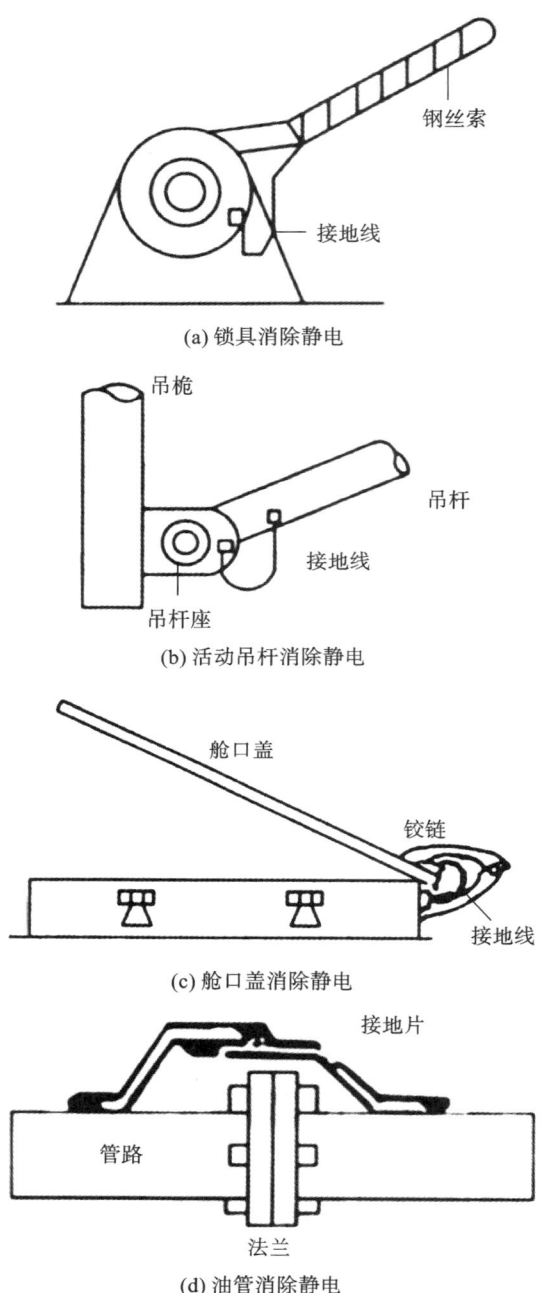

(a) 锁具消除静电

(b) 活动吊杆消除静电

(c) 舱口盖消除静电

(d) 油管消除静电

图 6.1　消除静电的接地方法

（2）电气设备的金属外壳均须可靠接地，所有电气设备的保护接地可作为防静电接地。船上工作人员不允许在有危险的区域拉临时电线或安装临时设备；不允许使用带电缆的便携式照明或普通手电筒，应使用合格的防爆照明器。

### 3. 灭火

电气设备着火时，不应立即用水灭火，以防止水柱触电。正确的做法是先迅速切断电源，然后用二氧化碳灭火器、干粉灭火器或卤代烃灭火器等灭火。须停电时，应注意尽量缩小停电范围。

# 6.3　船舶电气系统的接地保护

## 6.3.1　船舶电气系统的接地类型

船舶电气系统的接地指船舶电气设备的金属外壳、支架和电缆护套与金属船体做永久性的电气连接，是一项重要的安全保护措施。船舶电气设备的接地类型主要有保护接地、工作接地、保护接零、屏蔽接地、重复接地和避雷接地等。

### 1. 保护接地

为了防止电气设备因绝缘损坏使人触电，将电气设备的金属外壳与地（船体）做电气连接，叫作保护接地。电压在 36 V 以上的电气设备和电缆的外壳都应进行保护接地。保护接地适用于中性点不接地的三相三线制系统。如图 6.2 所示，电气设备未接地时，若某处绝缘损坏，金属外壳就带电。由于电网和船体间存在分布电容和绝缘电阻，人触及设备金属外壳时，电流就经人体形成回路，使人触电。当设备金属外壳接地时，人体与接地体并联，由于人体电阻比接地体电阻大得多，所以流经人体的电流很小，几乎为零，避免了触电。

当电气设备直接紧固在船体的金属结构上或紧固在与船体金属结构有可靠电气连接的底座上时，可不另设专用导体接地。可携式电气设备均应采用软电缆连接、接地线接地。

### 2. 工作接地

为了保证电气设备在正常情况下能可靠运行所进行的接地叫作工作接地，如三相四线制系统的中性点接地、电焊机的接地线接地等，如图 6.3 所示。工作接地是通过接地线构成回路进行工作的。

根据相关规范规定，工作接地与保护接地不能共用接地线和接地螺钉。工作接地是

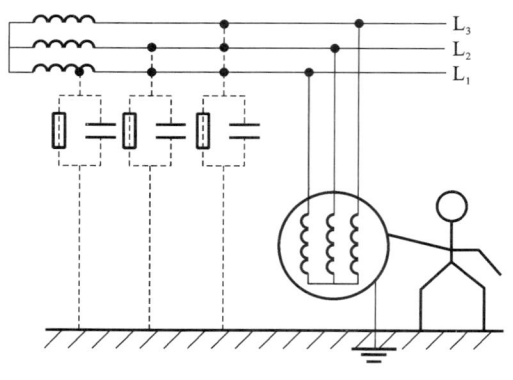

**图 6.2　保护接地示意**

$L_1$、$L_2$、$L_3$—火线

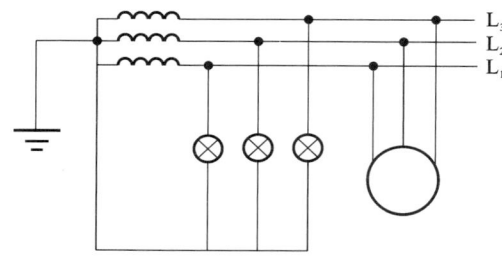

**图 6.3　工作接地**

$L_1$、$L_2$、$L_3$—火线

电气设备工作时必需的措施,如采用蓄电池启动的原动机的系统接地、进入无线电室的屏蔽电缆的屏蔽接地、抑制干扰的电容器或滤波器接地、无线电设备的接地等。

工作接地不能与保护接地共用接地线或接地螺钉。工作接地的螺钉直径不应小于6 mm,应接到船体永久结构或与船体永久连接的基座或支架上,不得作为设备的紧固螺钉,不应固定在船壳板上。

工作接地线的截面积:不载流接地时,可为载流导线的截面积的一半,但不应小于1.5 mm²。

**3. 保护接零**

保护接零是指在中性点接地的三相四线制系统中,将电气设备正常情况下不带电的金属外壳与系统的零线连接,以避免人体触电。图 6.4 所示为保护接零。电气设备的外壳直接接在系统的零线上。当发生碰壳短路时,短路电流流经零线形成闭合回路,使保护装置迅速动作,切断故障设备。但要注意的是,在同一系统中,不可以把一部分电气设备接地、另一部分电气设备接零,因为当出现碰壳漏电故障时,零线将具有较高的对地电压,使保护接零的电气设备外壳具有较高电位,危及人身安全。

### 4．屏蔽接地

为了防止电磁场干扰,在屏蔽体与地或干扰源的金属外壳与地之间所做的良好电气连接叫作屏蔽接地(防干扰接地),如图 6.5 所示。其原理是金属外壳感应的电荷与大地中极性相反的电荷中和,变为中性,保护壳内怕干扰的设备。

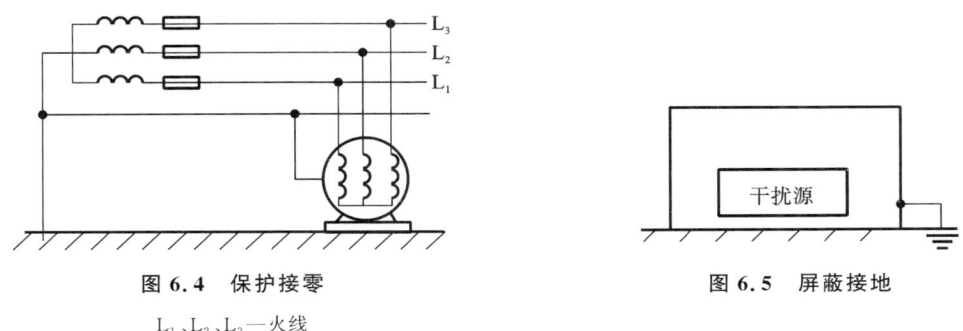

图 6.4　保护接零　　　　　　　　　　图 6.5　屏蔽接地

$L_1$、$L_2$、$L_3$—火线

无线电设备的高频接地应使用独立接地铜排,铜排通过接地板连接至船体金属处。铜排应以最短的路线(一般不超过 1.5 m)将设备接地点与船体金属进行可靠的电气连接,总接地电阻不超过 0.02 Ω。高频接地铜排规格如表 6.1 所示。

表 6.1　高频接地铜排规格

| 发信机功率/W | 接地铜排规格 | | 接地板规格 | | |
| --- | --- | --- | --- | --- | --- |
| | 厚度/mm | 宽度/mm | 长度/mm | 宽度/mm | 厚度/mm |
| <50 | 0.5 | 50 | 110 | 80 | 12 |
| 51~500 | 0.5 | 100 | 170 | 100 | 16 |

高频接地的接地板由铜质的底板及压紧盖板组成,底板直接焊接在船体金属结构处,压紧盖板由直径不小于 6 mm 的螺栓紧固。接地板及其螺栓、螺母、垫圈均应镀锌,接地铜排应镀锡。

### 5．重复接地

沿零线把一点或多点再次接地称为重复接地,如图 6.6 所示。

重复接地的作用是进一步降低发生单相碰壳接地短路时人体的接触电压,减小零线断线时漏电设备外壳的对地电压。

### 6．避雷接地

避雷接地是防止雷击的一种接地形式。避雷针应由直径不小于 12 mm 的铜杆或直

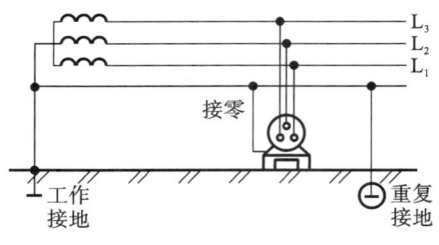

**图 6.6　重复接地**

$L_1$、$L_2$、$L_3$—火线

径不小于 25 mm 的铁杆制成。避雷针的高度应高出桅顶 300 mm，可直接焊在钢质桅杆最顶端。

### 6.3.2　船舶电气设备上必须接地或接零的部分

（1）电机、变压器，以及各种电器的金属外壳及其操作机构。

（2）配电板、控制台等设备的金属构架及金属遮栏。

（3）电缆、电线的金属护套，金属保护管及裸母线（汇流排）的外罩保护网。

（4）电焊变压器、电压互感器、电流互感器的二次线圈，局部照明变压器的二次线圈。

（5）移动和手持电动工具的金属外壳。

（6）避雷针、避雷器。

# 6.4　船舶电气设备的船用条件及防护

## 6.4.1　船舶电气设备的船用条件

船舶电气设备的工作环境有特殊性，航行工况中的风浪、海水、盐雾、霉菌等直接危害设备的电气绝缘。航行环境的剧烈变化，船舶的振动、颠簸、摇摆也直接影响到电气设备的正常运行。

### 1. 绝缘性能方面

我国国家标准规定船用发电机的工作环境温度为 50 ℃，船用电动机的工作环境温度为 45 ℃。电机应能在相对空气湿度为 95% 的情况下正常工作，电机绕组及其他要求绝缘的部件必须经"三防"（防潮、防霉、防盐雾）处理，还必须耐油。在某些特殊情况下，绝缘应能防止某些热带昆虫的咬食。油漆涂层应具有"三防"和耐油的性能。电机绕组的冷态绝缘电阻不应低于 5 MΩ，热态绝缘电阻不应低于 1 MΩ。

**2. 电气性能方面**

船用电机的电气性能根据被拖动生产机械的特性和工作特点决定。船舶电机在电网电压变化为-6%~10%的额定值,频率变化为5%的额定值时应能可靠工作。船舶发电机的参数要考虑电网的短路电流和各种运行状态下过渡过程的要求,船舶电网的特殊性对发电机的电气性能有着许多特殊的要求。

**3. 机械结构方面**

由于船舶工作条件恶劣、位置狭小,船用电机的结构应具有耐振动、耐冲击、耐颠簸的特点。船用电机应尽可能体积小、重量轻、结构紧凑,要有较好的防锈和防海水的涂层,安装尺寸的设计要适度,还必须便于拆卸。

## 6.4.2 电气设备的防护

采用何种防护等级是由电气设备的安装位置决定的,应符合国家标准的规定。表示防护等级的标志由特征字母 IP 地址(internet protocol address,互联网协议地址)及两位特征数字组成,第一位特征数字表示防外部固体侵入等级,第二位特征数字表示防水液侵入等级,如表 6.2 和表 6.3 所示。

**表 6.2 第一位特征数字所代表的防护等级**

| 第一位特征数字 | 防护等级 | |
| --- | --- | --- |
| | 简述 | 定义 |
| 0 | 无防护 | 没有专门防护 |
| 1 | 防护直径大于50 mm 的固体物 | 能防止直径大于 50 mm 的固体物进入壳内,能防止人体的某一大面积部分(如手)偶然或意外地触及壳内带电部分或运动部件 |
| 2 | 防护直径大于12 mm 的固体物 | 能防止直径大于 12 mm、长度不大于 80 mm 的固体物进入壳内,能防止手指触及壳内带电部分或运动部件 |
| 3 | 防护直径大于2.5 mm 的固体物 | 能防止直径大于 2.5 mm 的固体物进入壳内,能防止厚度(或直径)大于 2.5 mm 的工具、金属线等触及壳内带电部分或运动部件 |
| 4 | 防护直径大于1 mm 的固体物 | 能防止直径大于 1 mm 的固体物进入壳内,能防止厚度(或直径)大于 1 mm 的工具、金属线等触及壳内带电部分或运动部件 |
| 5 | 防尘 | 不能完全防止灰尘进入,但灰尘进入量不能达到妨碍设备正常运行的程度 |
| 6 | 尘密 | 无灰尘进入 |

表 6.3　第二位特征数字所代表的防护等级

| 第二位特征数字 | 防护等级 | |
| --- | --- | --- |
| | 简述 | 定义 |
| 0 | 无防护 | 没有专业防护 |
| 1 | 防漏 | 滴水(垂直滴水)无有害影响 |
| 2 | 15°防水 | 当外壳从正常位置倾斜到15°以内时,垂直滴水无有害影响 |
| 3 | 防淋水 | 与垂直方向成60°范围以内的淋水无有害影响 |
| 4 | 防溅 | 任何方向的溅水无有害影响 |
| 5 | 防冲水 | 任何方向的喷水无有害影响 |
| 6 | 防猛烈海浪 | 猛烈海浪或强烈喷水时,进入外壳水量不致达到有害程度 |
| 7 | 防浸水 | 浸入规定压力的水中经规定时间后,进入外壳水量不致达到有害程度 |
| 8 | 防潜水 | 能按制造厂规定的条件长期潜水 |

# 6.5　船舶电气设备绝缘检查

## 6.5.1　电气设备绝缘的意义和要求

### 1. 电气设备绝缘的意义和要求

电气设备绝缘的作用是保证设备正常运行及使用寿命和用电安全。绝缘良好是指隔离电气设备中有不同电位的部件,才能使电流沿着一定的导体路径流通,保证电气设备的正常工作,使人对其进行安全操作和免遭触电。

电气设备绝缘的要求是船用电气设备在潮湿、霉菌、盐雾、油雾等恶劣的环境条件下,能保持良好的绝缘状态。电气设备的绝缘是靠各种绝缘材料(包括气体绝缘材料、液体绝缘材料、固体绝缘材料)来实现的。所有防护要求主要是针对绝缘材料的。如果没有专门的船用产品,可考虑用陆用产品经"三防"(防湿热、防盐雾、防霉菌)处理之后代替。

电气设备的使用寿命主要决定于绝缘材料的使用寿命。影响绝缘材料使用寿命的主要因素是它的耐热性(或热稳定性)。电气设备的损坏主要是绝缘材料的热击穿引起的。因为每种绝缘材料都有一个耐热的极限温度,超过这个极限温度,绝缘材料将加速老化,过早失去绝缘性能。在使用中,电气设备中的最高温度不能超过其绝缘材料的最高允许温度。

**2. 电气设备的额定值**

电气设备的额定值是指在给定的工作条件下能保证正常运行所容许使用的电压、电流、功率、频率、温升等数据。给定(或规定)的条件主要是指环境条件以及使用条件。使用条件指工作制、操作频率等,是电气设备不超过额定值运行的条件。电气设备运行中的温度取决于它的发热和散热情况。电气设备的各种功率损耗(铜损、铁损和机械摩擦损耗)都将变成热量,这些热量将使电气设备的温度升高。铁损与电压(磁通)和频率有关,是固定损耗。铜损与电流的平方成正比,随电流的大小而变,是决定电气设备温度的主要因素。

电气设备在发热的同时向外散发热量,散热量与散热面积、通风条件、周围温度有关。与周围环境的温差越大,散热量也越大。

电气设备运行时的最高温度不超过其绝缘材料的最高允许温度,就不会减少它的使用寿命。电气设备的额定温升是指在额定运行状态下的最高允许温度与标准环境温度之差。电气设备按额定值工作时需要注意以下几点。

①大多数电气设备是允许发生短暂的过载的,因为额定温升与其绝缘材料的允许温度都有适当的余量,而且温度升高需要一定的时间。

②若实际的环境温度超过规定的标准环境温度(如 40 ℃ 或 45 ℃),应考虑适当减载或加强冷却措施。

③不同工作制的电气设备不能互换。工作制主要有连续工作制、短时工作制和重复短时工作制三种。标准短时工作制有 15 min、30 min、60 min 和 90 min 四种。重复短时工作制是以 10 min 为一个周期循环,重复短时工作制的额定负荷工作时间与工作周期之比称为负载持续率或暂载率。标准持续率有 15%、25%、40% 和 60% 四种。

## 6.5.2 常用电工绝缘材料的类型和等级

绝缘材料是指电阻率在 $10^9$ Ω·m 以上的材料。绝缘材料的作用是将带电部件与其周围的其他部件隔离或将带电部件相互隔离,以使电流按规定的途径流通并保证设备的安全运行。

船舶绝缘材料的性能应符合船舶工作条件:具有耐热,抗潮,抗霉,耐酸、碱、盐,长期使用等特点。

1) 绝缘材料的性能指标要求

绝缘材料的性能指标要求:耐压性能好;耐热性能好;耐潮、抗霉性能好;机械强度高。

2）绝缘材料的耐热等级

每种绝缘材料都有一个最高温度的限制，称为最高容许温度，在此温度下长期工作时，材料的性质不会发生显著变化，能够可靠工作至设计寿命。绝缘材料按照最高容许温度划分为 7 个耐热等级，见表 6.4。

表 6.4 绝缘材料的耐热等级

| 耐热等级 | 极限温度/℃ | 材料举例 |
|---|---|---|
| Y | 90 | 未浸渍的棉纱、丝、纸及其组合物 |
| A | 105 | Y 级材料经绝缘漆处理 |
| E | 120 | 高强度绝缘漆、环氧树脂、合成有机薄膜、青壳纸等 |
| B | 130 | 云母、石棉、玻璃丝用有机胶黏合或浸渍 |
| F | 155 | B 级材料用合成胶黏合或浸渍 |
| H | 180 | B 级材料用有机硅树脂黏合或浸渍 |
| C | ＞180 | B 级材料用优良有机硅树脂黏合或浸渍，以及陶瓷、石英等 |

电气设备的温度与环境温度之差称为电气设备的温升。当所用的绝缘材料确定后，电气设备的最高容许温度就确定了。在一定的环境温度下，电气设备与所用绝缘等级对应的最高容许温升 $T_{ma}$（最高容许温度和环境温度之差），称为温升限值。最高容许温升是制造厂确定额定容量和额定电流的主要依据。对船舶电器来说，国家规定的标准环境温度为 45 ℃。

电气设备工作时的温度测量方法：电阻法只能测得温度的平均值，温度计可测得可接触到的表面的温度。

3）船舶常用的绝缘材料

绝缘材料分为固体绝缘材料、液体绝缘材料和气体绝缘材料。船舶常用绝缘材料主要是固体绝缘材料和液体绝缘材料，具体介绍如下。

（1）固体绝缘材料。

固体绝缘材料包括绝缘布、绝缘带、绝缘纸和薄膜衬垫用的各种绝缘板、绝缘套管等。

对固体绝缘材料的一般要求：有较高的电气绝缘强度，耐热、耐潮，具有柔韧性（某些材料），具有一定的抗拉强度，导热良好，温度变化对其性能无较大影响。

（2）液体绝缘材料。

液体绝缘材料主要是绝缘漆及溶剂。常用的绝缘漆分为浸渍用的清漆（浸渍漆）和覆盖用的磁漆（覆盖漆）两种。

　　①浸渍漆。浸渍漆主要用于浸渍电机、电器的线圈和绝缘零部件，以填充其间隙和微孔，提高绝缘结构的耐潮性、导热性、电击穿强度和机械强度等。

　　②覆盖漆。船舶常用的覆盖漆是内含填料或颜色的磁漆，用于涂覆经浸渍处理的线圈和绝缘零部件，在其表面形成连续且厚度均匀的漆膜作为绝缘保护层，以防机械损伤和免受大气、润滑油、化学物品等的侵蚀，提高表面放电电压。因此覆盖漆应具有干燥快、附着力强、漆膜坚硬、机械强度高、耐潮、耐油、耐腐蚀、耐电弧等特性。

　　上述各种绝缘清漆在浸渍时都应稀释到一定浓度，在使用各种绝缘漆及其稀释溶剂时应按照说明书的要求进行。

# 第 7 章

## 船舶报警装置的维护

# 7.1  通用报警装置

## 7.1.1  通用报警装置的控制方式与组成部分

通用报警装置又称紧急集合警报,是在船舶发生重大海损事故或发生火灾等紧急情况时,对全体船员和旅客发布紧急总动员和集合的报警装置。

### 1. 控制方式

通用报警装置的控制方式分为直接控制方式和间接控制方式。前者是在驾驶室按下关闭器时,全船警铃、警灯通过关闭器触头直接接通应急电源,发出音响和灯光信号,适用于警铃安装数量不多、馈电干线电流容量不大的船舶;后者是在蓄电池充放电板上安装接触器,由驾驶室的关闭器或按钮进行控制,全船警铃和警灯通过接触器常开触头的闭合接通应急电源,发出音响和灯光信号,适用于警铃数量多、馈电干线电流容量较大、总馈电线截面较粗、警铃电源接至驾驶室再进行馈电有困难的船舶。通用报警装置控制原理线路如图 7.1 所示。

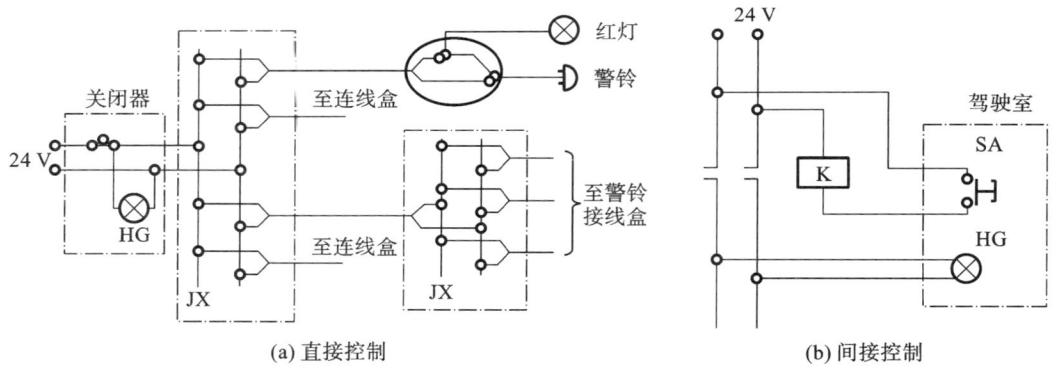

图 7.1  通用报警装置控制原理线路

HG—绿色指示灯;JX—接线柱;K—继电器;SA—转换开关

### 2. 主要组成部分

通用报警装置控制系统主要组成部分如下。

(1) 通用报警装置上设有通用报警和手动报警按键,设有主电源失电声、光报警装置。

(2) 通用报警装置输出信号:①通用报警信号,"七短一长"循环输出,每隔 2 s 重复发送;②手动报警信号,以按键开关通、断节奏输出。

(3) 通用报警装置与广播系统连接时,可从扬声器中播放不同节奏的音响信号,以区别不同的报警方式。

(4) 通用报警装置外接输入端有以下几种:①紧急报警按钮,设在两舷、集控室、消防站或其他位置;②火灾报警设备,火警控制器的火警信号延时 2 min 接入通用报警系统;③通用报警遥控盒,安装在救生艇旁,在发送弃船信号及紧急广播讲话时启用。

(5) 通用报警装置输出端有以下几种:①至警铃控制端,控制警铃报警时输出闭合触点;②至机舱警报指示器端,报警信号延伸到机舱,报警时输出闭合触点;③至雾笛控制端,控制雾笛按节奏发信号,报警时输出闭合触点;④至公共广播系统,报警信号通过广播扬声器覆盖全船。

## 7.1.2 船舶通用紧急报警系统的功能及其试验操作

### 1. 船舶通用紧急报警系统的功能

(1) 手动报警。报警控制器面板上有手动报警按钮,可发出手动报警信号,属于点动报警,即通过按压时间的长短来决定报警的级别或类型。例如,短按触发低级别的报警,长按触发高级别的报警。这种设计使报警系统更加灵活和智能化,能够根据实际情况快速响应。

(2) 自动报警也称为通用报警或弃船报警。一旦自动报警被触发,会向全船发出"七短一长"循环输出的声、光报警信号(信号短声为 1 s,长声为 5 s,间隔 1 s),同时公共广播系统被自动关闭,机舱组合报警灯箱、报警铃和雾笛控制器会接通电源,也会进行同频率的声、光报警,以便通知全船人员。

(3) 接收火警信号,发出声、光报警。由火灾报警系统发出的火警信号在经过一定的延时(一般设为 2 min)后,会被送入通用紧急报警系统,以便借助通用报警系统的报警灯、警铃发出声、光报警。

### 2. 船舶通用紧急报警系统的功能试验操作

(1) 电源供电试验。电源箱采用两路 AC 220 V 供电,主电源优先,当主电源失电时,自动切换为应急电源供电,同时输出一个主电源失电信号(无源触点)到监测报警系统。电源供电试验可以分别单独合上主电源开关和应急电源开关,观察电源供电情况。

(2) 按下通用报警系统面板上的手动报警按钮,通用报警器工作,报警灯、警铃发出声、光报警;松开按钮,报警停止。

(3) 自动报警按钮属于带自锁的开关型按钮,一旦触发,在复位之前,将保持报警状态。按下自动报警按钮,报警灯亮,报警铃按照"七短一长"的节奏循环持续地输出报警。同时,该报警以无源触点的形式被送入雾笛控制板、广播、机舱报警灯柱。按下消音按钮,报警控制器上的蜂鸣器消声;按下复位按钮,报警器复位。

（4）发生火灾报警且延时 2 min 后,火警信号以无源触点的形式被送入通用报警系统,通用报警系统报警灯及警铃工作。进行功能试验时,可用短接线短接的方法模拟火警输入信号,观察报警灯及警铃是否工作正常。

## 7.1.3 通用警报装置常见故障处理

### 1. 设备损坏类故障

（1）警报器件损坏:报警灯、警铃等器件容易受到机械冲击、水蒸气腐蚀等因素的影响而损坏。处理措施是更换损坏的器件。

（2）控制面板损坏

控制面板是警报系统的核心部件,可能因设备老化、水浸、电源过载等原因损坏。处理措施是更换控制面板。

### 2. 电源故障类故障

（1）电源供应过载:电源供应器输出电流过高会导致设备损坏。处理措施是更换电源供应器。

（2）电源接触不良:连接部位取线不良或松动会导致设备无法正常工作。处理措施是检查电源连接部位,恢复良好接触状态。

### 3. 接口连接错误类故障

（1）接线板接线错误:接线板上的接线容易出现接错、断电、短路等问题。处理措施是检查并纠正接线错误。

（2）连接器接点损坏:连接器老化、接触不良、氧化等问题会导致系统信号传输错误。处理措施是更换连接器。

### 4. 系统程序问题类故障

（1）处理器问题:处理器故障会导致数据处理速度变慢,警报信号时滞,甚至无法发出。处理措施是更换处理器。

（2）系统程序错误:系统程序错误会导致警报信号失灵。处理措施是重新安装或更新系统程序。

# 7.2  火灾自动监控与报警装置

　　船舶火灾自动监控与报警装置根据安装区域和探测介质的不同主要分为三种:用于舱室的火灾自动监控与报警装置、用于干货舱的火灾自动监控与报警装置以及可燃气体探测装置。

　　目前在船上应用的报警控制器主要有继电接触器控制式、PLC 控制式以及微机控制式三种,其作用是接收火灾探测器从监控现场发送来的火灾信号,经过处理后给出声、光火警报警信号,并显示出火警的部位,以便船员及早采取灭火措施。

## 7.2.1  火灾探测方法与探测器的接线方式

### 1. 火灾探测方法

　　火灾探测是以物质燃烧过程中产生的各种火灾现象为依据,实现火灾的早期发现。分析普通可燃物的火灾特点,以物质燃烧过程中发生的能量转换和物质转换为基础,可形成不同的火灾探测方法,如图 7.2 所示。

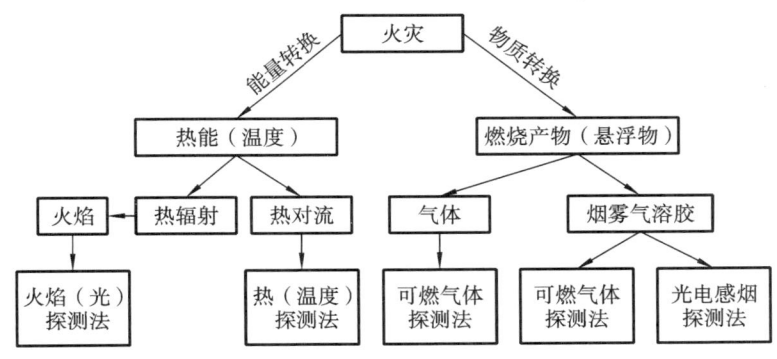

**图 7.2  火灾探测方法**

### 2. 火灾探测器的接线方式

　　一般来讲,火灾探测器由火灾参数传感器或测量元件、探测信号处理单元和火灾判断电路组成。火灾信号必须借助物理或化学作用,由火灾参数传感器或测量元件转换成某种测量值,经过测量信号处理电路产生用于火灾判断的数据处理结果量,由判断电路产生开关量报警信号。直接产生模拟量信号的火灾探测器输出的测量信号经过信号处理电路进行数据处理后,产生模拟量信号并传输给火灾报警控制器,由火灾报警控制器实现火警判断的功能。

在实际系统中,火灾探测器的接线方式一般采用并联。也就是说,若干个火灾探测器的信号线按一定关系并联在一起,然后以一个部位或区域的信号送入火灾报警装置(或控制器),即若干个火灾探测器连接起来后仅构成一个探测回路,并配合各火警探测器的地址编码形成保护区域内多个探测部分火灾信息的检测和传送。在火灾报警系统中,火灾探测器通常采用三种接线方式:二线制、三线制和四线制。由于三线制在实际中较少使用,在此不进行介绍。

二线制接线方式如图 7.3(a)所示。此电路的电源线与信号线重合,如果各火灾探测器状态正常,通电后内部接线柱⑥、⑦闭合,使电力进入下一个火灾探测器,在终端探头处的终端设备(一般为电阻或稳压二极管)使系统在正常监视状态下有一监视电流(微安级);一旦火灾发生,柜应探测器动作,使电源两端电阻急剧下降,产生一较大的动作电流(毫安级),由系统内部处理后给出声、光报警;如果某回路中有一个探头故障,内部接线柱⑥、⑦不能闭合,使旦源端开路,由系统处理后显示该回路开路或探头故障。

四线制接线方式如图 7.3(b)所示。其工作原理与二线制接线方式类似,此电路中的电源线与信号线分开。

不管采用何种方式,均要求可以实现检测探测器脱落、探测器故障失效、线路开路故障、终端电阻脱落或故障失效、火灾报警等功能。

## 7.2.2 火灾探测器分类

根据各类物质燃烧时的火灾信息探测要求和火灾探测方法,火灾探测器主要有感烟式、感温式、感光式(火焰探测式)和可燃气体式四大类型,如图 7.4 所示。船舶常用的火灾探测器为点型探测器(陆用感温探测器有的采用线型)。

### 1. 感烟式火灾探测器

感烟式火灾探测器目前在船舶中应用较广泛。据有关机构统计,感烟式火灾探测器可以探测 70% 以上的火灾。常用的感烟式火灾探测器有离子感烟式火灾探测器、光电感烟式火灾探测器等。

1) 离子感烟式火灾探测器

离子感烟式火灾探测器采用空气电离化探测火灾。根据其内部电离室的结构形式,离子感烟式火灾探测器又可分为双源式离子感烟式火灾探测器和单源式离子感烟式火灾探测器。

(1) 双源式离子感烟式火灾探测器。当有烟雾进入火灾探测器时,烟雾粒子对带电离子的吸附作用使检测用电离室内特性曲线发生变化,从而形成电压差,电子线路对电压差进行处理,确认火灾发生并报警。采用双源式离子感烟式火灾探测器可以减少环境

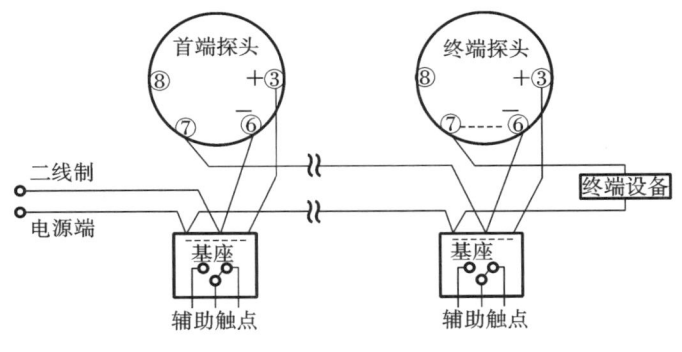

(a) 二线制接线方式

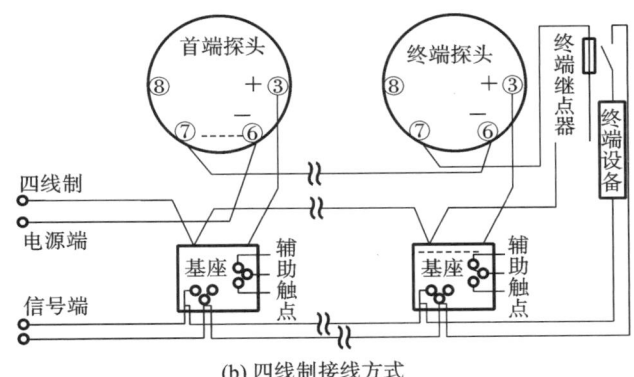

(b) 四线制接线方式

**图 7.3　二线制接线方式和四线制接线方式**

③、⑥、⑦、⑧—接线柱

温度、湿度、气压等条件变化对离子电流的影响,提高火灾探测器的环境适应能力和工作稳定性。

(2) 单源式离子感烟式火灾探测器。在火灾探测时,探测器的烟雾检测电离室和补偿电离室都工作在其特性曲线的灵敏区,利用极电位的变化量实现火灾的探测和报警。单源式离子感烟式火灾探测器的烟雾检测电离室和补偿电离室在结构上基本是敞开的,两者受环境条件缓慢变化的影响相同,提高了对使用环境中微小颗粒缓慢变化的适应能力。特别是在潮湿地区要求的抗潮能力方面,单源式离子感烟式火灾探测器的自适应性能比双源式离子感烟式火灾探测器好得多,但目前双源式离子感烟式火灾探测器也可以通过电路参数调整以及与火灾报警控制器软件配合来提高抗潮能力。

在离子感烟式火灾探测器中,选择不同的电子线路可以实现不同的信号处理方式,从而构成不同形式的离子感烟式火灾探测器:选用阈值(门槛值)比较放大和开关电路的电子线路,可以构成阈值报警式离子感烟式火灾探测器;选用 A(analog,模拟信号)/D

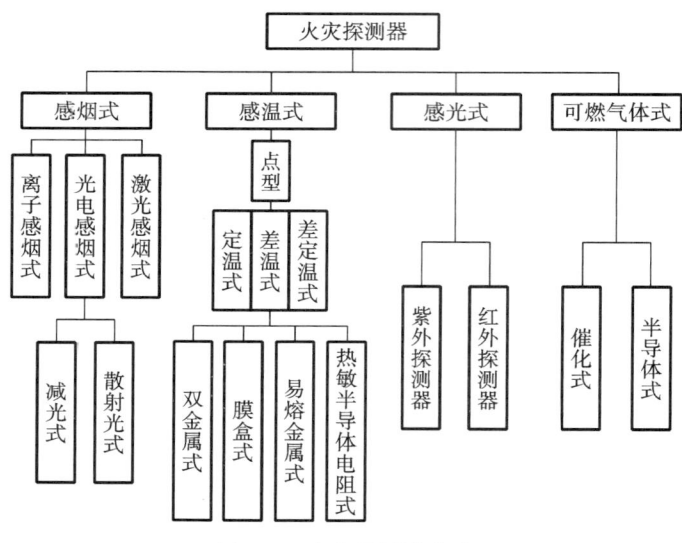

**图7.4 火灾探测器分类**

(digital,数字信号)转换、编码传输电路和微处理器单元,可以构成带地址编码的模拟量以及智能式离子感烟式火灾探测器。

2)光电感烟式火灾探测器

光电感烟式火灾探测器利用火灾产生的烟雾改变光敏元件受光的强弱而发出报警信号。根据烟雾粒子对光的吸收和散射作用,光电感烟式火灾探测器可分为减光式和散射光式两种类型。

(1)减光式光电感烟式火灾探测器。探测器周围有烟雾出现时,进入光电检测暗室的烟雾粒子对光源发出的光产生吸收和散射作用,使通过光路的光通量减少,从而降低受光元件上产生的光电流。光电流相对于初始标定值的变化量大小,反映了烟雾的浓度大小,据此可通过电子线路对火灾信息进行放大比较或火灾参数运算,通过传输电路产生相应的火灾信号。

(2)散射光式光电感烟式火灾探测器。探测器周围有烟雾出现时,进入遮光暗室的烟雾粒子对发光元件(光源)发出的一定波长的光产生散射作用,使处于一定夹角位置的受光元件的阻抗发生变化,产生光电流。此光电流的大小与散射光强弱有关。受光元件的光电流(当烟雾粒子浓度达到一定值时,散射光的能量就足以产生一定大小的光电流)可以使遮光暗室外部的信号处理电路发出火灾信号。

**2. 感温式火灾探测器**

在火灾初起阶段,使用热敏元件探测火灾的发生是一种有效的手段。经常存在大量粉尘、油雾、水蒸气的场所,无法使用感烟式火灾探测器,用感温式火灾探测器比较合适。

在某些重要的场所,为了提高火灾监控系统的功能和可靠性或保证自动灭火系统的动作的准确性,也要求同时使用感烟式和感温式火灾探测器。根据作用原理,感温式火灾探测器可以分为以下三大类。

1）定温式火灾探测器

定温式火灾探测器是在规定时间内,火灾引起的温度上升超过某个定值时启动报警。它结构简单,可靠性高,误动作少,动作温度一般分为 60 ℃、70 ℃ 及 90 ℃ 三种。冬季或夏季环境温度变化,对探火的反应时间有一定影响。这类探测器灵敏度较差,一般适用于厨房、锅炉间、烘衣间等。目前,常用的定温式火灾探测器有双金属式、易熔合金式和热敏电阻式等几种形式。

2）差温式火灾探测器

差温式火灾探测器是在规定时间内,火灾引起的温度上升速率超过某个规定值时启动报警。点型结构差温式火灾探测器根据局部的热效应动作,主要感温元件有空气膜盒、热敏半导体电阻等。

3）差定温式火灾探测器

差定温式火灾探测器将定温式和差温式两种火灾探测器组合在一起,若其中某一功能失效,另一种功能仍然起作用,因此大大提高了火灾监测的可靠性,在实际中应用较多。差定温式火灾探测器一般多是膜盒式或热敏半导体电阻式等点型结构的组合式火灾探测器。

**3. 感光式火灾探测器**

物质燃烧时,在产生烟雾和放出热量的同时,也产生可见或不可见的光辐射。感光式火灾探测器又称火焰探测器,用于响应火灾的光特性,是一种扩散火焰燃烧的光照强度和火焰的闪烁频率的火灾探测器。根据火焰的光特性,火焰探测器有两种:一种是对波长较短的光辐射敏感的紫外探测器;另一种是对波长较长的光辐射敏感的红外探测器。

紫外探测器是敏感高强度火焰发射紫外光谱的一种探测器,它使用一种固态物质作为敏感元件,如碳化硅或硝酸铝,也可使用一种充气管作为敏感元件。红外探测器包括过滤装置和透镜系统,用来筛除不需要的波长,如将太阳、日光灯光谱过滤掉,而将收进来的光能聚集在对红外光敏感的光电管或光敏电阻上。这种探测器具有视域广阔、灵敏度高、抗干扰性强等优点。

感光式火灾探测器在可能有可见火焰、烟气较小的高度危险的区域使用,同时在同一区域必须有感烟或感温式探测器作为辅助探测。感光式火灾探测器的灵敏度很高,甚至有时会把其他光线误认为火灾,所以在探测区域内不应有与探测器波长相同的光线。

感光式火灾探测器一般安装在钻井平台上的油处理区、井口,油船、化学品船上的防爆区,但不适用于装有相应光线灯和明火作业的场所。安装时,应注意探测器的覆盖角,红外探测器的探测角一般为 140°,紫外探测器的探测角一般为 90°;应使保护面积都处在覆盖面之内。

#### 4. 可燃气体式火灾探测器

可燃气体式火灾探测器即易燃气体探测系统。可燃气体式火灾探测器是一种用于监测环境中可燃气体浓度的安全设备,主要用于检测空气中遇明火时能发生爆炸或燃烧的气体。当检测到的可燃气体浓度超过预设的安全阈值时,探测器会迅速触发报警系统,发出声、光报警,提醒人员及时采取应对措施。

可燃气体式火灾探测器利用其内部的传感器检测周围环境中的可燃气体及有毒气体,通过化学反应或物理效应将气体浓度转化为电信号。当检测到的可燃气体浓度超过报警限后,电信号转化为光电信号,发出声、光报警信号。

可燃气体式火灾探测器可以根据不同的分类标准进行划分:按检测原理,可分为电化学气体探测器、光学气体探测器、红外气体探测器和半导体气体探测器;按检测目标气体,可分为可燃气体探测器、有毒气体探测器、氧气探测器和多气体探测器;按使用环境,可分为民用、商用和工业两种类型。

### 7.2.3 微机控制的火灾自动监控系统

火灾报警一般采用总线制编码传输技术,这种新型的集中报警系统是由火灾报警控制器,区域显示器(如集控室或生活区显示屏),以及声、光报警装置,感温或感烟智能探测器(带地址模块),控制模块(控制消防联控设备)等组成的总线制编码传输型集中报警系统。

典型的总线区域火灾监控系统采用单片机技术,线制小,安装开通方便,在使用编码底座后可与智能型离子式感烟探测器、感温探测器、编码按钮等组成火灾自动监控系统。该系统主要由以下几个方面构成。

#### 1. 中央单元

中央单元为模块式结构,由几种功能不同的模块组成,可根据系统所需选用相应的模块,所有线路板安装在一个标准的框架中。中央单元由以下部分组成。

(1) 报警处理板。报警处理板是中央单元的核心部分,板内有一个内部和两个外部串行通信口。内部串行通信口用于接收来自探测环路接口板的信息,控制其相应动作。外部串行通信口用于和操作单元等通信。报警处理板可以通过继电器板完成相应的报警、控制功能,通过通信接口板实现与外部计算机、打印机等的串行通信,控制开关量输入、输出板完成相应功能。

（2）探测环路接口板。探测环路接口板用于与探测环路中的探测器通信并将探测器的状况传至报警处理板。每块板可连接两个探测环路,一个中央单元中最多可插入 95 块探测环路接口板。板上的多位开关用以设定其地址。

（3）继电器板。继电器板受报警处理板控制,驱动外部报警、控制设备,如通用报警系统警铃、防火门电磁铁等。板内有两路 DC 24 V/2 A 电源输出,三路 DC 24 V/2 A 有源信号输出,四路容量为 2 A 的继电器信号输出,两路以集电极开路形式输出的信号。

（4）通信接口板。通信接口板内有两个 RS-232 和两个 RS-485 通信接口,受报警处理板控制,用于与外部计算机、打印机通信。

（5）开关量输入板。开关量输入板可接收 24 路经光电隔离的开关量信号,受报警处理板控制。

（6）开关量输出板。开关量输出板可输出 24 路经光电隔离的开关量信号,受报警处理板控制。

（7）开关量探测器接口板。开关量探测器接口板用于连接由非智能型的开关量探测器组成的探测分路,每块板可连接四个分路。

（8）电源单元。电源单元包括整流电源和蓄电池,两路电源可自动切换。

**2. 探测环路**

在该系统中,一个中央单元最多可连接 190 个探测环路,每个环路中可安装 99 个模拟量探测器或地址单元。一个环路可覆盖船上几层甲板。因为中央单元和探测器之间的通信信号在发送和接收时受过特殊处理,所以对其电缆要求不高,采用一般的二芯非屏蔽船用电缆即可。

**3. 操作单元**

操作单元是操作者与系统进行人机对话的装置,其面板如图 7.5 所示。有火警时,左上角的火警大灯闪亮,其右侧的两组三位数码管分别显示报警的环路号和探测器号。操作单元右上方的液晶显示窗显示系统的信息,液晶显示窗下方的键盘用来输入操作者的各种控制命令,如设置日期、时间,设置某个探测器的灵敏度,在某段时间内关断某些探测器等。有的操作功能须输入相应的密码后才能实现,以避免非相关人员的误操作。当系统发生故障时,操作单元右下方的故障灯闪亮,其上方相应的发光二极管指示故障类型。

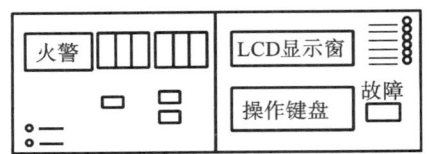

**图7.5 环路式火警装置操作单元面板图**

## 7.2.4 易燃气体探测系统

### 1. 易燃气体探测系统

滚装船、渡船等往往在货舱区域需要载运车辆,消防船有时需要救护油船,这些船及油船的货舱或船上某些舱室可能聚集较多易燃气体。通常可燃气体的密度比空气重,因此不容易驱散,在易燃气体的体积超过爆炸下限时,遇明火即可能产生爆炸或燃烧。为了检测这些舱室的易燃气体是否达到危险浓度,这些船上一般装有易燃气体探测系统,如图7.6所示。

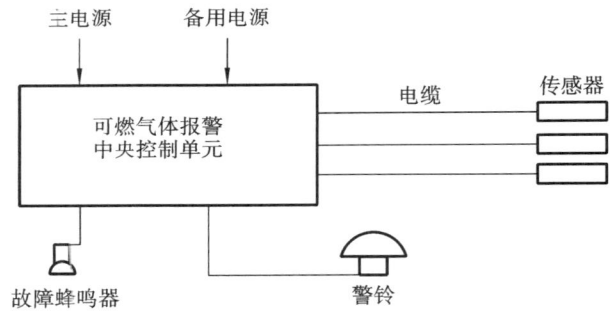

**图7.6 易燃气体探测系统示意图**

根据不同的化学和物理原理,检测易燃气体的方法有多种,具体如下。

(1)化学试剂法。将气体通过装有化学试剂的玻璃管,气体与管内试剂发生化学反应引起颜色变化,褪色的长度就是气体浓度的测量尺度。该方法测量较为精确,但显示管不能重复使用,适用于定点测量,不能进行连续监测。

(2)红外线/分光光度计层分离法。此方法可进行连续精确的测量,但价格较高,只适用于专业化工业分析。

(3)催化灯丝法。气体在催化性金属丝上反应燃烧导致温度升高,金属丝电阻随可燃气体浓度变化,但是催化性金属丝会受到惰性舱的惰性气体影响,不能提供可靠的读数。

(4)气敏半导体法。在易燃气体探测实际应用中,采用较多的是金属氧化物元件,又称气敏半导体,它是在铂丝上涂金属氧化物并在高温中烧制成的。气敏半导体品种很多,制成的气敏半导体元件按性质可分为 N 型和 P 型两大类。N 型气敏半导体元件在遇到敏感气体时,电阻值下降;P 型气敏半导体元件在遇到敏感气体时,电阻值上升。

**2. 本质安全型泵抽吸式探测装置**

在油船的实际应用中,大多数需要探测防护的场所,如货泵舱、管道等都是危险区域,要求探测装置为防爆安全设计,因此设备除了配有用于一般场合的探头,还有专门设计的防爆安全探头。

专门用于船舶、石油平台或其他工作生产现场对易燃气体进行连续探测报警装置可采用气敏半导体元件,配合设计合理的测量电路,性能稳定精确,操作简便可靠。下面介绍其构成内容。

1) 防爆安全探头(隔爆型)

外壳为尼龙材料,气敏元件置于不锈钢腔体内,由烧结金属粒子加以保护隔离(阻焰作用),构成防爆结构,即使烧结金属、金属网内气敏半导体及电器火花引起易燃气体爆炸,也不会使外环境易燃气体产生爆炸危险。

2) 本质安全型泵抽吸式探测装置

如图 7.7 所示,装置通过泵抽吸式设计达到本质安全的要求。泵箱置于安全区域,通过管道将危险区域内监测点的气体抽至泵箱内气敏半导体测量,再将此危险气体送回原处或在安全处排入大气。泵箱内设有管道堵塞监测线路,发生堵塞时会明确提醒。管道由安全区穿壁到危险区处安装阻焰器,不锈钢壳体内嵌装烧结金属,可有效防止火焰蔓延。

3) 循环监测的报警装置

除了对单个监测点进行连续测量的泵抽吸式装置,还有一种对多点(数十点)进行循环监测的报警装置。该装置可在设定的时间周期内完成对每个监测点抽吸气体并测量。为保证每个监测点在平均分配的测量时间内不因管道长度产生测量质量问题,每个监测点在测量抽吸前都应进行预抽吸,以得到最新的监测点样气。此外,每个在等待测量的监测点管道都应受到反压装置的保护,以防止吸入水或被杂物阻塞。中央测量装置中配有标准浓度样气,可随时校验设备。

在确定每个固定气体监测点时,除了应满足保护面积和间距要求,还应考虑拟载运货品的蒸汽密度、舱内各种构件的布置、空气进出口位置所形成的死角位置。应根据具体情况确定监测点布置的高低、间隔,尽可能将易聚集气体的死角部位置于有效监测范围中,做到更安全、可靠。

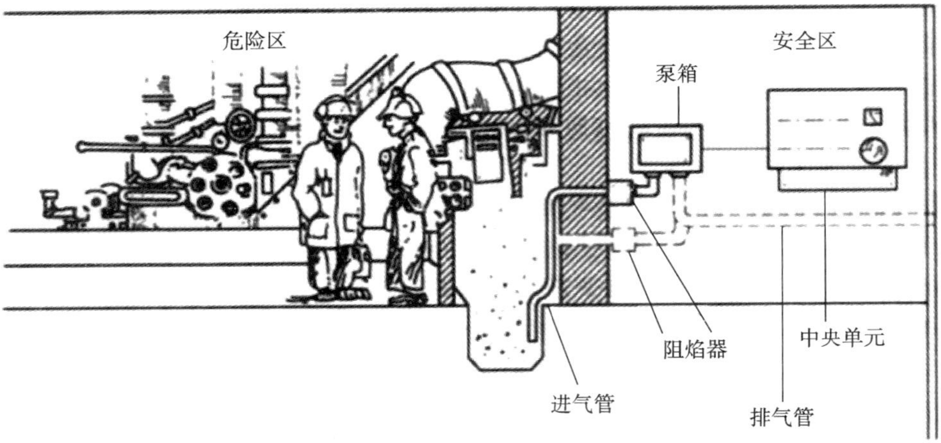

图 7.7　本质安全型泵抽吸式探测装置

## 7.2.5　火灾探测器的常见故障与处理

在火灾自动报警系统的实际运行过程中,中央单元很少出现故障,出现故障最多的是火灾探测器以及外围接线。火灾探测器的故障主要有漏报或误报两种情况:漏报指的是火灾已发展到应当报警的规模却没有报警;误报指的是没有发生火灾却发出了报警信号。

### 1. 漏报分析

感温式、感烟式和可燃气体式火灾探测器都是接触式探测器,只有当足够浓度或足够热的烟雾到达探测器所在位置时,探测器才能探测到并做出反应。假定探测器及线路没有故障,漏报往往是因为探测器没有探测到足够多的烟雾。例如,目前常用的感烟式探测器的监视舱室顶棚的高度一般不超过 10 m,当其附近起火时,火灾烟雾可在几秒钟内升到顶棚并迅速形成烟雾层,探测器能够起到及时发现火灾的作用。如果舱室的内部空间较大、较高,烟气到达顶棚的时间延长,而且由于卷吸空气的稀释,烟雾的浓度有所降低,等达到探测器的报警浓度时,火灾已经发展到相当大的规模。探测器离顶棚过近也会漏报警,如在夏季,环境温度较高可造成室内顶棚下的空气温度较高,会导致燃烧产生的烟雾无法到达顶棚(称为烟雾的热降)。为避免热降,感烟式探测器应与顶棚保持一段距离。又如,当室内有通风换气装置时,形成的强制空气流动会使烟雾偏斜,导致烟雾到达不了探测器的位置。

### 2. 误报分析

造成探测器误报有结构方面的原因,也有使用方面的原因。结构方面的原因主要与探测器的灵敏度有关,探测器的灵敏度过低会造成报警延迟,过高会产生误报,应当选择合适的报警范围。现在通用的探测器大都将灵敏度设为若干级:定温式探测器的一级灵敏度的动作温度为 62 ℃,二级灵敏度的动作温度为 70 ℃,三级灵敏度的动作温度为 78 ℃;感烟式探测器的一级灵敏度表示单位长度的烟雾减光率达到 10% 报警,二级灵敏度表示该减光率达到 20% 报警,三级灵敏度表示该减光率达到 30% 报警。

根据实际使用统计,使用不当引起火灾误报主要有以下因素。

(1)吸烟。这是大量事实证明的,房间顶棚较低而探测器的灵敏度较高时更容易发生。一个人吸烟即可干扰探测器的工作,三个人同时吸烟足以使探测器发出火警信号。吸烟过程多为阴燃,产生的烟雾颗粒较大,更容易使感烟式探测器误报。

(2)电气焊。在使用电气焊作业时,产生的大量烟雾很容易使火灾探测器发出火警信号。在机舱工作间以及修船厂修船时,船舶管理人员应特别注意。

(3)水蒸气。当室内的湿度较大时,水蒸气可进入探测器并干扰探测器的工作。水蒸气凝结在有关元件上,也会影响光线的发出和接收。室内水分过多主要有两种情况:一是室内存在水源或汽源,如有厨房、有洗衣间、房间漏水等;二是季节影响,如夏季,尤其是梅雨时节,容易出现室内湿度很大的情况。现在所用的大多数探测器适用于相对湿度低于 85% 的环境。

(4)小昆虫和蜘蛛网。为了让烟雾进入探测器内腔,通常会设置一些进烟孔,并在孔口加上丝网,其主要目的是阻挡昆虫进入,但孔口过小又会影响烟雾进入。综合考虑,目前常用的丝网孔径为 1.25 mm,可挡住大昆虫,无法挡住小昆虫和小蜘蛛。

(5)炊事。做饭时常产生大量烟雾,尤其是炒、蒸、熏时产生的烟雾量更大。这种烟雾中往往掺杂着油,对探测器的影响很严重。

(6)缺乏清洁。这个因素对探测器的影响是逐渐积累的。探测器长时间使用后,其内部总会积聚污染物,因此必须定期清洁。然而船舶管理人员并未重视这个问题,火灾探测器往往几年不保养,这就难免经常产生误报。

**3. 探测器常见故障处理**

(1)底座接线错误。探测器安装到天花板的底座上之后,报警控制器立即显示该区域报警,一般说明底座上的两条接线接反(无极性要求的探测器除外),要用万用表检查极性后换接。

(2)某区域误报警。火灾报警器显示某区域报警但该区域并无火情时,探测器故障,如场效应晶体管输入阻抗降低、镅 241 片剂量较低、晶闸管击穿等,应更换探测器。

(3)熏烟检查时对烟雾无反应。在进行定期的熏烟检查时,若对烟雾无反应,始终不报警,可能是场效应晶体管损坏,也可能是晶闸管或稳压二极管损坏。熏烟检查可用塑料管吹入香烟烟雾,用专用试验器检查更好。

## 7.2.6 典型火灾监控报警系统的常见故障与处理

### 1. 总线控制火灾监控系统的检修和调试

在火灾监控系统出现故障时,一般主要检查外围设备及线路,重点是所有火灾探测器、输入输出模块和探测总线。要确认没有短路,输入输出模块与受控设备的连线不应短接;要把探测总线连接到控制器的探测总线输出端,接通控制器电源,查看火灾探测器和输入输出模块是否全部登记。如果某回路探测器和输入输出模块全部登记,则该回路无故障。

如果某回路没有一个探测器或输入输出模块登记,用万用表测量控制器探测总线输出端电压应为 8~12 V,如果不在该范围内,把探测总线断开,再用万用表测量控制器探测总线输出端电压,如果测量电压仍为 8~12 V,则探测总线有故障,否则说明控制器已损坏。如果某回路只有部分探测器和输入输出模块登记,说明未登记探测器和输入输出模块有断线和重号等故障。如果登记的探测器和输入输出模块有报火警或故障情况,但探测器或输入输出模块所处位置没有火警和故障,则说明探测器和输入输出模块有重号故障。在火灾监控系统故障修复后进行系统调试时,应先确认所有火灾探测器和输入输出模块在系统内已登记,再在火灾报警控制器上对火灾探测器和输入输出模块进行编程。编程的操作步骤如下。

(1)选择物理号。物理号一般由四位数字构成,前两位表示探测器或输入输出模块所处的探测总线位置;后两位表示探测器或输入输出模块的编码地址。

(2)选择探测器或输入输出模块类型。在未选择类型前,所有探测器或输入输出模块预设为离子式感烟探测器,选择火灾探测器或输入输出模块类型就是使其类型与实际安装的类型一致。可供选择的类型有离子式感烟探测器、光电式感烟探测器、输入模块、光电复合探测器、离子式烟温复合探测器、区域显示器、感温式探测器、手动报警按钮、输出模块和消火栓报警按钮等。

(3)显示地址编程。输出模块显示地址一般编程为其控制的设备名称及所处位置,输入模块显示地址一般编程为其显示探测器或设备名称及所处位置,以便于查询。其他模块显示地址都编程为探测器所处位置,以便报警后迅速查找其位置。对于输出模块,还要进行后续的编程工作。

(4)模块位置编程。这一步只适用于输入输出模块,模块位置就是输入输出模块在联动面板的位置,为 0~599 的数字。

(5)联动逻辑关系编程。这一步只适用于输入输出模块,其联动逻辑关系按下列要求设计。

①任一消火栓按钮报火警启动消防泵,即启动消防泵的控制模块。

②任一水流指示器报火警启动喷淋泵,即启动喷淋泵的控制模块。

③任一区域有火警,启动相邻区域火警广播,即启动相邻区域控制火警广播的输入输出模块。

在对逻辑关系编程前,应检验输入输出模块是否正常工作。在联动面板上用鼠标启动所选定的输入输出模块时,模块上的指示灯应亮;把模块输入信号两端短路时,报警控制器面板上该块对应位置的灯应亮。如果在上述两种情况下灯不亮,说明模块或接线有故障。在调试时,输入输出模块的控制输出端不与受控设备相连;在系统调试完毕,须与受控设备实现联调时,输入输出模块的控制输出端与受控设备相连。反馈信号输入可一直与受控设备相连。

**2. 细水雾灭火系统常见故障及处理方法**

1) 细水雾灭火系统组成

细水雾灭火系统主要由三大部分组成,即本地控制部分、货控室部分、驾驶台显示面板部分,如图 7.8 所示。

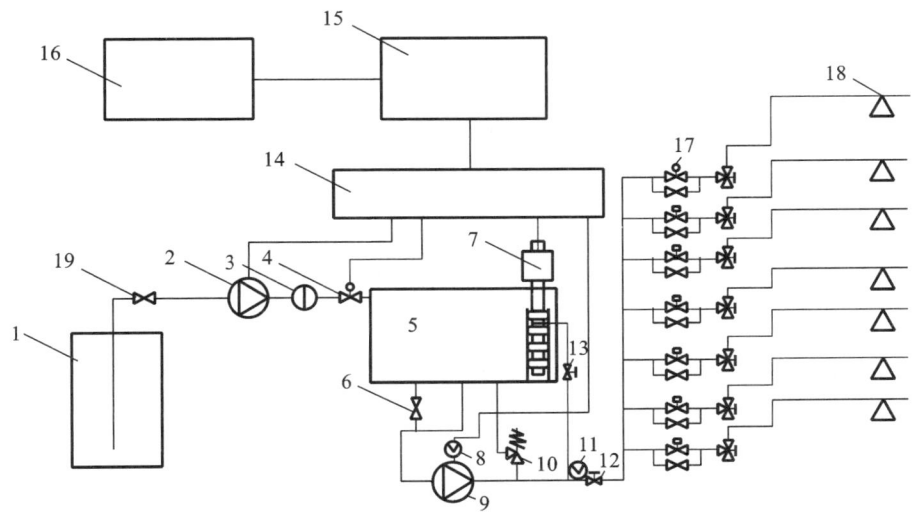

**图 7.8　细水雾灭火系统**

1—淡水舱;2—淡水给水泵;3—滤器;4—单向阀;5—淡水柜;6—泄水阀;7—液位指示计;

8—电动机;9—高压淡水泵;10—安全阀;11—压力表;12—主隔离阀;13—淡水管;14—本地控制箱;

15—货控室控制箱;16—驾驶台显示面板;17—分区电磁阀;18—分区喷嘴;19—进水阀

本地控制部分由本地控制箱、淡水舱、进水阀、淡水给水泵、滤器、单向阀、淡水柜、液位指示计(高位指示、低位指示、低低位指示、最低位指示)、泄水阀、高压淡水泵、压力表、主隔离阀、安全阀、分区电磁阀、分区喷嘴组成。

货控室部分主要由货控室控制箱组成,可以实现对各分区域的遥控释放,使船舶火灾系统的信号进入细水雾灭火系统。

驾驶台显示面板部分主要是显示机舱各区域的释放情况。淡水从左、右淡水舱经进水阀进入淡水给水泵,然后经滤器、单向阀进入淡水柜,当淡水柜的水位达到低位指示水位以上时,七个区域(主机区域、1号发电机、2号发电机、3号发电机、焚烧炉区域、分油机区域、锅炉区域)中的任意一个区域动作后,高压淡水泵启动,高压淡水经过各区域电磁阀后,通过喷嘴释放进行灭火。此时,货控室控制箱及驾驶台显示面板上同时显示释放区域,并分别给出报警指示。

2)细水雾灭火系统常见故障及处理方法

该系统常见故障及处理方法归结为以下六个方面。

(1)淡水舱内没有水流或水流偏少及其处理。

在淡水给水泵启动后,若淡水舱内没有水流或水流偏少,应该立即按下应急停止按钮,检查从淡水舱到淡水给水泵的进水阀是否打开或完全打开,若没有打开或没有完全打开,应立即完全打开进水阀。为了避免此故障出现,在系统通电之前,应打开淡水给水泵的放水旋塞,若有大量水流出,意味着此环节正常。

检查与淡水给水泵相连的电动机的转向是否正确。淡水给水泵由六个普通的离心泵串联组成。离心泵旋转有方向,若反向旋转,离心泵就会不出水或仅有少量水流出,导致与淡水给水泵相连的电动机处于过载状态,电流过大,使本地控制箱内电动机的熔丝被烧坏。所以通电后应先检查与淡水给水泵相连的电动机的旋转方向是否正确,若旋转方向为反向,应立即调整;高压泵亦如此。淡水舱内没有水流或水流偏少的另外一个原因是滤器或单向阀的方向安装反了。

(2)主隔离阀容易出现的故障及其处理。

淡水经过高压淡水泵加压通过主隔离阀后到达各分区电磁阀处,在调试本地控制箱的过程中应该把该阀关闭,使限位开关处于断开的状态,目的主要是在没有真正确认各分区电磁阀是否好用之前,防止高压淡水直接喷淋到各分区域,造成未保护设备损坏。该处限位开关的接线点处有常开触点和常闭触点,可根据不同的系统选择不同的触点。该系统应该接在闭合触点处。

(3)高压淡水泵出口处压力表的损坏及处理。

在调试本地控制箱时,由于从高压淡水泵出口到压力表的细小管路里存在少量空气,若在关闭旁通阀后直接启动高压淡水泵,压力表在少量高压空气的冲击下极易损坏。

所以在实验前必须使旁通阀处于打开状态,在本地控制箱上手动启动高压淡水泵,使其在旁通阀旁通状态下运转 2～3 min,确保与压力表相连的细小管路里的空气被除去,再关闭旁通阀,手动启动高压淡水泵,检验高压淡水泵出口压力。

（4）各分区声、光报警器和电磁阀不正常及处理。

此系统各分区声、光报警器和电磁阀均为 DC 24 V,所以一般情况下只要对调声、光报警器和电磁阀电源的正负极就可以解决问题。但油漆间分区的电磁阀接线方式有别于其他六个分区,该分区的电磁阀接线不是接在外面的接线盒内,而是从电磁阀直接接到本地控制箱内。这部分接线很容易被误接到淡水给水泵的电磁阀处,而且很难从外观上查找出来。另外,各分区电磁阀下面有手动释放开关,在正式进行喷淋之前,应该多次手动打开和关闭手动释放开关。因为新船在建造的过程中,部分管路里面存在少量铁屑等杂质,它们很容易卡在电磁阀的阀芯处,使电磁阀失去原有的功能,致使高压淡水直接喷淋到各分区。

（5）本地控制箱与货控室的通信不正常及处理。

系统货控室内的通信线和电源均来自本地控制箱。对于通信线,船厂提供了白 1 黑 1 和白 2 黑 2 的通信线,在连接通信线时只用确保线的颜色和线号正确;电源线为红、棕、黑三色,由于某些人为的原因,在货控室内的电源线往往是多根型号不同的线,此时应该用万用表查线。另外,在通电前应该把货控室内的电源线断开,等通电后用万用表分清正负极后再连接。因为货控室内的电源都是 DC 24 V,当设备的电源正负连接不正确时,会对设备造成损害。

（6）喷嘴堵塞及处理。

由于各被保护区域的面积不同,系统在各区域有不同数量的喷嘴,特别是主机区域:主机扫气箱正上方有六个大喷嘴,每个大喷嘴由三个小喷嘴组成;透平和烟囱处各有一个大喷嘴;主机倒数第二层有七个小喷嘴。主机倒数第二层是系统的最低处（管系内的脏东西由于重力的作用聚集于此）,是系统最容易堵塞的地方,所以在系统每次出水之前,应先把七个小喷嘴拆卸下来,用高压淡水冲大约 1 min 后再安装,可以确保喷嘴不堵塞。

# 7.3　船舶机舱监测与报警系统

船舶机舱监测与报警系统是轮机自动化的重要组成部分。它能准确可靠地监测机舱内各种动力设备的运行状态及运行参数。对于无人值班机舱,集中监测与报警系统能把报警信号延伸到驾驶台、公共场所、轮机长及值班轮机员的住所。

### 7.3.1 监测与报警系统控制单元

监测与报警系统由三大部分组成,分别是分布在机舱各监测点的传感器,安装在集中控制室内的监测屏和控制柜,安装在驾驶台、公共场所、轮机长和值班轮机员住所的延伸报警箱。机舱监测与报警系统主要由分布在机舱的各种传感器、报警控制单元、警报器控制单元、闪光源、自检单元、显示单元、打印记录单元、延伸报警控制单元、3 min 失职报警控制单元、延伸报警箱、主电源和应急电源组成。机舱内的各种传感器用来检测各监测点的参数。传感器是监测与报警系统的信息获取装置,可分为模拟量传感器和开关量传感器两大类。模拟量传感器把被测参数变换成连续变化的电信号(模拟量信息),适用于既要监测运行设备是否正常,又要随时显示各监测点参数的情况。开关量传感器把被监测参数是否越限变换成触点的断开或闭合(开关量信息),仅适用于监测运行设备是否正常,而不能用于参数的显示。

监测与报警控制单元又可分为开关量报警控制单元、模拟量报警控制单元和延伸报警控制单元,具体内容如下。

**1. 开关量报警控制单元**

开关量报警控制单元由输入回路、延时环节和逻辑判断环节组成。输入回路较简单,主要将开关量传感器给出的触点开闭信息转换成相应的故障电平(0 或 1)或者在接收到"试验"信号后输出故障电平,以模拟监测故障。延时环节用来延时故障输出电平,完成延时报警功能,以避免误报警。逻辑判断环节是控制部分,常由门电路和触发器组成(或者由继电器组成),主要完成逻辑运算和状态记忆。逻辑判断环节根据延时后的开关量传感器的状态信息、报警闭锁信息及消闪指令信息进行逻辑判断,以控制故障指示灯、启动声响报警、输出分组延伸报警及控制故障打印。逻辑判断的工作流程如图 7.9所示。

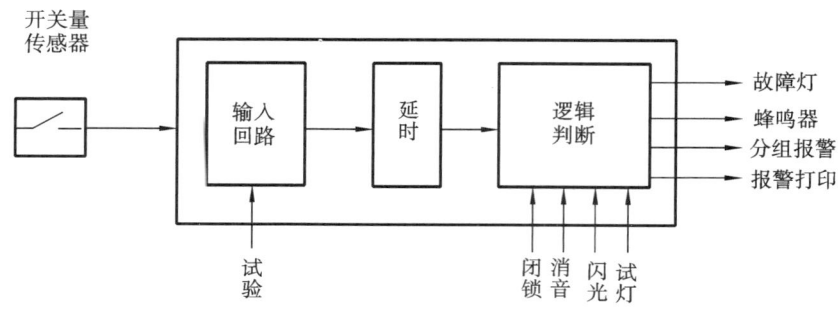

**图 7.9 逻辑判断的工作流程**

在监测点参数处于正常范围时,开关量传感器的触点闭合,输入回路不输出故障电平,此时故障指示灯处于熄灭或微亮状态,并且不启动声响报警、分组报警及故障打印。这时若按"试灯"按钮,故障指示灯亮,否则表示故障指示灯损坏,应更换。当监测设备故障、相关参数越限(超出正常范围)时,开关量传感器触点断开,输入回路输出故障电平,经延时环节输出至逻辑判断环节。

逻辑判断环节在无报警闭锁的情况下有以下几种。

①控制故障指示灯间断闪亮,进入快闪状态。

②发出声响报警启动信号至警报器控制单元,使机舱内的警笛响、警灯闪烁、集控室内的蜂鸣器蜂鸣,进入声响报警状态。

③在机舱无人值班的情况下,输出分组报警信号至延伸报警控制单元,由延伸报警控制单元归类分组后把机舱报警延伸至驾驶室监测屏、公共场所、轮机长及值班轮机员住所,实现分组延伸报警。

④对重要监测点输出故障打印触发信号至故障打印控制单元,自动打印故障日期、名称及内容。整个系统进入故障报警状态,同时启动 3 min 失职报警计时。

开关量报警控制单元工作流程如图 7.10 所示。

值班轮机员在获悉机舱故障报警时,按延伸箱的应答按钮,使延伸报警声停止。延伸箱应答不能使机舱报警声停止,也不能复位 3 min 失职报警计时,因此,值班轮机员必须在 3 min 以内到达集控室,按消声应答按钮,在停止声响报警的同时复位 3 min 失职报警。

报警控制单元仅用来启动声响报警,声响报警控制单元被启动后,将记忆这个状态,直至接收到消声信号,才复位记忆单元、停止声响报警,因此,消声信号仅作用于声响报警控制单元,而不影响报警控制单元。因此,值班轮机员必须根据故障指示灯的闪烁情况,了解设备故障内容,然后按"消闪"按钮。逻辑判断环节在接收到消闪信号后,根据传感器状态,使故障指示灯从快闪状态切换成常亮状态,并保持此记忆故障状态直至故障排除;监测点参数恢复正常后,传感器触点重新闭合,逻辑判断环节使故障指示灯从常亮状态切换成熄灭状态。若在值班轮机员消闪前,监测点参数因自动切换作用已经自行恢复正常,传感器触点重新闭合,逻辑判断环节将自动控制故障指示灯从快闪状态切换成慢闪状态,以记忆原报警状态,进入短时故障报警状态。这时若按下"消闪"按钮,故障指示灯将熄灭,回到正常状态,但这并不意味着故障设备的故障已排除。因此,轮机员必须及时修复故障设备。

**2. 模拟量报警控制单元**

模拟量报警控制单元主要由测量回路、比较环节、延时环节、逻辑判断环节和显示及

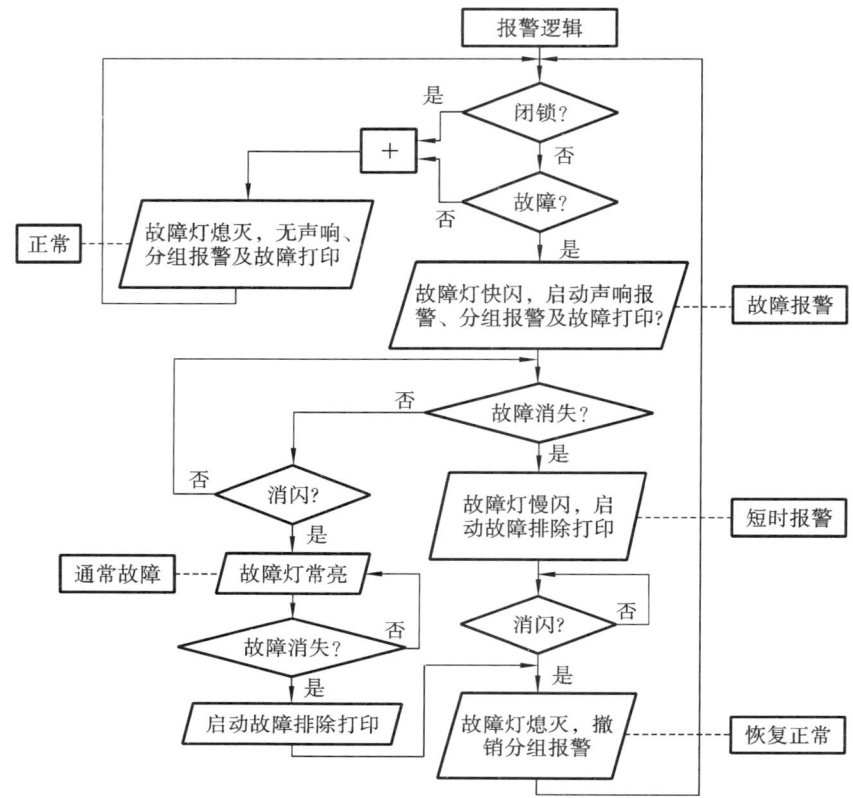

**图 7.10　开关量报警控制单元工作流程**

其识别环节组成,如图 7.11 所示。

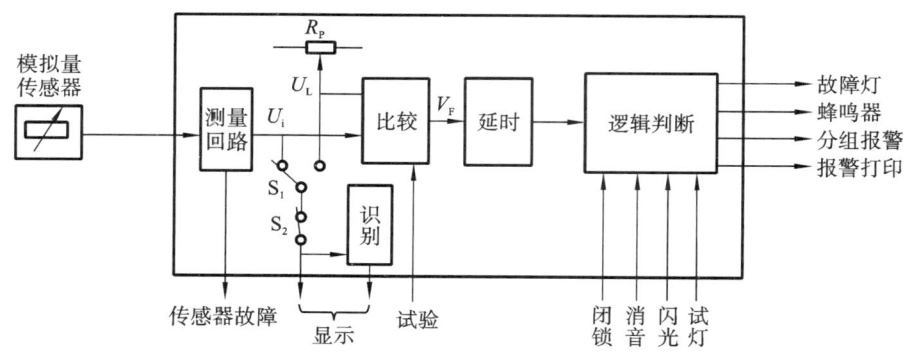

**图 7.11　模拟量报警控制单元示意**

$V_F$—正向电压;$S_1$、$S_2$—开关;$R_P$—设定电位器电阻;$U_L$—报警值;$U_i$—测量值

测量回路用于把模拟量传感器发送的模拟量信息(如热敏电阻的阻值)变换成相应

的电压信号,作为监测点参数的测量值 $U_i$,并在模拟量传感器开路或短路时(其测量值超出正常测量范围)向自检单元发送传感器故障信号,使控制系统进入系统故障报警状态。

比较环节用于故障鉴别,它将测量值 $U_i$ 与报警电位器设定的报警值进行比较。若越限,比较环节输出故障电平至延时环节。比较环节常由比较器报警值设定电位器及上限报警与下限报警跨接线组成。设计中,上限报警电路与下限报警电路相同,不同之处在于跨接线的接法,如图 7.12 所示。若设比较器输出 $V_F=1$ 表示故障电平,上限报警把跨接线分别接在 a 与 b 和 c 与 d 之间。于是,当测量值 $U_i$ 小于设定电位器电阻 $R_P$ 所设定的报警值 $U_L$ 时,$V_F=0$,表示正常;当 $U_i>U_L$ 时,比较器翻转,$V_F=1$,输出故障电平。因此,调整 $R_P$ 即可改变报警值 $U_L$。调整时,同时按下开关 $S_1$ 和开关 $S_2$,使显示仪表显示报警值,然后用螺钉旋具插入面板上的小孔调节报警值设定电位器电阻,使读数调至所需。另外,系统的功能试验、信号试验也在比较环节。功能试验时,试验输入高电平,使比较器翻转,输出故障电平($V_F=1$),以模拟监测点参数越限。

显示及其识别环节通过操作面板上的 $S_1$ 和 $S_2$ 选择测量值或报警值显示,同时向显示单元发出相应的显示识别信号。在机舱监测与报警系统中,各模拟量监测通道的测量回路都是将监测参数转换成统一的电压信号:主机气缸套冷却水温度监测通道把 0～100 ℃的温度信号转换成 1～5 V 的电压信号;主机排烟温度监测通道把 0～1000 ℃的温度信号转换成 1～5 V 的电压信号。因此,为确保显示值与实际测量值相符,通常在送出显示信号 $U_i$ 或 $U_L$ 的同时,识别环节发送表示本通道的量程识别信号、正负号识别信号、小数点识别信号以及单位量纲识别信号,以使显示单元能正确选择相应的量程系数、正负号、小数点位数和显示参数的单位。

模拟量报警控制单元中的延时环节和逻辑判断环节与开关量报警控制单元中的相应环节完全相同,但不是所有的模拟量报警控制单元都设置延时环节,延时环节仅用于需要延时报警的监测通道。

### 3. 延伸报警控制单元

机舱无人时,故障报警系统的分组单元以及集控室值班报警系统的显示操纵部分把故障报警信号(分组报警信号)通过集控室的接线传送到各处:驾驶室操纵台上值班报警系统的显示操纵设备;轮机长住所和公共场所的显示操纵设备;值班轮机员住所的显示操纵设备。

值班报警系统的工况可以根据船舶是否航行以及机舱是否有人值班等情况,由轮机值班人员通过设在集控室操纵台上的选用切换开关进行确定。

图 7.13 所示为值班报警系统切换电路。$SC_A$ 为机舱是否有人的切换开关:在机舱有人的情况下,应置于 I 位;机舱无人时,要考虑船舶航行的情况,船舶在港口停泊时应

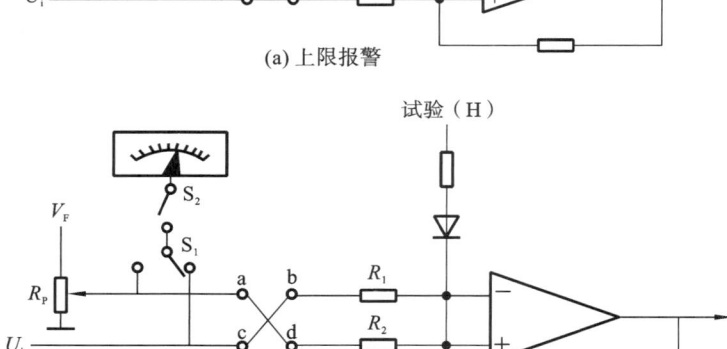

**图 7.12　模拟量报警控制单元比较环节**

$V_F$—正向电压；$S_1$、$S_2$—开关；$R_P$—设定电位器电阻；$U_i$—测量值；$R_1$、$R_2$—电阻

把 $SC_A$ 置于 II 位，船舶在海上航行时应把 $SC_A$ 置于 III 位。$SC_B$ 为值班轮机员选定开关，系统设计可以提供多个值班选用位置，我国一般设计有三名，即大管轮、二管轮和三管轮，其余的可留作备用。

$SC_A$、$SC_B$ 切换开关三种选择的线路变化情况如下。

1）轮机员在机舱值班

不论船舶处于停泊还是航行状态，值班轮机员在机舱值班时，可以通过设在集控室的故障报警系统监测机舱内各种设备的运行情况，不必启用值班报警系统。在这种情况下，切换开关 $SC_A$ 置于 I 位，驾驶室值班显示操纵部分的"机舱有人"指示灯以及集控室"I（机舱有人）"指示灯常亮。这时，值班轮机员选定开关 $SC_B$ 不论处于什么部位都不起作用。

2）船舶在港口停泊，值班轮机员不在机舱

切换开关 $SC_A$ 应置于 II 位，值班轮机员选定开关 $SC_B$ 应置于值班轮机员的位置上。轮机长住所以及公共场所"值班报警系统投运"指示灯都应常亮，表示机舱内无人。在集控室，值班系统工况指示灯 II 切换成常亮。

由选定开关 $SC_B$ 确定值班轮机员：若处于在"大管轮"位置，大管轮住所操纵显示屏

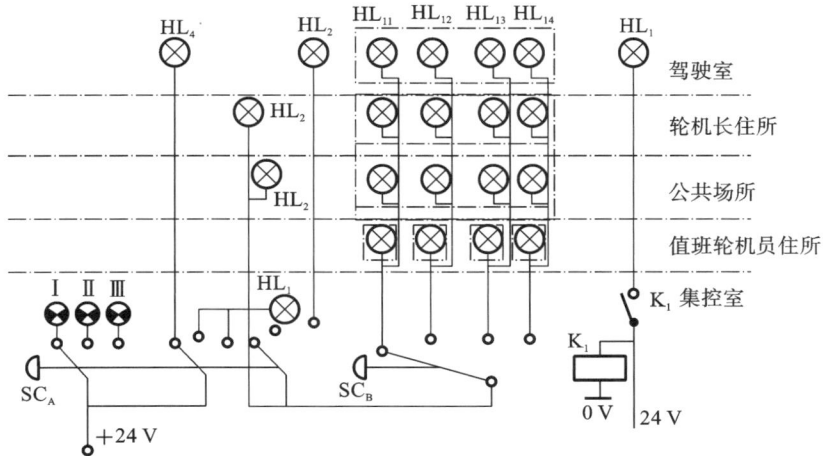

**图 7.13 值班报警系统切换电路**

$K_1$—故障报警系统电源是否正常的指示继电器;

$HL_1$、$HL_2$、$HL_4$、$HL_{11}$、$HL_{12}$、$HL_{13}$、$HL_{14}$—指示灯;$SC_A$、$SC_B$—切换开关

上的指示灯显示值班灯光,驾驶室、轮机长住所及公共场所的显示操纵单元的指示灯也显示大管轮当班。

3) 船舶在海上航行,值班轮机员不在机舱

切换开关 $SC_A$ 应置于Ⅲ位,值班轮机员选定开关 $SC_B$ 应置于相应轮机员的位置上。指示灯的符号联系与上述第二种情况大致相同,只是驾驶台部分"值班报警系统投运"指示灯常亮,提示值班驾驶员对值班报警系统的报警指示要多加注意。

## 7.3.2 微机型机舱监测报警系统常见故障与处理

### 1. 微机型机舱监测报警系统基本组成

1) 微机

微机是系统的核心部件(包括 CPU 和存储器等重要部件),在控制程序的支持下实时采集输入接口送来的信息,并不断通过输出接口送出显示和报警信息。

2) 开关量输入接口

开关量输入接口的功能是将开关量传感器、控制台和控制箱上的开关状态输入计算机。

3) 开关量输出接口

开关量输出接口的功能是接收计算机输出的控制量(二进制数)并将其送往相应的显示与报警装置。

4）模拟量输入接口

模拟量输入接口的功能是将模拟量传感器送来的模拟量信号转换成数字量送入计算机。多路模拟量信号通常经多路开关选送到共用的 A/D（analog/digital，模拟信号/数字信号）转换器中转换成相应位数的二进制数送入计算机。该接口也称为 A/D 转换接口。

5）模拟量输出接口

模拟量输出接口的功能是将计算机送出的数字量转换成相应的模拟量信号（如电流或电压信号），并将其送往相应的模拟量输出设备（如指示仪表）。通常，每路模拟量输出设备都独自使用一个 D/A 转换器，所以，该接口也称为 D/A 转换接口。

6）传感器

传感器是用来检测被测对象状态和参数的感受元件。模拟量传感器（如 PT100 或热电偶）用来感受温度高低，开关量传感器（如温度开关）用来感受温度正常还是越限等。

7）光隔离环节

光隔离器是把两部分电路用光/电的形式联系起来，使它们之间没有直接的电的联系，从而使一部分电路的故障源不会蔓延到另一部分电路中。

**2. 微机监测与报警系统的故障诊断**

在微机监测与报警系统中，监测系统的任务是不断采集来自现场的描述被监测对象运行状态的有关信息，并不断对这些信息进行处理、显示，在必要时发出报警信号，以达到预期的监测目的。

1）故障分类

（1）按故障类型分类。

故障按故障类型分为软件故障和硬件故障。

软件故障：系统程序和用户程序错误、有漏洞等造成的控制错误或死机；用户程序中的数据丢失造成的控制异常等。

硬件故障：参数故障，元件参数变化或超出允许范围而出错；逻辑故障，逻辑电路出现永久性逻辑。

（2）按故障持续时间分类。

故障按故障持续时间分为暂时性故障和固定性故障。

暂时性故障：故障持续时间短，有时能自动恢复，有时故障后经再启动指令复执或程序卷回故障现象便自动消除。这类故障无须修理。在系统故障后，应通过再启动等方法判断是否为暂时性故障，不要急于修理。

固定性故障：故障后经重新启动等故障现象仍重复出现或仍持续存在。这类故障可通过诊断程序等进行故障定位。

（3）按故障的影响面分类。

故障按故障的影响面分为系统性故障和局部性故障。

系统性故障：影响整个系统的故障。系统性故障往往引起程序中断、运行中故障停机、系统不能启动或永不停机等。这类故障多发生在微机的核心部件或内层接口部件上。

局部性故障：仅影响局部的故障。这类故障出现时，一般不会引起程序中断，整个系统可以继续运行，但局部系统工作错误，局部控制失灵，如不尽快修复，可能会引起故障的扩大和蔓延，严重时也会导致程序中断。

2）微机监测与报警系统的自诊断功能

微机监测与报警系统的自诊断功能与其监控功能同等重要。微机监测与报警系统的自诊断功能分为在线自诊断功能和离线自诊断功能。

（1）在线自诊断功能。

在线自诊断是指微机系统在运行系统程序的同时，定期或随时插入运行某些系统故障诊断的诊断程序，发现故障时能及时给出故障指示或故障信息等。

通常，微机系统给出的故障信息有以下几种形式。

①故障指示灯。控制面板上或印制电路板上装设一些指示灯，用这些指示灯表示不同的故障内容，如 CPU 故障指示、RAM 故障指示、ROM（read-only memory，只读存储器）故障指示、A/D 故障指示等。

②故障代码和故障信息。显示屏和打印机上显示和打印若干个故障代码和故障信息，不同的系统能显示和打印的故障代码和故障信息的数量不同（几十个或几百个），故障信息的详细程度和准确程度也大不相同。

③故障的图形显示。整个系统的硬件结构图形显示在屏幕上。在正常情况下，系统中的每个部件都以正常的颜色（绿色）显示；当某个部位或部件故障时，该部位或部件的颜色会变为红色且闪光，用鼠标单击闪光的部位，屏幕上便会显示出详细的故障信息，同时给出适当的处理意见。

④故障信息库。有的系统除了显示上述诊断信息，还能将故障资料保存起来，建立有效的故障信息库，为智能式故障诊断软件提供有用的故障分析资料，逐步修正和增强系统的自诊断和自修复能力。

在线自诊断系统给出的故障诊断信息仅给出故障的大概部位，有时也可能给出错误的信息，在实际排除故障时，要根据在线自诊断信息给出的提示，进行全面分析、反复试验，最终确定故障部位。

（2）离线自诊断功能。

离线自诊断是指在停止系统程序的情况下仅运行诊断程序的自诊断功能。这种自诊断功能能对微机系统进行比在线自诊断更加细致的故障诊断。

①系统开机时的自诊断程序。开机自诊断程序主要检查 CPU、存储器和所连接的 I/O 重要设备。这种诊断是一种简要的诊断，往往诊断不到某些细节的故障。大多数系统具有这个功能。

②系统投入运行前的检验程序：典型的检验程序，如主机遥控系统的模拟实验功能、冷藏集装箱的预检功能等。这些检验程序的启动和进入大都通过某些功能按钮的操作才能实现。

③外置的检验程序。有些系统为对存储器、CPU 等重要部件进行特别细致的检验，专门准备了功能强大的检验程序，为了节省空间，常常将这些程序存放在软盘或光盘中，使用时临时安装运行。

离线自诊断结果的准确程度较高，其诊断信息比在线自诊断准确和详细得多。

**3. 微机监测与报警系统的常见故障处理**

1）引起程序中断或停机的故障

在运行中出现程序中断或停机故障可能会有两种情况。

（1）还没来得及给出任何故障信息，系统就完全不能运行，键盘、鼠标、显示器和打印机等都无反应。这种故障可能是电源故障，特别是微机系统电路板上集成电路芯片电源故障。鉴别和排除此类故障的方法是检查交流、直流电源指示灯和电源熔丝的状态，重新加电试验，必要时更换直流电源。

（2）打印机和显示器上给出故障信息，但对各种设备的操作和控制都失效。这种故障一般发生在 CPU、存储器等微机核心部件上，管理维修人员应依据打印或显示的故障信息进行灵活的分析后排除故障。

系统给出的故障信息来自系统中装设的故障诊断硬件和软件，可以肯定地说，既然给出了故障信息，那就肯定有类似的故障发生，只是不一定和故障信息中描述的完全一样，有时也可能是完全错误的。所以，当按照故障信息提示处理故障后，若故障现象依然存在，就应该把故障范围从故障信息中给出的故障点向内或向外延伸扩大，直至从中找出故障的电路板或部件。

如果始终不能找到确切的故障部位，应试着启动有关的离线自诊断程序，对系统有关重要部位（存储器等）进行细致的故障诊断。

2）不引起程序中断但能给出故障信息的故障

不引起程序中断但能给出故障信息的故障主要指发生在 I/O 设备和 I/O 接口上的

故障。这类故障发生时大都会打印或显示出相应的故障信息和出现局部控制异常,但系统程序仍能继续运行。

这类故障发生后,应先根据故障信息给出的提示查找有关的图样资料,确定可能发生故障的电路板板位,然后进行换板试验。例如,故障信息为某种 A/D 故障时,管理人员应根据该故障信息,查找这种类型 A/D 转换板的插座位置和更换电路板等。通常生产厂家为用户提供的有关资料主要有中央系统及 I/O 接口电路板插座位置布置图和 I/O 地址编码表。以上资料对查找故障板位、更换插板和修理电路板等工作都十分有用。

如果系统提供的故障信息有错误,管理人员应根据系统知识和自己的经验,利用插座位置布置图和 I/O 地址编码表,采用插拔法和交换法确定故障板位和排除故障。

3) 不引起程序中断也不给出故障信息的故障

由于软件、硬件的限制,故障检测系统检测不到的元部件很多,如微机主体、内层部件以及 I/O 接口电路板上都有很多这样的元部件。这些检测不到的元部件引发的故障,有时会很难诊断和处理。这类故障发生后,一般短时间内不会引起程序中断。故障的排除全凭管理人员的系统知识和维修经验,通常采取以下方法进行故障处理。

(1) 模块分割法。模块分割是在维修人员头脑中进行分割,它建立在系统分析的基础上。当维修任何一种部件时,应该首先怀疑那些最可能出现故障的模块。检查的思路是从模块入手,当一个模块被确认无故障时,再查下一个模块,对具体模块采用不同的诊断方法。反复运用模块分割法,将无故障的模块从有疑点的模块中分离出来,逐渐缩小故障点范围,直至找到故障点。

(2) 分析法。对故障现象进行系统的分析,确定故障类型,预测故障范围。利用系统图样、I/O 地址编码表和系统维修手册等资料,确定故障点或故障电路板板位。

(3) 插拔法。插拔法即通过拔除和插入有关电路板来确定故障部件的方法。插拔法适合诊断系统死机及任何显示也没有等故障。出现这类故障时,应把整个微机系统缩小到最小单元。使用插拔法不是盲目的,而是在进行了初始诊断和具体分析之后才有目的地使用插拔法,如果盲目地插拔,不但不能排除故障,还可能导致故障扩大或产生新的故障,特别是插拔电路板时没有放掉人体静电或没有关掉电源很可能产生新的故障。

(4) 交换法。交换法是用相同的插件、部件或器件进行交换,观察故障的变化。显而易见,如果故障消失,说明换下来的部件是坏的;如果故障未消失,说明故障与部件无关。交换可以是部件级的,也可以是芯片级的。交换法应以具备两个或以上相同规格的组件为前提条件。

4) 开关量报警控制单元故障

检查报警系统是否正常,可把试验开关置于"试验"位置,输入回路接收到"试验"信号后,即刻输出故障电平,以模拟监测点参数越限、传感器触点断开。因此,经延时后逻辑判断环节将进入报警状态,否则说明该报警通道的报警控制单元有故障或该报警通道的报警被闭锁,利用"试验"开关可进行通常故障报警试验,也可进行短时故障报警试验。当报警系统故障时,可借助功能试验来查找故障的部位。若把功能试验开关置于"试验"位置,某监测通道不能进入报警状态,可能是该通道的报警控制板有故障,可利用更换备件板或交换插板的方法来确定故障部位。更换插板时必须注意,不同类型的报警插板不可乱换,乱换插板可能使系统不能正常工作,甚至使系统或插板损坏。同类型的插板一般可互换,对于开关量报警单元,在非液位监测中可直接互换;在液位监测中应重新调整其延时报警的延时时间,使之符合液位监测的延时要求。

5)模拟量报警控制单元故障

在处理模拟量报警控制单元常见故障的过程中,通过"试验"开关判断故障方法与开关量报警控制单元常见故障处理方法基本相似。更换模拟量报警板时,应做如下适当调整。

(1)保证更换插板后上限报警或下限报警的形式不变,即检查插板上的上限报警、下限报警跨接线是否一致。若不一致,应调换跨接线,使其一致。

(2)保证更换插板后送到显示单元的显示识别信号不变,即检查插板上的显示识别发送电路,确保各开关位置或接线一致、相关电阻的阻值一致,否则会出现显示混乱的现象。

(3)保证更换插板后输入测量电路的零位和量程不变,可通过按测量值显示按钮观察显示值与实际值是否相符。若显示值与实际值不符,可通过零位和量程调整使其一致。

(4)保证更换插板后的报警值不变,可通过按报警值显示按钮从显示读数上比较确认。若与原报警值不同,可相应调节报警值设定电位器。

## 7.3.3 监测与报警系统的维护与效用试验

### 1. 监测与报警系统的维护

由于监测与报警系统是对机舱的主要设备运行参数进行检测,报警装置必须测量准确、报警可靠。因此,监测与报警系统应进行日常维护保养,其内容和要求如下。

(1)在航行时,对该装置每天至少进行一次试验。装置上一般设有试验按钮,可通过该按钮进行试验,要求灯光信号可靠、音响装置有足够的音量,否则应及时修复。如果计算机控制系统有自检程序,可以每时每刻进行自检,这样可不用再进行上述试验。

(2)定期(每三个月一次)检查下列内容。

①检查外电路的温度、压力、液位等传感器工作情况能否正确反映它们的变化;检查这些传感器的微动开关的动作准确性、灵活性,特别是微机控制系统的开关量的微动触点两端并联的高阻电阻是否完好。

②清除测温元件护管外的积垢,保证感温元件与被测物体紧密接触,保持被测物表面光洁。

③检查各检测元件、继电器等的整定值是否符合技术要求。

④检查各信号传输线屏蔽是否完好,是否破损、紧固;严禁把传输线敷设在电力电线附近,以防止工频(50 Hz、60 Hz)干扰。

⑤检查各报警器功能、消警功能、打印机的自检功能。

**2. 机舱检测报警点的效用试验**

机舱检测报警系统在新造船的航行试验、营运船舶大修后都须进行效用试验。

1) 试验注意事项

(1) 检测点的试验必须在机舱检测报警系统线路安装(或大修)结束后进行。

(2) 在做检测点试验之前,集控台监测系统的自检程序应该先运行结束,以保证对设备的监控检测的正确性。

(3) 对被检测设备运行有影响的检测点应该优先分批试验,如发电机的燃油柜液位检测点应在发电机运行前进行试验。

(4) 全封闭设备的检测点应该在安装之后、封闭之前进行试验,以免以后无法进行试验。

(5) 对系统综合报警检测点的试验一般在系统试验中做。

(6) 当进行集控台检测报警点试验时,应该注意检测元件动作参数的准确数值、安装在设备上的位置和报警状态。

(7) 对于可以调整的检测点,试验结束后应该立即锁住,以免因误操作而改变。

(8) 对检测中有疑问的数据,应及时汇集设计人员、船东、验船师的意见进行修改,修改后应有文字记录,以备后查。

2) 系统试验方法

监测报警系统的供电方式应该是双电源供电。当主电源失电后,应能自动转接到独立的备用电源,并同时发出警报;备用电源的容量应该至少能维持供电 15 min。为保证应急供电,平时应对备用电源实行监控;备用电源失电时,必须发出警报。

监测报警系统的自检:当报警系统自身发生故障时,应及时发出警报。自检系统应能及时指明故障部位并报警。

报警的声响和视觉信号均应符合船级社的规范要求。当报警应答后,应可以消音,但光信号必须一直保留到故障消除。报警消音后,闪光信号可以转为平光信号。报警信号应发送到值班轮机员住所、驾驶室和轮机员常滞留的场所(如餐厅、休息室等)。报警信号应与集控台检测报警点一致。当轮机员应答后,机舱应有显示。较先进的显示方法是呼叫后轮机员未做应答时,能将报警信号自动转到驾驶室或轮机长住所。

3)报警点试验

报警检测点检测的系统(或设备)有主机系统、锅炉系统、发电机系统、艏侧推系统及机舱一切与动力运行有关的设备。报警点试验一般分为压力报警点的试验、温度测量点的试验、液位报警点试验和工况检测报警点试验四个方面。

(1)压力报警点的试验。

试验时,一般使用手动液压泵对检测的压力传感器进行测试,对其控制参数进行调整,使其在设定值动作,一般采用下面的方法。

①压力开关或传感器试验方法。将试验装置按图7.14所示接通,通过试验泵对该设备进行增压或减压,通过压力表观察达到所需监控显示报警的设定值时,检查是否显示报警正确无误。

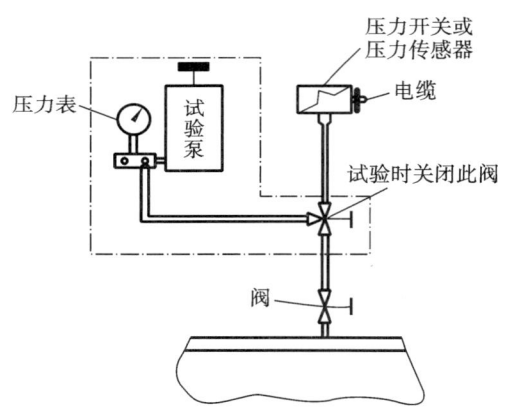

**图 7.14　压力开关或传感器试验装置**

②压差开关试验方法。将试验装置按图7.15所示接通,利用试验泵进行增压或减压,通过压力表观察达到所需报警的设定值时,检查是否显示报警正确无误。

(2)温度测量点的试验。

温度测量通常利用热膨胀、热电变换、电阻变化等方法进行,试验方法如下。

①100 ℃以下温度传感器的检验一般采用实际加热的方法。将温度传感器按图7.16所示插入试验装置中,调节温度调节器使试验装置中介质的温度升高或下降,通过标准温度计观察达到所需的设定值时,检查报警显示状况是否正确无误。

②100 ℃以上热电阻式传感器的试验方法。此方法利用导体或半导体的电阻随温度

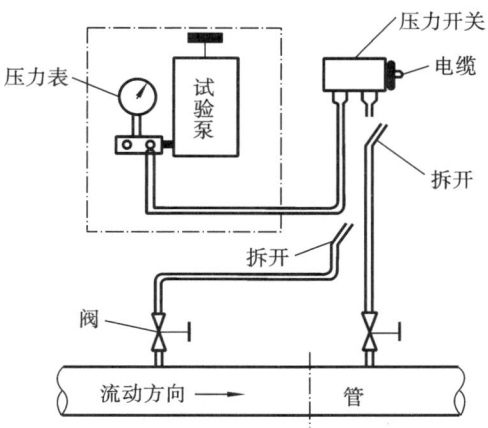

图 7.15 压差开关试验装置

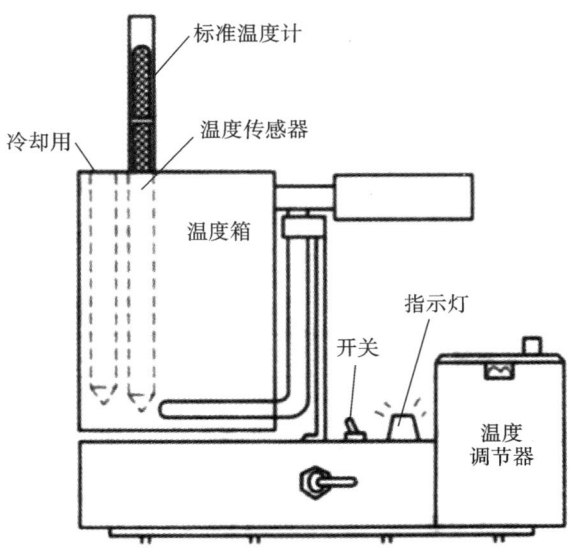

图 7.16 温度试验装置

变化的特性来测温。常用热电阻的基本参数如表 7.1 所示。试验时,将接线盒中的温度
传感器的接线断开,接上可调电阻,根据温度对应的电阻标准图表册查出所需设定的温
度对应的电阻,调节可调电阻达到所需值,检查显示与报警是否正确无误。

表 7.1 常用热电阻的基本参数

| 名称 | 代号 | 温度测量范围/℃ | 0 ℃时的电阻及其允许误差/Ω |
|------|------|----------------|---------------------------|
| 铂热电阻 | WZP | -200~650 | 46±0.046,100±0.1 |

| 名称 | 代号 | 温度测量范围/℃ | 0 ℃时的电阻及其允许误差/Ω |
|------|------|----------------|---------------------------|
| 铜热电阻 | WZC | -60~150 | 50±0.05,100±0.1 |
| 镍热电阻 | WZN | -60~180 | 50±0.05,100±0.1 |

③100 ℃以上热电偶传感器的试验方法。热电偶的结构简单,尺寸小,热性小,输出为电信号(热电动势)。通常使用精度较高的毫伏表精确测量热电偶产生的热电动势。检验时,在接线盒中将温度传感器的接线断开,接上毫伏表(见图7.17),根据温度对应的电压标准图表册查出所需设定的温度对应的电压,调节毫伏表达到所需电阻,检查显示与报警是否正确无误。常用热电偶的基本参数如表7.2所示。

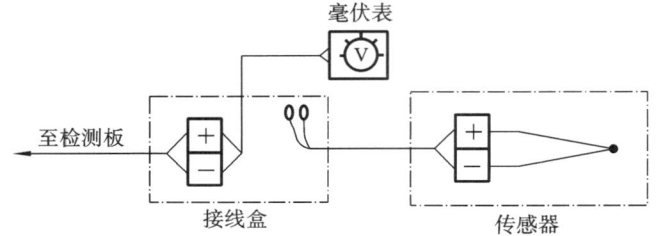

**图 7.17　热电偶传感器的试验**

**表 7.2　常用热电偶的基本参数**

| 名称 | 分度号 | 测量温度范围/℃ | 温度范围/℃ | 允许误差 |
|------|--------|----------------|------------|----------|
| 铜-康铜 | CK | -200~300 | -200~-40 | ±1.5%t |
| | | | -40~80 | ±0.6%t |
| | | | 80~300 | ±0.75%t |
| 镍铬-康铜 | EA-2 | 0~800 | ≤400 | ±4%t |
| 镍铬-康铜 | NK | 0~800 | >400 | ±1%t |
| 铁-康铜 | FK | 0~800 | ≤400 | ±3%t |
| | | | >400 | ±0.75%t |
| 镍铬-镍硅 | EU-2 | 0~800 | ≤400 | ±3%t |
| 铂铑$_{10}$-铂 | LB-3 | 0~1300 | ≤600 | ±3%t |
| | | | >600 | ±0.5%t |
| 铂铑$_{30}$-铂铑$_6$ | LL-2 | 0~1800 | ≤600 | ±3%t |
| | | | >600 | ±0.5%t |

续表

| 名称 | 分度号 | 测量温度范围/℃ | 温度范围/℃ | 允许误差 |
|---|---|---|---|---|
| 钨铼$_5$-钨铼$_{20}$ | WR | 10～2800 | ≤1000 | ±10％$t$ |
|  |  |  | ＞1000 | ±1％$t$ |

注：$t$ 为被测温度的绝对值。

（3）液位报警点试验。

液位报警点一般以浮标的形式出现。为了防止船的摇摆或液面处于临界状态产生的误报警,应采取延时措施,延时时间一般可以调整。试验可采用手动的方法进行,试验中应重点注意浮标安装的位置和延时时间选择。

（4）工况检测报警点试验。

这种报警点一般以两种形式出现：一种是重要故障或保护系统动作的单独报警点；另一种是设备的综合报警点。试验时,应先重点试验保护系统的单独报警点。对于综合报警点,应先搞清楚几种状态的报警,然后按功能逐一进行测试,以保证每种状态的报警的传递均正确无误。工况运行的检测比较复杂,有些必须实际运行后才可以检测,无法用模拟手段进行试验。

# 第 8 章

# 船舶电气系统的检验与智能化

# 8.1 检验的考虑因素与一般要求

**1. 检验的考虑因素**

1）电气设备的安全性

船舶以金属船体作为接地点，所以船用电气设备的中压、高压设备的接地对人身安全和设备安全具有特别重要的意义。

2）电气设备的使用性

电气设备的安装都要顾及使用方便、观察方便、维修方便和保养方便。电气设备的防护等级必须满足安装场所和位置的最低要求。对于安装在危险区域（如油船的露天甲板、泵舱等场所）的电气设备，其防爆形式、级别、温度等均应满足使用场所的要求。防护等级要满足验船机构的要求。

3）电气设备的适用性

电气设备的适用性主要是指电气上的连续性、对电路的干扰抑制，以及外界因素对电气设备性能的影响等。

4）电气设备应有产品合格证

重要的设备应有相应船检机构的产品证书和（或）认可证书。

5）性能试验

船上的所有电气设备安装结束以后，应该进行通电和性能试验。尽管各种设备在出厂时已经做过各种试验，但是装船后，仍然要做试验。性能试验的目的是检验在拆卸、运输、安装后，电气设备的安装、电力拖动机械的完整性及系统的功能是否达到设计要求。

**2. 检验的一般要求**

（1）经现场验船师同意后进行系泊试验、航行试验。船厂依据试验大纲的要求先进行调试，待各参数的调试符合试验大纲要求后，申请验船师参加系泊试验和航行试验。检验时间和程序可根据电气设备试验完成的程度决定。有些与船舶航行保障没有直接关系的设备，原则上可以在系泊试验时完成检验；有些设备在系泊试验后仍然需要在航行试验中做效用试验。

（2）全船电气设备应可靠地进行保护接地、工作接地和高频接地。船上使用的电气设备的范围是很广的，大到发电机、配电屏，小到开关、插座。总体原则是要保证这些电气设备使用安全可靠、安装位置合适、操作方便、便于保养维修。不同的电气设备在安装时的要求不尽相同。有的设备对水平度的要求较高，有的设备对周围环境的要求特殊，所以在电气设备的安装检验时,首先要了解各类设备的不同特点,根据不同的要求进行检验。电气设备安装检验一般包括外壳的防护等级、设备的接地状况、周围环境对设备的影响等必须考虑的因素。在检验过程中,有些设备的安装必须在船舶下水以前完成,有些设备的安装可以在下水后完成。但是,整个设备的安装检验都应该在系泊试验以前完成。

# 8.2　船舶电气系统系泊的检验

电气设备的系泊试验与检验一般有三个过程:外观检验、绝缘检验和性能检验。

**1. 外观检验**

外观检验包括表面保护层的光洁度、指示灯、铭牌标注的正确性、设备的外壳防护等级是否符合安装场所的要求、电气设备的接地情况等的检验。

**2. 绝缘检验**

绝缘检验是所有电气设备通电以前必须完成的工作。它既为了操作人员使用的安全,又为了设备的安全。所以,在做通电检验以前,应做绝缘检验。绝缘检验包括冷态绝缘检验和热态绝缘检验两个部分。

绝缘检验一般采用兆欧表进行。遵守的原则如下:额定电压在 36 V 以下的设备,用 $100 \sim 250$ V 兆欧表测量;额定电压为 $36 \sim 500$ V 的设备,用 500 V 兆欧表测量;额定电压为 $500 \sim 1000$ V 的设备,用 1000 V 兆欧表测量;额定电压在 1000 V 以上的设备,用 2500 V 兆欧表测量。一般情况下,绝缘电阻应达到 1 MΩ 的最低限度。

**3. 性能检验**

性能检验是指通过实际或模拟试验,验证电气设备的操作和保护功能是否满足设计要求,使电力系统连续可靠地运行,确保船舶航行安全。

# 8.3　主配电板的检验

(1) 确认主配电板的外部接线是否完整,电源及箱体是否可靠接地,应急切断设备的标志是否为红色,应急电源自动供电是否联锁,供电指示灯是否为红色,主开关与其他电源的联锁是否可靠、准确,两台变压器是否联锁,不工作变压器是否带电。

(2) 确认在正常状态下,主配电板向应急配电板供电的可靠性,以及应急配电板不能向主配电板供电的联锁功能。

（3）确认主配电板主断路器（开关）与岸电开关的联锁的可靠性。

（4）确认变压器的联锁的可靠性。

（5）确认应急风机（如可在主配电板控制）燃油装置应急切断系统的可靠性。

（6）主开关的保护可以进行模拟预调整。确认保护装置动作的正确性，声、光报警和延伸报警的可靠性。检验的项目包括过载保护、电压保护、短路保护、逆功率保护。

（7）主开关与防潮（空间）加热器间联锁试验确认：当主开关合闸后，防潮（空间）加热器电源应立即切断（若设有）。

（8）对主配电板的仪表、开关、指示灯、断路器等电器进行效用试验和检查。

（9）自动卸载装置的试验（如设有）。

（10）检查绝缘监视功能。为确保电力系统在正常的绝缘状态下运行和供电，主汇流排（400 V、220 V）设置了绝缘监视系统，绝缘电阻低于设定值时产生声、光报警，以便及时进行绝缘处理。

（11）主配电板后通道应设门，门上挂"高压危险"的警告牌。当主配电板的长度超过4 m时，后通道两端均应设门。

（12）检查应急发电机自动备用功能（若设有）。在主配电板向应急配电板供电时，应急发电机组开关应置于"自动备用"位置。主配电板汇流排失电后，经过设定的延时时间，应急发电机自动启动、自动合闸，向应急配电板供电；主配电板恢复供电时，应急发电机组主开关立即分闸，经过设定的延时冷却后，应急发电机组自动停车。同时，应急配电板上的联络开关合上，恢复由主配电板向应急配电板供电。

# 8.4　应急配电板的检验

（1）确认外部接线是否完整、电源及箱体是否可靠接地，检查应急配电板与主配电板的自动供电联锁。应急供电指示灯应为红色。

（2）对应急配电板的仪表、开关、指示灯、断路器等电器进行效用试验和检查。

（3）应急配电板断路器的保护装置可以进行模拟预调整。

（4）主配电板汇流排失电后，经过设定的延时时间，应急发电机自动启动、自动合闸，向应急配电板供电；主配电板恢复供电时，应急发电机组主开关立即分闸，经过设定的延时冷却后，应急发电机组自动停车。

（5）应急发电机主开关与防潮（空间）加热器间联锁试验确认：当主开关合闸后，防潮（空间）加热器电源应立即切断。

（6）进行应急配电板向主配电板反向供电功能试验（仅适用于装有该功能的系统）。主配电板失电后，应急发电机自动运行并向应急配电板供电，可按设计规定步骤操作，反向给主配电板必需的用电设备（仅限手动操作）供电，但负荷不应超过应急发电机的定额。

（7）检查应急配电板、充放电板的安全保护装置。确认保护装置动作的正确性，声、光报警和延伸报警的可靠性。检验的项目包括过载保护、电压保护和绝缘性能监测报警。

（8）充放电板和蓄电池组安装检查完毕，安装牢固，接线正确，接地良好。对充放电板上的各类仪表、指示灯、开关等电器进行效用检验。

# 8.5　船内通信系统的检验

船舶上装有通信联络或信号传递的装置。这些通信联络通常发生在驾驶室与相关内部处所之间，包括无线电室（如与驾驶室分开）。推进机械控制室、机旁控制站、舵机舱无人机舱等处所至少应设置一个集中显示监测报警的公共处所。这类信息的传递只限本船内，所以通称为船内通信系统。通信装置的检验是以系统为一个单元的，由于船内通信系统的用途、联络对象的不同，声响信号也具有不同的音调。

船内通信系统分为车钟传令系统、舱内通信系统、公共广播系统三类。它们的共同要求如下：音响信号的布置应使人在相应的地点易于听到；灯光信号的布置应使人便于看到，但不应妨碍驾驶人员的视线；不同用途的通信和信号装置的声响信号应有不同的音调，以便于区别。

**1. 车钟传令系统检验**

1）技术要求

车钟传令系统应在机器处所（机旁、集控室等）和驾驶室指示车令和回令，并在上述各位置之间设车钟复示器和声力电话等声音形式的通信和呼叫。

2）检验要点

（1）检查主机传令钟外部接线，应整齐、牢固、符合设计图纸要求，接地良好、可靠。

（2）用 500 V 兆欧表测量冷态绝缘电阻，其阻值应不小于 1 MΩ。

（3）主机传令钟应具备复示装置。在驾驶室控制台与机舱集控台摇动传令钟，在驾驶室控制台与机旁操纵台摇动传令钟，检查传令钟指针所指示的刻度的一致性及准确性。

（4）检查与传令钟配合的声、光信号的响度和亮度,检查面板照明和光度调节器的效用情况。需要注意的是,驾驶室的面板通常需要调光装置,往往在检验时发现许多厂家没有这个功能,设计人员在签订货协议时要注意。

（5）检查发信转换及联锁装置（如设有）,应正确、可靠。

（6）主机传令钟应由主电源及应急电源两路电源供电。检查两路电源的转换是否正确、可靠。

（7）检查报警装置的效用情况,如错向、失电等。

**2. 舱内通信系统检验**

舱内通信系统主要包括声力电话、本质安全型电话、自动电话、对讲装置等。舱内通信系统使联络双方可以用语音传递信息。下面主要以声力电话、本质安全型电话、自动电话、对讲装置为例进行介绍。

1）技术要求

（1）此类设备的安装位置均应符合设计图样的要求。声力电话不受船上供电的影响,一般安装在较重要的位置,如驾驶室、机舱控制室和舵机舱;本质安全型电话具有防爆的特点,一般安装在防爆区内或货油泵舱;自动电话一般安装在船员岗位位置或船员所能到达的位置;对讲装置在船舶进出港和船长、引航员指挥时用,一般安装在驾驶室、船首部和船尾部。

（2）由于设备传递的是音频信号,屏蔽是很重要的。应该做到接地良好,以防止外部干扰信号。

（3）此类设备应使通话清晰可辨,没有杂声干扰,使受话者可以明白对方表达的意思。

（4）安装在噪声强度较高的场所时,为防止影响通话,一般要求设置隔音室或隔音罩。机舱主机旁等特殊场合应该配有防噪声的头戴耳机。

2）检验要点

（1）检查声力电话时,应在每个电话位置进行通话试验,应重点检查电话回铃灯和增音。当一方摇铃,另一方拿下话筒时,摇铃方的指示灯应该闪亮,以表示对方已经听到铃声并做好了通话的准备,可停止摇铃。增音是通过加装电池,使通话声音增大。电话的摇柄应没有机械阻碍。

（2）在对本质安全型电话进行检验时,须重点注意电话的连接应是本质安全型回路。本质安全型电话安装在防爆区内,没有振铃,一般采用防爆闪光灯和汽笛。控制汽笛的电磁阀应安装在防爆区外。当一方呼叫另一方时,防爆区内的闪光灯闪光,汽笛鸣响。

（3）检查自动电话时,不应该有串号或者串线的现象。尤其是对于自动电话系统的特殊功能,应根据技术说明书提供的条件进行实际效用试验。优先通话:当两部电话之间通话时,上一级岗位和领导的电话可以优先插入。转移电话:将本人使用的专用号码的来电转移到要去的场所。例如,当轮机长到船长房间谈工作时,可将自己的电话号码的来电转移到船长房间。广播功能:当打电话寻找某船员,而某船员不在房间时,可以拨专用号码启动扩音机,通过广播呼叫某船员。

### 3. 公共广播系统检验

1) 技术要求

公共广播系统使用广播扩大机经扬声器向集合站和有人处所发布各类信息。

(1) 该系统可以使工作人员从驾驶室进行广播。当驾驶室在紧急情况下难以接近时,应至少有一个其他应急报警控制站可以进行广播,即通用报警站位置的要求。公共广播功能确保在扬声器被关掉音量、被调小音量或广播用作其他功能时,可以被越控,也就是说娱乐的优先级低于广播功能。

(2) 音量的要求:船舶在正常状态下航行时,广播应急通告的最小音量是内部处所 75 dB(A)、外部处所 80 dB(A)。

(3) 规范要求:广播系统应确保单一故障不能导致整个系统故障,应把故障影响降至最低程度。主要系统部件,如供电单元、功率放大器、报警器等应该是双套布置。系统必须设有两组电源,即主电源和应急电源;任何一路电源故障时,都应报警并自动转换到另一电源供电。

2) 检验要点

(1) 广播扩大机收音、传输信号良好,没有外部干扰,每个扬声器均能调节音量和切断广播,一般位置均能听到广播的声音。

(2) 控制要点:强行控制,即当船长需要发布重要命令时,各扬声器无论在开还是关的位置都可以收到船长的命令。

(3) 扩展功能,即同火灾报警、警铃联动时,人员呼救为第一优先权,通用警铃为第二优先权,火警信号为第三优先权。优先权即当广播扩音机处于某状态时,按优先次序可以直接插入。优先权的顺序也可以根据现场验船师的要求进行修改。

(4) 广播扩音机的遥控站,应备有足够长的话筒线,以便于使用。

(5) 电缆类型:系统的电缆应为耐火及抗干扰电缆。从电缆敷设检验开始,验船师就应注意这个问题,检查对照电缆上的喷码。

(6) 报警功能:失电报警和故障报警等。

(7) 越控功能:人为将部分扬声器关闭或者调低音量,在使用娱乐功能时,使用广播发布信息,检查是否可以越控、音量是否正常。

# 8.6  照明系统的检验

**1. 照明系统分类**

船舶照明系统与陆地照明系统不同,一般分为主照明,应急照明,临时应急照明,航行灯、信号灯照明几种类型。

1）主照明系统

船舶主照明系统分布在船舶内外各生活和工作场所中,提供给各舱室和工作场所足够的照度。该系统的特点如下:主配电板上的照明汇流排直接向各照明分电箱供电,照明分电箱向邻近舱室或区域的照明灯具供电;照明电压一般为交流、直流 110 V 或 220 V;不同舱室和处所有不同的照度要求;所有照明灯具均设有控制开关。

2）应急照明系统（大应急照明）

船舶应急照明系统主要分布于机舱内的重要处所、船员和旅客舱室、艇甲板及人员通道。它在主配电板失电、主照明系统故障时作为应急照明使用。其特点如下:应急发电机通过应急配电板及专用线路供电;照明电压与主照明系统相同;应急照明灯布置点较少,无照度要求;需要足够的用电量。对于客船,应急电源的供电时间一般应大于 36 h;对于货船,应急电源的供电时间一般应大于 18 h。

3）临时应急照明系统（小应急照明）

当主照明系统和应急照明系统故障时,临时应急照明系统应能发挥作用。它的灯点少,无照度要求,灯具涂红漆。它主要分布在驾驶室、船舶重要通道、扶梯口和机舱的重要处所。小应急照明由蓄电池组供电,与主照明系统、应急照明系统之间有电气联锁;馈线上不设开关;应能连续供电 30 min 以上。

4）航行灯、信号灯照明系统

（1）航行灯。

航行灯由前桅灯、主桅灯、艉灯、左右舷灯和前后锚灯组成,用于船舶夜航和指示船舶的状态和相应位置。驾驶室设置专用的航行灯控制箱,由主配电板和应急配电板两路供电。航行灯一般为 60 W 的双丝白炽灯。每盏灯都为双套,其中一个备用,可在控制箱上切换。

（2）信号灯。

信号灯一般采用两路电源供电,在驾驶室实现控制。为了适应某些国家的港口和狭小水通道的特殊要求,远洋船舶的信号灯设置比较复杂。这些信号灯通常安装在驾驶台顶上专设的信号桅或雷达桅上。按照规定,十几盘(8～12 盘)红、绿、白等颜色的环照灯分成两行或三行安装。

### 2. 船舶常用灯具的基本类型

船舶常用灯具应具有一定的机械防护性能,以确保工作可靠。根据使用场合的不同,船舶常用灯具的结构可分为下列四种类型。

(1)防溅式:用于外走廊等有水溅的场所。

(2)防水式:水密性能比防溅式更好,用于高湿度和可能受到水冲击的场所,如机炉舱、冷藏舱、厨房、浴室、厕所等。

(3)防护式:用于较干燥的生活区舱室和不可能有油、水浸入的舱室,如船员住所、旅客房间、餐厅、会议室、驾驶室、海图室、内走廊等。

(4)防爆式:密封性能最好,用于装有易燃物体和存在爆炸性气体的舱室,如蓄电池室、油漆储藏室、分油机室、机舱底花铁板下和油舱的第二类区域。

### 3. 船舶照明电光源

船舶照明电光源可分为两大类:一类为热辐射光源,另一类为气体放电光源。

1)热辐射光源

(1)白炽灯。

白炽灯是最普通的照明电光源,它依靠电流通过螺旋状的钨丝产生大量热,使灯丝温度升高到白炽程度而发光。白炽灯具有结构简单、能瞬时点燃、无频闪、可调光、价格低廉的优势,在照明系统中得到了广泛应用。功率为 60 W 以下的白炽灯保持真空,以减少热量损耗;功率为 60 W 以上的白炽灯内充氩气,以减少钨丝蒸发,延长使用寿命。

船用白炽灯灯丝稍粗,具有较高的机械强度和耐振性。除了普通照明光源,船舶航行灯、信号灯和应急照明灯都采用白炽灯,因为它不会因电压低而熄灭。便携灯和大部分控制系统指示灯也采用白炽灯。航行灯多采用插口灯头,大功率白炽灯多采用螺口灯头,以增大导电接触面积。

普通白炽灯的寿命和光通量受电压波动的影响较大:当电压升高 5％时,灯泡寿命缩短 25％;当电压降低 5％时,光通量减少 18％。

(2)卤钨灯。

为克服普通白炽灯的缺点,出现了卤钨灯。双端型卤钨灯的结构如图 8.1 所示。

卤钨灯在耐高温的石英玻璃灯管内加入微量卤族元素(碘或溴等),并充较高压力的惰性气体。在高温下,卤族元素与蒸发的钨原子化合成卤化钨,再回到灯丝附近,被灯丝附近的高温分解成钨和卤原子,形成循环,从而抑制了钨原子向管壁的沉积,抑制了管壁

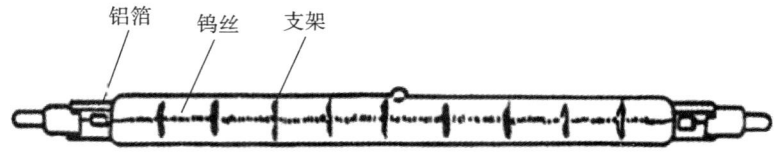

图 8.1　双端型卤钨灯的结构

的黑化。另外,灯管内惰性气体的压力很高,大大抑制了钨丝的蒸发,延缓了灯丝的变细速度,延长了使用寿命。

卤钨灯的灯泡尺寸较小,机械强度高,耐压增加。卤钨灯的工作温度高,宜采用耐高温导线,如硅橡胶导线。卤钨灯的发光效率约是普通白炽灯的 2 倍,额定寿命可达 2000 h。卤钨灯适用于要求高照度、空间开阔的场所,如机舱上部、辅机平台和甲板等场所。有些碘钨灯的灯管要求水平安装,倾斜度不得超过规定的角度。

2)气体放电光源

(1)荧光灯(日光灯)。

荧光灯灯管在抽真空后充入了少量的氩气和汞蒸气,灯管内壁涂有荧光物质,管内两端灯丝上涂有发射电子的阴极物质,是一种预热式低压汞蒸气放电灯。

图 8.2 所示为直管型荧光灯的结构示意图。荧光灯的电极用螺旋状钨丝做成,具有良好的热电子发射能力,管内的工作介质为汞蒸气。荧光灯的发光效率约为白炽灯的 6 倍,平均寿命可达 5000 h 左右。

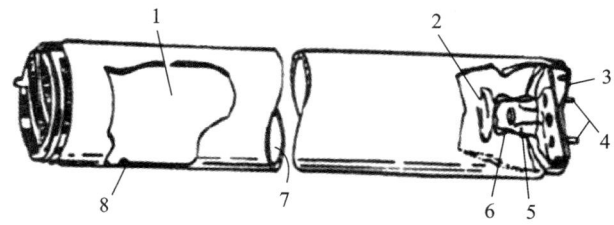

图 8.2　直管型荧光灯的结构示意图

1—管内充氩气和汞蒸气;2—氧化物电极;3—管底粘接;4—引脚;
5—排气管;6—芯柱;7—管壁涂荧光物质;8—汞

荧光灯的启动电压较高,一般采用灯丝预热,高压击穿启动,启动后须用镇流器限流。荧光灯光效高,寿命长,表面温度低,光通分布均匀,被广泛应用于精细工作或长时间从事紧张视力工作的场所。目前,大多数船舶舱室内的主照明采用荧光灯。开关频繁、电压过高或过低,均会使荧光灯寿命降低,电压大幅下降,从而导致荧光灯熄灭。连续点燃的荧光灯的寿命比额定寿命长 2.5 倍,因此机舱内的荧光灯的使用寿命很长。荧光灯具有各种规格和外观形式,具有暖色、冷色、三基色等多种光式。

（2）高压汞灯。

如图 8.3 所示,高压汞灯的主要构成部分是放电管。放电管由耐高温的石英玻璃制成,两端装有主电极、辅电极。主电极用钨丝浸渍碳酸钡、碳酸锶等热电子发射材料制成,有良好的热电子发射能力;辅电极用于热启动。放电管内充氩气作为启动气体,工作气体为汞蒸气,汞蒸气的压力较高(2～6 个大气压),因此称为高压汞灯。

高压汞灯属于气体放电灯,必须串镇流器限流。图 8.4 所示为高压汞灯热启动工作线路。接通电源后,辅电极(启动电极)与较近的主电极之间发生辉光放电,加热放电管,使管内汞蒸气的压力升高。随着管内温度、压力的升高,激发电位较低的汞蒸气成为放电的主要因素。主电极之间的汞蒸气击穿产生电弧,发出更为明亮的蓝绿色光。如果放电管的压力较低,紫外线较多,一般在灯泡壁内涂荧光粉,使这部分紫外线激发荧光物质发出红色的补充光色;如果放电管内压力较高,紫外线较少,灯泡壁内不涂荧光粉。

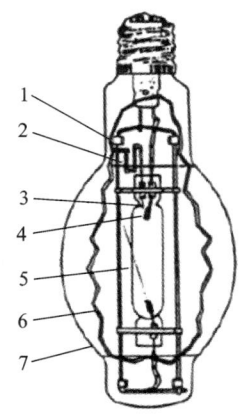

图 8.3　高压汞灯的构造

1—支架及引架;2—启动电阻;

3—启动电极;4—工作电极;5—放电管;

6—内部荧光质涂层;7—灯泡

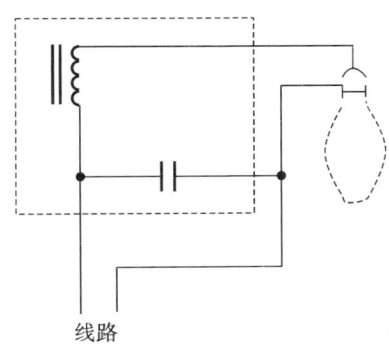

线路

图 8.4　高压汞灯热启动工作线路

高压汞灯的发光效率约为白炽灯的 6 倍,额定寿命为 5000 h。还有一种利用钨丝代替镇流器的自镇流高压汞灯,钨丝装在灯泡内,作为限流电阻串在电路中,也发出一定的可见光,发光效率较低,额定寿命仅为 3000 h。

高压汞灯在工作中因瞬间断电或欠压而熄灭后不能立刻点亮,必须降温后重新启动,一般必须间隔 5～10 min,因此它不适用于频繁开关的场所。

高压汞灯适用于大面积、高大厂房或露天场地等,在船舶上被广泛用于辅机平台、主甲板和货舱口等处的照明。但因光色较差,高压汞灯逐渐被金属卤化物灯代替。

（3）金属卤化物灯。

金属卤化物灯是继高压汞灯之后诞生的一种新型电光源，在较新的船舶中普遍采用，其用途与高压汞灯相同，功率有 400～3500 W 等多种规格。

金属卤化物灯的外形结构、工作原理、热启动工作线路与高压汞灯基本相同，不同的是其放电管中除了充有汞蒸气和氩气，还加入了金属卤化物气体。此时，汞蒸气只有辅助作用，金属卤化物气体为工作气体。由于金属卤化物更易激发，其发光效率更高，加入不同比例、不同品种的卤化物可得到不同的光色。有一种冷启动的金属卤化物灯，需要 1 万伏左右的高压才能实现冷启动。

（4）高压钠灯。

高压钠灯的结构形式与冷启动的金属卤化物灯相似，如图 8.5 所示。管内氙气为启动气体，汞蒸气起缓冲和增加放电电抗的作用。钠比汞更易激发，因此高压钠灯以钠蒸气放电为主，钠蒸气是主要的工作气体。

高压钠灯需要很高的启动电压（2000～2500 V）。高压钠灯点燃后，灯管两端的电压很低，触发电路停止工作，镇流器起限流、降压作用。这种由电子触发电路控制的冷启动工作线路的启动时间为 8 min 左右，突然熄灭后，要冷却 1 min 后才能重新启动。

高压钠灯的热控开关启动工作线路如图 8.6 所示。在这种电路中，钠灯的外泡（钠灯的玻璃外壳内涂红外线反射膜的部分）内部有一个供启动用的冷接触式双金属片 b。启动时，电流流经 b 及其加热线圈 H，当 b 受热膨胀断开时，镇流器 L 产生高压脉冲使内管放电。启动后，放电管高温使 b 保持断开状态。采用该电路时，启动时间较短，约为 4 min。但如果因某种原因使钠灯突然熄灭，热控开关须冷却 15 min 左右才能重新启动。

高压钠灯的发光效率和光色与钠蒸气的压力有关。当压力较低时，光色偏黄（属低压钠灯），发光效率很高；当压力较高时，光色接近日光（金白色），发光效率较低。高压钠灯的使用场所与高压汞灯相同。

（5）氙灯及汞氙灯。

氙灯是惰性气体弧光放电灯。氙灯依靠氙气放电发出强光，比金属蒸气放电灯启动快。氙灯俗称"小太阳"，适用于港口等大面积照明场所。氙灯分长弧和短弧两种：长弧氙灯为圆柱形石英放电管；短弧氙灯为椭圆形石英灯泡，两头有圆柱形伸长部分。

汞氙灯是在氙灯灯管内充入适量的汞。汞氙灯保留了氙灯启动快、稳定时间短、再启动容易和透光性好等优点，又具有高压汞灯的某些优点，改善了发光效率和使用寿命。管形长弧汞氙灯广泛用于船舶甲板和货舱的照明，短弧汞氙灯一般作为探照灯使用。

**4. 正常照明系统的要求**

（1）照明环境应使人能辨认出所从事的工作的细节，同时消除或者适当地控制会造

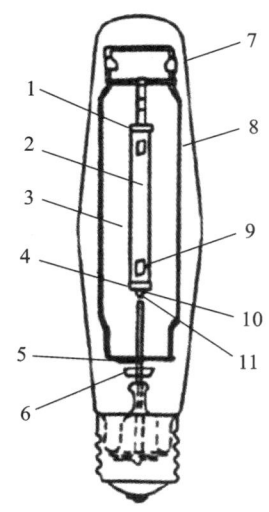

**图 8.5　高压钠灯的结构**

1—氧化铝＋二氧化硅；2—钠＋汞；

3—多晶氧化硅；4—铌；5—镍；

6—钡；7—不锈钢；8—铁镍金属板；

9—钨；10—钛；11—钽

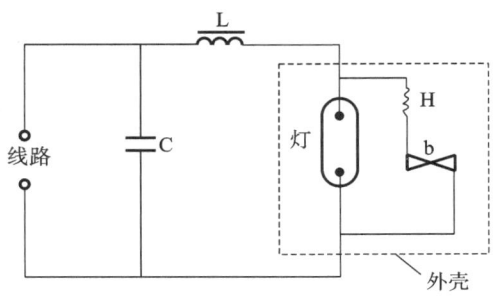

**图 8.6　高压钠灯的热控开关启动工作线路**

b—冷接触式双金属片；H—加热线圈；

L—镇流器；C—电容器

成不适的有害因素。照明的亮度和距离、角度都有直接的关系，所以在检验中应注意照明装置的安装高度。

（2）照明装置的安装位置应能保证足够的正常照明，为全船人员的正常出入和工作场所等提供充分的照明。

（3）对舱室外照明、工作灯、强光灯和扫海灯，应设专用的控制箱，并在驾驶室内设集中控制开关。

（4）灯具安装的完整性，包括电缆紧固，填料函密封，灯罩、灯泡及灯管齐全，接地良好、可靠。

**5. 对两路电源的设置**

（1）机舱、大型鱼品加工场所、大型厨房、通道（包括出入口）、通向艇甲板的梯道、公共场所、集控室、驾驶室等的照明，至少应由两路照明分路供电且其照明灯点尽可能交错布置。当其中的一路不能供电时，应能保持上述场所有照明。

（2）每个防火区至少有两路独立的照明设备。

**6. 鱼舱、冷藏及速冻加工间应设置专用照明控制箱**

（1）每个舱室的照明应设独立分路。照明控制箱应安装在上述舱室以外的适当位置。照明开关不应设在舱内,照明开关处应有接通指示灯。

（2）鱼舱、外走道及其他易受机械损伤场所的灯具应有坚固的保护栅。

### 7. 防爆灯具的要求

安装在危险区域或场所内的照明灯具应为防爆灯具。危险区域和场所有氨制冷装置室及蓄电池室、油灯间、油漆间、气焊瓶间、危险类舱室等。

在上述危险区域和场所内安装的防爆灯具必须有相应验船机构颁发的证书。

### 8. 检验方法

系泊试验期间的检验应注意灯具的选择、安装的场所、安装的可靠性和供电情况。对于有照射角度要求的,可以通过测量安装位置的几何尺寸进行验证,也可以在晚上进行试验和测量。具体检验的方法和步骤如下。

1）冷态绝缘电阻的检验

（1）照明分电箱冷态绝缘电阻应不小于 1 MΩ。

（2）工作电压大于 100 V 的照明分电箱的最后分支冷态绝缘电阻应不小于 1 MΩ。

（3）工作电压不大于 100 V 的照明分电箱的最后分支冷态绝缘电阻应不小于 0.5 MΩ。

（4）照明变压器冷态绝缘电阻应不小于 1 MΩ。

（5）各信号灯、航行灯的冷态绝缘电阻应不小于 1 MΩ。

（6）一般采用 500 V 兆欧表进行测量。

2）照明系统的通电检验

（1）对于新船,应测量各工作场所、扶梯口、走道等的照明度是否符合设计要求（用照度仪测量或凭经验测量）。

（2）每个照明分电箱内均应设有与设计相符的每个分支所提供照明场所或区域的铭牌标志。分别检查每个分支线路的各灯具的工作情况,检查各灯具控制开关的可靠性和便利性。

（3）检查照明变压器的三相负载是否平衡。

（4）检查应急照明灯的工作情况,检查应急照明灯具布置的合理性,检查各灯具控制开关的可靠性（当主电源失电后,在 45 s 以内应急发电机自动启动,应急配电盘主开关自动合闸对外供电或蓄电池电源接通对外供电）。

（5）检查室外灯、工作灯、扫海灯在驾驶室遥控开关控制的可靠性。

（6）检查甲板灯、舷梯灯、船名灯等的安装位置及光照角度。

# 8.7　航行灯、信号灯的检验

**1. 对航行灯和信号灯的要求**

航行灯和信号灯通称为号灯，既有亮度要求，又有角度和颜色要求，用于航行和港口信号、失控信号等。

1）航行灯和信号的亮度、颜色、角度和能见度的要求

（1）船用号灯必须具有相应的船检机构颁发的认可证书。

（2）安装位置应符合设计图纸的要求，航行灯和信号灯的数量、颜色应根据船舶长度、航行航区、港口和用船部门的特殊要求进行设计。信号灯包括进出港信号灯、失控灯、苏伊士运河灯、巴拿马运河操舵灯、白昼信号灯、通信闪光灯等。

（3）港口信号灯、苏伊士运河灯、巴拿马运河操舵灯、通信闪光灯的控制箱应由主配电板设独立馈电线供电。作业信号灯控制箱应由主配电板设独立馈电线供电，备用作业信号灯控制箱应由应急电源供电。

2）前后桅灯、左右舷灯、艉灯、前后锚灯的要求

配备的颜色、安装的角度应符合法规的规定。航行灯控制箱应由两路馈电线供电，一路直接由主配电板供电，另一路由应急电源供电或备用电源供电。两路电源应由转换开关控制，每盏航行灯均应由独立的分路供电，而且在这些分路的每个绝缘板上，必须用安装在该控制箱内单独的开关和熔断器或断路器进行控制和保护。备用航行灯（双层号灯中的一盏可视为备用航行灯）应由应急电源供电。航行灯控制箱上的指示灯、灯罩、铭牌应完整，应接地良好。航行灯具的电缆应紧固，填料函应密封，灯罩、灯泡应完整、可靠。

**2. 各种信号灯和航行灯的检验**

（1）通电检查信号灯和航行灯工作的可靠性。每盏航行灯应进行故障的声、光报警和两路电源供电的转换试验。例如，采用与航行灯串联的灯光信号时，应采取防止由于航行灯故障而导致航行灯熄灭的措施。

（2）检查两路电源的转换，要求正确、可靠。对于装有逆变器的船舶，还应检查逆变器供电的可靠性。

**3. 热态绝缘电阻的检验**

通电结束以后，应测量所检验的设备的热态绝缘电阻。热态绝缘电阻的测量方法及热态绝缘电阻的要求与冷态绝缘电阻相同。

### 4. 白昼信号灯的试验

（1）应对白昼信号灯进行效用试验。手提白昼信号灯除了由应急电源供电，还应带有自用蓄电池。

（2）检查手提白昼信号灯自带的充电式蓄电池的有效期是否符合要求。

# 8.8 电缆敷设的检验

在船舶建造过程中，电气舾装件的安装属于第一道工序，电缆的敷设属于第二道工序。由于船体本身是由金属构成的并伴有热源，工作环境复杂，电缆的选择、走向保护和固定尤为重要。在高度自动化的船舶上，信号通过电缆传输，出现任何一个差错都可能造成损失。所以，各船舶检验机构对于电缆的敷设都做了专门的规定。在电气工程的检验中，电缆敷设的检验是一项比较复杂的工作。

### 1. 电缆贯通件密封性检验

安装贯通件的目的是符合耐火和水密的要求。所以，当电缆拉放结束后，电缆贯通件密封性检验是必不可少的环节。验船师对这个环节相当重视，会亲自检查主要通道的贯穿件。

### 2. 电缆贯通件的密封要求

一般根据船体的防火区域划分图和隔热布置图所示的耐火等级以及舱室对水密的要求，采用相应等级的贯通件和密封。所用的密封填充物有一定的要求，这样，既可以达到舱室的密封要求，也可以防止火灾范围的扩散。填充物可以分为密封型和堵塞型，前者用于有水密要求的场所，后者用于无水密要求的场所。

### 3. 检验前应具备的条件

密封性检验，应在确认以下工作完成后进行。

（1）密封填料应具有船舶检验机构颁发的船用产品质量证书，应注明各种填料的耐火等级。

（2）确认电缆敷设紧固结束，各电缆贯通件符合相应的耐火等级的要求；确认电缆贯通件内穿过的电缆完整、无遗漏。电缆的截面积，当成束电缆贯穿时，应不超过贯通件内截面积的 30％；当单根电缆穿管时，应不超过管子内截面积的 40％。

（3）电缆敷设紧固时所用的临时固定支架、捆扎物均应清除干净，并符合电缆穿过贯通件的紧固要求。

（4）贯通件内电缆应该均匀分布，不得扭曲，其分隔及贯通件的空间能确保填料符合密封的要求。

### 4. 检验方法

检验一般分为两个过程。第一个过程是在密封前，检查电缆贯通件内电缆分布的情况。电缆之间的距离应大于 $4 \sim 6$ mm，电缆与贯通件壁之间的距离应大于 10 mm，这样才能确保每根电缆的周围都能填上堵塞物。第二个过程是区分 A-60 级耐火要求的密封件和 A-0 级或 B 级耐火要求的密封件，分别根据不同的要求进行浇灌或者堵塞。浇灌物应以灌注型填料的配比要求为准，调成流质进行浇灌，以免引起贯通件中间产生空洞。浇灌凝固后，可以根据敲击发出的声音来判断密封的情况。对于堵塞性填料，应先将底部堵好，一层层进行堵塞，堵塞后的贯通件表面应该饱满、平整、干净。

### 5. 电缆敷设完工后的检验

在电缆敷设施工中，一般要经过三个过程：第一个过程是根据设计的电缆规格和长度进行电缆备料；第二个过程是根据图样要求拉放电缆；第三个过程是对电缆进行紧固。完成这些工作之后，才具备了交验的条件。在整个过程中，检验员应该做好如下工作：①对所选用的电缆进行验证，检查所有要使用的电缆是否具有船用产品质量证书和相应船舶检验机构的认可证书，根据设计部门提供的电缆手册核实电缆型号、规格的正确性；②检查电缆敷设情况是否符合经船舶检验机构审批的电缆的施工工艺文件的要求；③提交验船师进行实船电缆敷设检验。

1）验船师的检验注意事项

（1）电缆的走向应该尽可能平直且便于维修。

（2）干线电缆暗式敷线时，敷设线路上的封闭板应能开启。

（3）所有电缆线路的分支接线盒为暗式安装时，封闭板应能开启，应设有明显的标记。

（4）当电缆需要弯曲敷设时，曲率应该符合相关要求。

（5）电缆敷设的走向应避免受潮气或凝水的影响，并注意以下几点。

①在易受油、水浸渍的舱底花钢板下敷设电缆时，应将电缆敷设在有盖板的电缆槽或金属管内，不能使槽（管）内产生积水，槽（管）应贴近花钢板安装，电缆引出的管端应高出花钢板并加以封闭。

②在潮湿舱壁上敷设电缆时，电缆与舱壁的距离应不小于 20 mm。

③电缆敷设应不受机械损伤，若不可避免，应该采取措施，如鱼舱或其他工作场所的电缆，应为铠装并有防腐蚀措施等。

④当电缆处于油、水管和蒸汽管下方时,原则上要求无系管接头,不可避免时,电缆上方应加防滴罩。

⑤电缆走向应避开热源,如锅炉、加热油柜、排气管、热蒸汽管、电阻器等;电缆与热源的最小间距应不小于 100 mm。当无法做到上述要求时,应采取隔热措施隔开。

⑥电缆敷设与船体外板、舱壁及甲板的间距应不小于 20 mm,与内底板、滑油、燃油舱(柜)的间距应不小于 50 mm。

⑦动力或照明电缆应该同控制电缆、信号电缆等低压电缆分开敷设,间距在 50 mm 以上。本质安全型电缆应与其他电缆分开敷设,一般采用单独的贯通件并做相应的标记。

⑧电缆原则上不应敷设在隔热或隔声的绝缘层内,否则这些电缆应降低负荷使用。

⑨对于易燃、易爆和有腐蚀性气体影响的场所(如油灯间、油漆储藏室、蓄电池室、煤库、弹药库等),照明电缆应敷设在金属管道内,贯穿舱壁处应密封,其他电缆原则上不得穿过。贯穿油、水舱的电缆必须敷设在无缝金属管道内,管道与舱壁的焊缝应密封。

⑩冷藏舱、锅炉舱内的电缆必须明线敷设,电缆上不得喷涂泡沫塑料等隔热材料。

(6) 下列电缆应尽量远离敷设:主干线电缆与应急干线馈电电缆;电力推进系统的主电路电源电缆与励磁电缆;机舱以外的重要辅机的主干线电缆和备用机组馈电电缆;具有不同允许工作温度的电缆。

(7) 舱室的封闭板上允许明线敷设和紧固电缆,但封闭板必须是坚固的。

(8) 当电缆成束敷设时,若采用单根滞燃型电缆,应采取限制火焰沿电缆束蔓延的措施。

(9) 电缆紧固件及陈件的类型和尺寸应符合相应的船舶行业标准或生产设计图样的要求。碳钢制件表面应进行镀锌处理,铝制件表面应进行阳极氧化处理。

2) 电缆敷设的检验方法

电缆敷设检验主要包括检查电缆的走向、排列、电缆的紧固情况以及施工质量。电缆的走向应符合要求,不应受到各种因素的损伤。对于电缆的紧固材料,一般场所使用镀锌包塑扎带,冷库使用木质或不锈钢卡子。在干燥、常温的环境里,分支电缆可以用尼龙扎带捆绑;下托敷设时,每五根扎带中必须有一根镀锌包塑扎带。在实船检验中,应重点注意下列情况。

(1) 检查外护套种类不同的电缆是否分开紧固。如果分开紧固有困难,一起紧固时,应保证不相互损伤。

(2) 检查电缆扎带收紧以后,电缆护套的变形是否小于电缆外径的 5%。

(3) 检查紧固在电缆托架上的电缆。电缆尽可能平列敷设成矩形且不超过两层,厚度不超过 50 mm；如果托架分层，层间的距离应该大于 100 mm。如果一束电缆超过三层，应按 85％载流量选用电缆。

（4）检查紧固在扁钢类上的电缆束的直径，应不超过 80 mm。

（5）检查穿过贯穿件的电缆总面积，应不超过贯穿件截面积的 40％。

（6）检查孔带间的距离是否符合规定。

（7）穿过不设密封贯通件的电缆，应在距贯通件 100～150 mm 内设固定紧固电缆结构；穿过设密封贯通件的电缆，应在距贯通件 250 mm 内设支承件并紧固电缆。

（8）检查电缆敷设是否平整、紧固、美观。对于临时固定用的支架，保护物和捆扎物均应清除干净。

3）单芯交流电缆的敷设检验

如果必须使用单芯电缆且电流在 20 A 以上，检验时应考虑下列因素。

（1）选用的电缆应是非铠装或用非磁性材料铠装的。为了避免形成环路，金属屏蔽只能在一点接地。

（2）同一电路的电缆应尽量靠紧敷设、装在同一电缆管内或用非磁性材料的夹线板固定在一起。两根相邻电缆的外护层的距离应不大于一根电缆的直径。

（3）当额定电流大于 250 A 的电缆靠近钢质舱壁敷设时，电缆与舱壁的距离应不小于 50 mm，但同一交流电路的电缆按"品"字状布置除外。

（4）对于导体截面积大于 185 mm$^2$ 的单芯电缆组成的并具有相当长度的三相线路，考虑阻抗的平衡，应以不超过 15 m 的间隔将各相线换位。

（5）如果线路中每相有几根单芯电缆并联，所有电缆均应沿相同路径敷设并具有相同的截面积。此外，为了避免电流负载分配不均匀，同相的电缆与其他相电缆组合排列时应符合要求。

# 8.9　其他部分的检验

## 1. 自动电站的检验

1）顺序启动功能检验

为避免自动电站在配电板断电后恢复供电瞬间，电气设备同时启动的特大启动电流危害电力系统的稳定性，应设置各设备分级启动的功能，如顺序启动用户清单及各级延时（0 s、5 s、10 s、20 s）动作时间，应注明设备名称和延时设定值。具体检验内容如下：
①在组合启动屏和应急配电板相应设备的启动器上贴蓝色标记，检查确认各设备延时动

作设定值的正确性;②关闭非参试设备,按设备清单合上其供电断路器;③从主配电板恢复供电瞬间开始计时,确认各级设备延时启动的正确性及时间,并观察主发电机电压、电流的波动情况。

2)优先脱扣功能检验(自动卸载装置)

优先脱扣功能为确保发电机组能连续可靠地运行,在负荷连续上升的过程中,接近发电机额定功率之前,在规定延时后,切断对航行安全并非十分重要的设备电源,以减轻负荷,使该发电机组继续运行,提高电力系统的安全性和经济性。具体检验内容如下:①按设计资料列出主发电机主开关优先脱扣各级(如有2级以上)设定值、动作测试值(包括电子脱扣器模拟动作电流值)和延时动作设定值;②列出优先脱扣设备的清单,在相应设备上贴黄色标记;③合上设置优先脱扣功能设备的供电断路器和其分励脱扣线圈电路的工作电源(可能会在系泊试验时断开);④确认优先脱扣动作时的报警显示。

以下两种试验方法,可任选一种。

(1)模拟试验:在主开关试验时或试验后,利用向主开关电子脱扣器输入模拟动作电流的方式,确认优先脱扣动作的正确性。注意模拟动作电流不能超过该设定值,否则会进入主开关长延时过载脱扣的动作区域,导致主开关脱扣(自动卸载)并进行报警显示。

(2)实船试验:在进行主发电机组负荷试验时,利用调节负荷的方式或实船负荷实测优先脱扣(自动卸载)的功能及报警显示。

3)自动切换功能确认

具体检验内容如下:①分类列出有自动切断功能双套重要机组清单;②自动切换功能试验,设置一台机组先运行,另一台机组置于自动备用,以模拟故障方式,确认自动切换功能的正确性;③自动停车或自动启动功能试验,即以代用传感器方式人为调节控制参数至上、下限设定值,确认自动停车或自动启动功能的正确性。

**2. 电力拖动装置的检验**

(1)拖动电机经常与机舱设备、甲板机械一起进行效用试验。试验时,应进行冷态绝缘电阻和热态绝缘电阻的测量、启动电流和工作电流的测量。试验时,电机的发热、振动、噪声等应符合说明书的规定。

(2)若设置电动机的集中控制,电动机处应设有就近的本地控制按钮。

(3)应急切断布置符合设计图纸的要求。机舱内动力通风装置、燃油驳运泵、锅炉燃油泵及其他类似的燃油装置均应设置应急切断装置,由主配电板直接供电的动力风机、燃油泵燃油装置等的断路器铭牌上应有红色标志。舱室内(包括起居场所、服务场所、装货场所、控制站等)的动力通风装置均应设有应急切断装置:①检查试验机舱出口的外侧设置的风机和燃油泵应急切断按钮;②驾驶室控制板上设置的风机切断按钮(红色),按钮上方应有标明所属风机的应急切断红色铭牌;③做应急切断试验时,风机、燃油泵应能停止运转,也可进行模拟试验,打开应急切断按钮,主配电板上的电源开关断开,停止供电;④若有二氧化碳灭火系统,在模拟试验释放二氧化碳灭火剂之前,在二氧化碳释放控制箱门开启时,应能自动切断被保护场所的所有风机。

**3. 报警装置及呼叫系统的检验**

手动报警装置不是火灾报警系统或者机舱局部报警系统的手动报警按钮。其通常包括两大类:一类是通用应急报警系统;另一类是各种呼叫报警系统,如轮机员呼叫系统,病房呼叫系统(如设有),冷藏鱼舱、速冻加工间或冷库呼叫系统等。

1) 通用应急报警系统

(1) 通用应急报警系统应能发出通用报警信号,该信号由船舶号笛或汽笛,以及附加警铃、小型电警笛或其他等效报警系统,发出的七个或以上的短声及一个长声组成报警信号。

(2) 警笛或警铃等必须由船舶主电源及应急电源(备用)供电,且在正常电源故障时能自动转换到备用电源。当正常电源故障时,应发出警报。蓄电池作为应急电源(备用电源)应维持有 30 min 报警容量以及 18 h 备用。

(3) 除了船舶号笛,该系统应能从船舶驾驶室和其他关键位置进行操作。规范要求其他关键位置指驾驶室外如遇应急状态可以控制并能启动通用应急报警系统的位置,如消防控制站或救生艇、救生筏处(集合站)等作为关键位置。

(4) 通用应急报警系统工作时能连续发出报警信号,并将娱乐音响系统(广播、电视等)自动关闭,直至人工关闭或被某有线广播系统的信息暂时越控。

(5) 内外部应急报警音响的最小声压等级应为 80 dB(A),并应至少高于船舶一般设备产生的环境噪声标准 10 dB(A)。舱内睡眠位置和舱内盥洗室中的声压等级应至少为 75 dB(A)。声音测量应该在船舶试航时进行验证,船厂在提交试航程序时,验船师和船东代表应该注意此项要求。

(6) 在全船所有起居和通常船员工作的场所均应能听到该系统的报警。未设置扬声器的居住舱室内应安装电子声响报警器,如蜂鸣器或类似元件。

(7) 通用应急报警系统的电缆应为耐火电缆。

(8) 通用应急报警系统通常与公共广播系统组合在一起。符合规范要求的公共广播系统或其他合适的通信设施均可作为通用应急报警系统的补充。

2) 轮机员呼叫系统

规范要求设置轮机员呼叫系统时,机舱值班人员可以随时呼叫所需的轮机员或电机员。当机舱呼叫时,被呼叫对象(轮机长等)房间的呼叫铃或蜂鸣器应响,被呼叫者可以通过按钮应答对方。轮机员呼叫系统布置在机舱集控室内。

3）病房呼叫系统（如设有）

病房呼叫系统直接连通病房、医生办公室、驾驶室。信号以铃声或蜂鸣器音响为主。驾驶室应有向病房呼叫的按钮标志牌。

4）冷藏鱼舱、速冻加工间或冷库呼叫系统

该呼叫系统是为了防止当人员进入冷藏鱼舱、速冻加工间或冷库作业时，出入门被误锁。被误锁在冷藏鱼舱、速冻加工间或冷库内的人员可以向厨房和驾驶室发出求救信号。按钮装在每一个单元冷库内。信号以警铃或蜂鸣器表示，并标有可以识别的铭牌标志。虽然上述场所的门都可以实现内、外开启，为了保持这个传统，规范要求设置此呼叫系统，但公约对此并无要求。

**4. 二氧化碳灭火系统和火灾报警系统的检验**

1）二氧化碳灭火系统

检验技术要求如下。

（1）对设有二氧化碳灭火系统的船舶，其通道处、人员工作或进出的舱室处应设有二氧化碳释放的声、光报警装置。

（2）在所有机器工作的状态下，声、光报警装置应位于在整个被保护场所内都能听见声音和看到闪光的红色警灯的位置，此声音应与其他报警声音区分。

（3）打开二氧化碳释放控制箱的门，应自动激发预释放报警。预释放报警时间应为撤离该场所所需的时间，通常不应少于 20 s。

（4）二氧化碳释放控制箱的位置应易于接近和方便操作，通常二氧化碳灭火系统的报警装置就地集中布置，可以设置在二氧化碳控制站，灭火剂可以在二氧化碳控制站内通过压缩气体遥控释放。

（5）对于厨房烟道，因为不是保护区域，所以不要求单独设置灭火系统。

二氧化碳灭火系统以轮机检验为主，电气检验要点如下。

（1）报警功能：失电报警、预释放报警、泄漏报警。

（2）报警警铃声音检查，区别于其他报警装置。

（3）报警延伸到组合报警灯柱的红色闪光的灯光确认。

（4）此系统的报警应延伸至船舶自动记录仪（如设有）。

2）火灾报警系统

固定式火灾报警系统通常由感烟和感温探火报警系统组成。若设置固定式火灾报警系统，用于机舱火警和起居所、服务场所、控制站等舱室的火警，宜使用感温和感烟探头。

检验技术要求如下。

（1）供电电源：双套电源，其中一个必须是应急电源。此系统的供电要求比其他系统高，必须是独立供电专线专用，不能通过其他分配电箱供电。应具有两路电源送至靠近控制板的转换开关，转换开关故障不能导致两套电源同时出现故障。

（2）如果应急电源是蓄电池，应保证系统声、光报警至少工作半小时。

（3）探头类型：包括感烟探头、感温探头和火焰探头三种。实际上，火灾报警系统通常采用感烟和感温探头。安装在油漆间、蓄电池间等场所的探头应是防爆探头。

（4）探头位置：探头要安装在可发挥最佳功能的位置，应避开横梁、通风管道口、气流走向对探测器性能有不利影响的位置或有可能产生冲击或物理性损坏的位置。

（5）冷藏场所、桑拿室、厨房、洗衣间及容易产生蒸汽和烟气等的场所通常采用感温探头，其他场所一般选择感烟探头。

（6）控制板和复视器。控制板通常布置在驾驶室内，也可以布置在消防控制站；如果布置在消防控制站，驾驶室也要设复视器。主控制板通常布置在驾驶室。大型船舶集控室也要求设置复视器。

（7）分区布置和回路：覆盖一个控制站、一个服务场所或一个起居场所（同一层甲板）的探测器应在同一分区内，但不应包括 A 类机器场所。设有远程可逐一识别的火警探测器的固定式探火系统，覆盖起居场所、服务场所和控制站火警探测器的分区，不应包括 A 类机器场所。A 类机器场所通常被认为高危险区域，所以此场所的回路要和其他场所分开设置。

（8）应逐一确认每个探测器的装置，一般不允许起居场所、服务场所和控制站内的一个分区的覆盖范围超过一层甲板。

检验要点如下。

（1）按照设计图纸的要求，检查控制板、手动报警按钮、感烟探测器或感温探测器的安装情况。

（2）检查报警装置的电源和电路在断电或故障时，控制板是否能发出声、光报警信号，这个信号应与火灾信号有明显区别。

（3）控制板上应有所属火灾报警区域的铭牌标志。试验火灾报警之前，安装感烟或感温探测器的场所不得有烟雾。应按要求对每路的每个探测器进行模拟烟雾或感温试验，检查对应的声、光报警信号是否正确无误。

（4）检查全船通用警铃的自动启动功能。控制板和指示装置发出声、光报警信号后，如果在 2 min 内信号未引起注意，应向所有船员起居场所和服务场所、控制站以及 A 类机器场所自动发出声响报警。在火警报警 2 min 后，延伸至全船的通用警铃应自动启动，启动后全船通用警铃应发出声响报警。

（5）按照设计图纸，分别检查各区域、各手动报警按钮的功能，以及全船通用警铃发出的声响报警信号。

（6）自动探火和失火报警系统的电源应不少于两套，其中一套应为应急电源。控制板上应装有电源自动转换开关，应通过电源转换检查其转换可靠性。

（7）此系统的报警可延伸至船舶自动记录仪（如设有）。

### 5．柴油发电机组的性能试验

1）柴油发电机性能

柴油发电机性能是指每台柴油发电机具有的不同的电压调整率变化的特性。这种特性有两种形式，即稳态调压特性和瞬态调压特性。稳态调压特性是在功率因数额定的情况下，柴油发电机的负荷从 0％～100％ 变化的特性。瞬态调压特性是在功率因数额定的情况下，因柴油发电机的负荷突加或突卸，电压变化的瞬间特性。由于每台柴油发电机电压调整率的变化与柴油机和调速器的性能有密切的关系，特性试验的主要目的是为船东提供详细的参考数据。

2）柴油发电机性能试验前应具备的条件

（1）柴油发电机组的保护功能试验完毕，并具有安全、可靠的性能，如滑油低压停车、冷却水高温停车和超速保护等试验完毕。

（2）柴油发电机组负荷试验完毕，各种参数已按技术要求调整，运转正常，能确保柴油发电机组特性试验的正常进行。

（3）用于柴油发电机组特性试验的负载处于正常控制、使用状态，一般可以采用水电阻电阻箱及电抗器。

（4）柴油发电机稳态电压调整率不超过发电机额定电压的 2.5％；应急发电机的电压调整率不超过发电机额定电压的 3.5％。当柴油发电机负载突加或者突卸时，电压恢复到与最后稳定值相差 3％ 以内所需的稳定时间不超过 1.5 s。

3）发电机组的性能试验

（1）稳态调压特性试验。

当进行发电机特性试验时，应将柴油机转速调整到额定转速，在发电机的负载和功率因数调整到额定值后进行稳态调压特性试验。试验负载按 100％→75％→50％→25％→50％→75％→100％ 变化时，记录柴油发电机各种负载工况下的功率、电流、电压、功率因数和频率。在各种负载工况下都应该使功率因数保持在额定值范围内。为保证记录准确，上述试验通常要求不少于两次。

柴油发电机稳态电压调整率计算公式如式（8.1）所示。

$$\Delta V = \frac{V - V_1}{V_{\mathrm{H}}} \times 100\% \tag{8.1}$$

式中：$\Delta V$——柴油发电机稳态电压调整率；

　　$V_1$——柴油发电机瞬时电压变化最大值；

　　$V$——柴油发电机电压变化以前的稳定值；

　　$V_{\mathrm{H}}$——柴油发电机额定电压。

稳态调压特性试验符合规范要求后，可进行瞬态调压特性试验。

（2）瞬态调压特性试验。

试验工况与稳态调压特性试验相同。在发电机组空负荷状态下突加 50% 额定负载，稳定后再加 50% 负载，检测转速变化情况和稳定时间。在缺少有关突变负载最大值的确切数据的情况下，具体做法如下。

①柴油发电机的负载为空载，转速为额定转速，电压接近或者为额定值的工况下，突加 60% 的额定负载及功率因数不超过 0.4（滞后）的对称负载，记录柴油发电机电压变化以前的稳定值、瞬时电压变化最大值、变化后的电压稳定值以及稳定时间。

②突加 40% 的额定负载及功率因数不超过 0.4（滞后）的对称负载，记录电压变化以前的稳定值、瞬时电压变化最大值、变化后的电压稳定值和稳定时间。

③柴油发电机负载在 100% 额定负载工况下突卸到 0，记录的内容如前所述。

上述试验也可以同柴油机调速器特性试验一起进行。当电压下降时，瞬态电压应不低于额定电压的 85%；当电压上升时，瞬态电压应不超过额定电压的 120%。

4）柴油发电机并联运行试验

柴油发电机并联运行必须具备三个条件：电压相同、频率相同、相序相同。具备了这三个条件，就达到了同步的要求，可以进行并联运行。主配电板中的并车屏的作用就是观察各发电机的同步运行状态，并通过手动、半自动或自动的方式完成并联或解列操作。

（1）柴油发电机并联运行试验前应具备的条件和技术要求。

①柴油发电机组的安全保护系统试验完毕，功能齐全、可靠，如滑油低压停车、冷却水高温停车、超速保护等试验完毕。

②主配电板上各发电机屏的保护系统试验完毕，如过载保护、逆功率保护、失压保护等试验完毕并安全、可靠。

③在三台或三台以上发电机并联运行的情况下，瞬时脱扣器应在稍大于所保护的发电机的最大短路电流（300% 的发电机额定电流）下动作；短路时，断路器应能瞬时断开。

④柴油发电机的负荷试验以及特性试验完毕。

（2）柴油发电机进行试验时，若各发电机的功率不同，各机组负载分配应该具备的要求。

①柴油发电机实际承担的有功功率与按发电机额定功率比例分配的计算值之差,在发电机功率相同时,应不超过最大发电机额定功率的 15% 或最小发电机额定功率的 25%,以较小者为准。

②柴油发电机实际承担的无功功率与按发电机额定无功功率比例分配的计算值之差,在发电机功率相同时,应不超过额定无功功率的 10%;当发电机功率不同时,应不超过最大发电机额定无功功率的 10% 或最小发电机额定无功功率的 25%,以较小者为准。

(3)并联运行试验方法。

①应在主配电板的并车屏上观察需要并车的发电机的同步指示。操纵并车屏上并联运行同步表的转换开关,观察同步表的旋转指针。当自动找到同步点时,同步指示灯亮且亮度相同;同步表指针垂直指向同步点时,两台发电机同步,按下并车按钮并车或者自动合闸并车。当两台发电机并联运行成功时,同步表指针和同步指示灯为静止状态后,同步表转换开关立即转到零位切断同步表电源。

②检查并联运行的发电机的负载运行。按试验大纲规定的并联运行的台数,分别组合进行试验,再调节到按其比例进行试验。例如,运行发电机的额定负载为 50% 时,并入待并发电机组,然后将负载调至其额定值的 75% 作为起并负载点,进行负载变化试验(75%→50%→25%→50%→75%→100%→75%)。试验设备可以采用水电阻、电阻箱和电抗器。当负载在总额定负载的 20%~100% 的范围内变化时,应能稳定运行。在并联运行负载试验时,每个负载点并联运行时间为 5~10 min。分别记录每台柴油发电机在各负载工况下的负荷、电压、频率功率、电流和功率因数。

③进行负载转移试验。应将待并的发电机同已经在额定状态下运行的发电机并联,手动进行负载转移,将原并联运行的其中一台发电机的负载逐渐转移到后并上的发电机;当负载减少到低于发电机额定负载的 20% 时,手动断开发电机空气断路器,然后对继续并联运行的发电机负载进行分配(若有三台发电机),使之并联运行可靠、稳定。做手动负载转移试验时,对负载的增减调节一般是利用主配电板上柴油发电机手动调速的开关进行,使发电机分别减速或者增速,从而使发电机所承担的负载减少或者增加,实现负载的转移。在进行上述试验,特别是并联运行负载试验时,应做好记录。

# 8.10　船舶电气系统检验的智能化

## 1. 当下我国船舶检验技术需求

当下我国船舶检验技术需求主要体现在信息智能化和远程精准控制等方面。

1）信息智能化

随着互联网信息技术的广泛应用，为了给检验数据高效化处理提供支持，加速开展船舶检验的信息化、智能化建设已成为检验技术创新的方向之一。随着物联网技术、人工智能技术的整合应用，花费较短时间即可完成信息采集与分析工作，检验技术工作的自动化、智能化水平越来越高。

2）远程精准控制

船舶检验难度和危险程度均较大，若采用以人力为主的现场检测，无法规避人为操作失误等情况，尤其是密闭环境的船舱质量检测，内部空间狭小，光线暗淡、结构复杂，稍不注意就会酿成安全事故。为了满足船舶安全、精准检测的需求，船舶检验技术逐渐向远程精准控制的方向发展，无人机技术、智能传感器技术等逐渐被应用于该领域并成为当前以及未来一段时间内船舶检验技术的主流发展趋势。

**2. 我国船舶电气设备检验技术未来发展方向**

1）搭建信息化检验系统，智慧赋能

船舶检验技术未来发展方向之一是深化"互联网＋"的建设与应用，将其应用于性能检验方面，结合人工智能，实现性能检验与问题定位、问题反馈，及时发现不足并解决。具体而言，综合运用物联网、网络通信等技术，以监测上位机为核心，借助局域网连接网络交换机，在性能检验的各环节引入 GPS（global positioning system，全球定位系统）技术、控制技术、传感器技术等，实现对船舶性能的全面检验。

GPS 技术主要引入终端、控制单元与网络交换机相连，通过输入机舱模拟、测功仪等信号，借助运动传感器、波浪测量装置实现对航行性能的准确检验。创新、应用这个检验系统时，应注重传感器的智能化优选，同时保留船配传感器，将就地控制单元与串口服务器、传感器终端相连，实现对系统感知信号的全面采集，借助网络交换机实现船舶内局域网与外部网络节点的稳定连接与运作。为提高船舶检验效率，系统应包含数据处理功能，尤其是信号和检验数据处理功能，应用互联网监测系统合理筛选相关数据，通过滤波参数的预设初步处理检验数据，清除干扰信号，提升检验采集精度，为后续数据分析、决策制定等提供可靠支持。

2）引进无人机航拍技术，远程操作

无人机技术广泛应用于农业、气象等领域。对于船舶检验工作，无人机可以通过卫星或视觉导航实现精准定位，依托智能感知与避障、自主容错导航的整合运用，也可以在船舱内部，无光照、无卫星信息，有强电磁干扰的环境中实现增稳悬停、自主避障，还可以实现超高清检验图像的实时传输，满足远程安全检验需求。基于无人机技术，结合光纤数据传输等技术，构建船舶检验无人机系统，借助灯光、摄像头和云台保证拍摄质量。这些部件在计算机系统的支持下可实现远程控制,便于地面端工作人员实时分析拍摄图像并灵活控制检验系统。

　　船舱是结构化环境,无人机航拍检验时应同步构建船舱模型。为保证信息采集精度、避免发生畸变,无人机技术应用时还应借助激光雷达点的三维几何信息提取特征信息,包括点云密集度、高度差等,实时存储于二维格栅地图。接收到新的激光雷达点云之后,系统自动更新地图格栅概率,使地面端得到以三维信息为基础的格栅地图,实现对船舱模型的精确构建。其中,三维激光雷达通过激光测距原理实时获得障碍物信息,保证无人机飞行安全。在控制无人机与障碍物距离方面,系统主要依托以位置控制为核心的外环飞行控制算法,根据算法结果自动、实时控制无人机的飞行位置和速度,实现检验设备的精准悬停与避障。不仅如此,为实现无人机检验的飞行要求,系统还可以采用基于点云聚类与分割的环境特征显著性辨识技术,对船舱环境进行精准、智能化识别,根据识别结果自动生成控制指令,进一步提高无人机飞行检验稳定性。需要注意的是,船舱内部存在一些难以被激光雷达检测到的区域,如"单一平面",其环境特征稀疏,搭载激光雷达的无人机飞过该区域时,探测结果往往为侧舱壁,这会导致激光雷达 SLAM(simultaneous localization and mapping,即时定位与地图构建)解算的位姿与舱壁平行方向存在较大误差。针对这一检验难点,可以引入动力学模型,优化激光雷达定位算法,获得高精度位姿信息,定位"单一平面"。

　　3) 实施立体式激光扫描,提高效率

　　空船重量检测是船舶检验的重点内容之一。检测数值过大或过小,超出实际数值的合理范畴,将会影响船舶经济与技术性能指标。为满足高效率船舶重量检测,可创新应用 3D(3 dimensions,三维空间)激光扫描技术,运用软件对物体结构进行多方位扫描,构建物体的三维数字模型,实现全面检测与分析。

　　4) 增强现实、虚拟现实技术应用,丰富场景

　　随着"5G＋"(5th generation mobile communication technology,第五代移动通信技术,简称"5G")应用场景的增多,为切实保障船舶检验质量,可以创新应用"5G＋虚拟现实技术",利用 5G、自组网、虚拟现实技术眼镜、移动智能端等,突破船舶机舱、货舱等封闭处无法远程实时检验的瓶颈,充分发挥新一代通信网络的高速率、低时延、大容量等优势特征,为封闭处的检验提供高质量音频、视频信号传输条件。

　　具体而言,以远程智能运维为基础,即便验船师无法亲临现场,也可以通过"5G＋工业 AR"的方式,由后方专家组远程指导相关检验与操作事宜,现场技术人员佩戴 AR(augmented reality,增强现实)眼镜即可。此项技术主要用于远程协作,目前常用于船舶检验与设备维修。根据检验需求,现场技术人员可直接通过移动智能终端呼叫远程专

家,在 5G 技术支持下实时传输现场视频画面,使专家可以通过语言指导与画面标注等方式辅助现场人员开展工作。通过此项技术的应用,船舶检验项目可高质量、高效率推进,实时存储检验数据,优化船舶检验回溯与讨论分析,提高远程检验的质量安全。

　　5)红外热成像技术应用

　　红外热成像技术在船舶检验领域的应用是船舶检验技术创新的一项重要内容。检验人员可以通过红外热成像技术实时、非接触获取船舶结构和设备的热分布图像,从而识别潜在的故障、缺陷和异常情况。红外热成像技术基于物体的红外辐射,利用红外热像仪将红外辐射转化为热图像。这些热图像显示了不同区域的温度差异,能够直观地展示出船舶结构和设备的热异常情况,如过热、漏热、冷却不良等。

　　红外热成像技术可以检测船舶电气设备和线路的异常情况,还可以检测机械设备和传动系统中的摩擦、磨损、润滑不良等问题。红外热成像技术可以检测船体结构和船舶管道的漏水、腐蚀、断裂等问题,以及船体其他部位的结构破损、缺陷等。检验人员可以通过红外热成像技术对船舶的能源利用情况进行分析,发现能源浪费和能效低下的问题,优化船舶的能源管理和节能措施。

　　红外热成像技术在船舶检验中具有非接触、实时、直观等优势,可以帮助检验人员快速发现潜在问题并及时进行维修和处理。这项技术的应用将提高船舶的安全性、可靠性和效率,是船舶检验技术创新的重要一环。

　　6)超声波技术

　　超声波技术是船舶检验领域中的一项重要技术,利用超声波检测和评估船舶结构、设备和管道等的完整性和性能。

　　这项技术可以非破坏性地检测材料内部的缺陷、裂纹、腐蚀、疲劳等问题,具有高灵敏度和高分辨率的特点。超声波技术在船舶检验中具有快速、准确、可靠的特点,可以提高船舶检验的效率和精度。同时,随着电子和计算机技术的发展,超声波技术得到了智能化和自动化的应用,如自动超声波探伤系统和无人机超声波检测技术等。这些创新使超声波技术在船舶检验中更加便捷和可靠,为船舶安全和运行提供了重要支持。

　　7)机器人技术

　　机器人技术在船舶检验领域的应用是船舶检验技术创新的一个重要方向。机器人技术可以实现对船舶的自动化检测和评估,提高效率、减少人力成本,能够在危险环境中进行检查,提高安全性。

　　自动化探伤机器人可以用于管道、设备和船体结构的内部检测。机器人搭载超声波、磁粉、激光等探测设备,能够自主进行检测、快速获取数据并生成报告,减少人力投入和提高准确性。

通过引入机器学习和人工智能技术,机器人可以学习和识别不同的船舶结构、设备和缺陷特征,从而提高检测的准确性和智能化程度。机器人可以利用自主导航和路径规划技术,在船舶内部和外部进行自主巡航,并按照预设的路径和指令完成检测任务,提高工作效率和安全性。

通过机器人技术的应用,船舶检验可以通过更高效、精确和安全的方式进行,减少人为操作的风险,提高工作效率。机器人技术在船舶检验领域的创新发展将进一步推动船舶安全和运行安全的提升。

8)无线传感器技术

无线传感器技术是船舶检验领域的一项创新技术,通过无线传感器网络实现对船舶结构、设备和环境等参数的实时监测和数据采集。无线传感器可以分布在船舶各个位置,通过无线通信技术将采集到的数据传输到中央控制系统进行分析和处理。无线传感器可以用于对船舶结构的长期监测,如船体应力、振动、变形等参数的采集和分析,以判断结构的健康状况和性能。无线传感器可以用于监测船舶上各种设备的运行状态和性能参数。无线传感器可以对船舶能源的消耗、供应和使用情况进行监测和分析,以优化能源管理,提高能源利用效率和降低船舶的碳排放。无线传感器可以与监控和预警系统相连,监测到异常情况时及时报警或发出警示信号,使相关人员及时采取措施防止事故发生。

无线传感器的设置不仅可以实现对船舶参数的实时监测、自动化采集,提高检验的效率和准确性,而且可以减少人力投入并降低安全风险。这项技术的创新应用将为船舶检验提供更全面、及时和可靠的数据支持,促进船舶的安全运行和可持续发展。

## 3. 船舶电气设备检验的智能化

1)电气设备智能化的基本介绍

电气设备智能化是指将先进的计算机技术、通信技术、传感器技术等应用于电气设备,使其具有智能化的功能和特点。通过智能化技术,电气设备可以实现自我监测、自我诊断、自我保护、自我控制等功能,提高设备的可靠性、安全性和效率。

电气设备智能化的核心是智能传感器和智能控制系统。智能传感器可以实时监测电气设备的运行状态,如电流、电压、温度、湿度、振动等参数,并将这些数据传输给智能控制系统。智能控制系统可以对这些数据进行分析和处理,根据设备的运行状态和工作要求,自动调整设备的运行参数,实现智能化的控制和管理。

电气设备智能化有以下优点。

(1)提高设备的可靠性和安全性:通过智能化技术,电气设备可以实时监测自身的运行状态,及时发现故障和异常情况,采取相应的保护措施避免设备损坏和事故发生。

（2）提高设备的效率和性能：智能化技术可以根据设备的运行状态和工作要求，自动调整设备的运行参数，实现最优的运行效果，提高设备的效率和性能。

（3）降低设备的维护成本：通过智能化技术，电气设备可以实现自我诊断和自我保护功能，减少设备的故障和损坏，降低设备的维护成本。

（4）实现远程监控和管理：智能化技术可以将电气设备的运行状态和数据传输到远程监控中心，实现对设备的远程监控和管理，提高设备的管理效率和水平。

2）电气设备智能化检验面临的挑战

（1）设备复杂性。

随着电气设备智能化的发展，设备的功能和结构变得越来越复杂。这增加了设备的设计、制造和维护难度，也对电气设备及其检验的可靠性和安全性提出了更高的要求。

（2）通信安全问题。

电气设备智能化检验需要实现设备之间的通信和数据交换，这就涉及通信安全问题。通信系统受到攻击或干扰可能会导致设备故障数据泄露等严重后果。

（3）系统集成难度。

电气设备智能化通常要与其他系统进行集成，如监控系统、控制系统等。然而，不同系统之间的接口和协议可能存在差异，这增加了系统集成的难度和成本。

3）应对电气设备智能化检验的挑战的策略

（1）优化设备设计。

为了降低设备的复杂性，可以采用模块化设计、标准化接口和组件化生产等方法。这样可以提高设备的可维护性和可扩展性，也有利于降低设备的成本。

（2）加强通信安全。

为了保障通信安全，可以采用加密技术、身份认证技术和访问控制技术等措施，同时加强网络安全管理，定期进行安全漏洞扫描和修复，提高系统的安全性和可靠性。

（3）提高系统集成能力。

为了降低系统集成的难度，可以采用统一的接口标准和协议，实现不同系统之间的无缝连接，同时采用集成化的软件开发工具和平台提高系统的开发效率和质量。

（4）加强人才培养。

电气设备智能化检验需要具备跨学科知识和技能的人才，如电气工程师、计算机科学家、通信工程师等。因此，应加强人才培养，提高人才的综合素质和创新能力。

### 4. 电气设备监控技术

1）电气设备监控系统的原理和方法

电气设备监控系统通过实时监测设备运行参数、数据采集、数据处理与分析等技术手段,对电气设备的状态进行监控和管理。电气设备监控系统的主要原理是通过传感器、数据采集设备等硬件设备采集设备运行时产生的各种数据(如电压、电流、温度等),通过数据传输和存储技术将数据传输至监控系统,通过算法分析处理数据实现对设备运行状态的实时监控和诊断。电气设备监控系统的方法主要包括数据采集与传输、数据处理与分析、异常检测与预警等步骤。数据采集与传输主要通过传感器及数据采集设备实时采集数据,并通过通信设备将数据传输至监控系统;数据处理与分析利用数据处理算法对采集到的数据进行处理和分析;异常检测与预警根据设定的规则或模型对数据进行监测,发现异常情况时发出预警信号,通知相关人员进行处理。

2)智能化监控系统的组成和功能

智能化监控系统通常由传感器、数据采集设备、通信设备、监控主机、显示屏、报警器等组成。传感器用于检测设备运行参数,数据采集设备用于将传感器采集到的数据传输至监控主机,通信设备用于数据传输通信,监控主机用于数据处理和控制监控系统的运行,显示屏用于显示监控数据,报警器用于实时报警。智能化监控系统的主要功能包括实时监测设备状态、故障预警、远程控制、数据存储与分析等。智能化监控系统能够实时监测设备运行参数,发现问题并发出警报;能够通过远程控制功能远程操控设备,对设备进行调整和控制;能够对数据进行存储与分析,分析设备运行情况,发现问题症结。

3)电气设备监控系统的应用案例

(1)智能高压开关柜监控系统:通过安装传感器、数据采集设备等硬件,对高压开关柜的电流、电压、温度等运行参数进行实时监测,实现对开关柜状态的智能监控;一旦发现异常情况,系统会自动发出警报。

(2)智能变压器监控系统:通过安装温度传感器、气体传感器等设备,对变压器的温度、油位、气体绝缘等参数进行实时监测,利用智能化算法对数据进行分析,实现对变压器状态的多维度监控和预警。

(3)智能配电系统监控系统:通过传感器对电气设备的运行数据进行监测,实现对配电系统的远程实时监控与管理,提高设备的运行效率和稳定性。

**5. 智能机械故障诊断技术**

1)利用智能算法搭建云平台数据监测系统

该系统可对船舶电气设备运行过程进行监测,通过采集与分析设备运行数据,实现故障监测、诊断和预警功能,为电气设备故障维修提供参考依据。海上信号获取是智能故障诊断面临的主要困境,可尝试利用 5G 移动通信和卫星通信等技术加以解决,提高计算机的计算能力,实现远程监测。

2）建立船舶电气设备状态监测数据库

长期、完整的设备运行数据可为深入挖掘设备健康状况提供数据资料，为智能故障诊断提供完整、真实和可靠的数据参考。

3）建立自学习故障诊断平台

基于智能算法的故障诊断云平台如图 8.7 所示。使用智能算法可对设备运行数据进行自动分析和学习，识别其特征，利用神经网络等技术构建智能模型，强化故障识别。

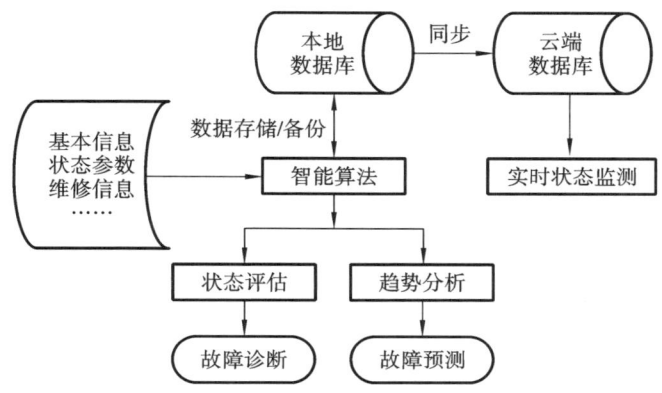

**图 8.7　基于智能算法的故障诊断云平台**

4）构建船舶电气设备视情维修与健康管理体系

利用预测与健康管理（prognostics and health management，PHM）技术可实现对电气设备的状态感知、状态监控、故障诊断和寿命预测等，可更为精准地感知电气设备状态，使故障维修更具主动性。

# 第9章

## 清洁能源在内河船舶的应用

# 9.1　内河船舶应用清洁能源背景

## 9.1.1　"双碳"政策

### 1. "碳"的含义

"双碳"中的"碳"实际上就是指温室气体,它在《联合国气候变化框架公约》(*United Nations Framework Convention on Climate Change*,UNFCCC)有明确的定义和涵盖范围。温室气体指的是大气中能吸收地面反射的长波辐射,并重新发射辐射的气体,如水蒸气、二氧化碳等,它们的作用是使地球表面变得更暖,类似于温室截留太阳辐射并加热温室内空气的作用。在温室气体中,氢氟碳化物类、全氟碳化物及六氟化硫这三类气体造成温室效应的能力最强。从对全球升温的贡献百分比来说,二氧化碳的含量较多,所占的比例也最大,约为 25%。

因为所有的温室气体的 GWP(全球变暖潜能值,global warming potential)都以二氧化碳为基准,所以将温室气体排放统称为碳排放。除了化石能源燃烧,制冷剂的使用也是重要的碳排放源。

1997 年,《〈联合国气候变化框架公约〉京都议定书》中提出了公约管控的温室气体包括二氧化碳($CO_2$)、甲烷($CH_4$)、氧化亚氮($N_2O$)、氢氟碳化物(HFCs)、全氟碳化($PFCs$)、六氟化硫($SF_6$)。2012 年,《〈京都议定书〉多哈修正案》又将三氟化氮($NF_3$)纳入公约管控范围。因此,"双碳"中的"碳"是指《联合国气候变化框架公约》管控的 7 种温室气体。

2024 年 1 月 19 日,我国生态环境部印发了《大气污染物与温室气体融合排放清单编制技术指南(试行)》,对温室气体进行了定义。温室气体核算物质包括二氧化碳、甲烷、氧化亚氮和氢氟碳化物。

### 2. "双碳"政策

联合国政府间气候变化专门委员会(Intergovernmental Panel on Climate Change,IPCC)将"碳达峰"定义为"某个国家(地区)或行业的年度 $CO_2$ 排放量达到了历史最高值,然后由这个历史最高值开始持续下降,即 $CO_2$ 排放量由增转降的历史拐点"。"碳达峰"的目标包括达峰的年份和峰值。

IPCC 将"碳中和"定义为"通过应用 $CO_2$ 去除技术将人类活动排放的 $CO_2$ 进行吸收,以使空气中的 $CO_2$ 量达到平衡"。也就是说,在某一时刻,碳的排放和吸收会相互抵消,通过节能减排、能源替代、产业调整、植树造林等二氧化碳固定技术吸收和减少温室气体,可以达到二氧化碳"零"排放的目标。

2020 年 9 月 22 日,我国宣布,二氧化碳排放力争在 2030 年前达到峰值,努力争取在 2060 年前实现"碳中和",这是我国首次提出"双碳"目标。根据中央文件,"碳达峰"意味着到 2030 年,碳排放在峰值后不再增加,在达到年增长率为零的拐点后逐渐下降。在未来实现"双碳"目标,不仅意味着气候的改善,也意味着中国逐步向绿色和低碳经济迈进。

## 9.1.2　新时代能源高质量发展政策

新时代的中国能源发展要积极适应国内、国际形势的新发展和新要求,坚定不移走高质量发展新道路,更好地服务经济社会发展。

### 1. 能源安全新战略

新时代的中国能源发展,贯彻"四个革命、一个合作"能源安全新战略。

(1) 推动能源消费革命,抑制不合理能源消费。坚持节能优先方针,完善能源消费总量管理,强化能耗强度控制,把节能贯穿于经济社会发展全过程和各领域。坚定调整产业结构,高度重视城镇化节能,推动形成绿色低碳交通运输体系。在全社会倡导勤俭节约的消费观,培育节约能源和使用绿色能源的生产生活方式,加快形成能源节约型社会。

(2) 推动能源供给革命,建立多元供应体系。坚持绿色发展导向,大力推进化石能源清洁高效利用,优先发展可再生能源,安全有序发展核电,加快提升非化石能源在能源供应中的比重。大力提升油气勘探开发力度,推动油气增储上产。推进煤电油气产供储销体系建设,完善能源输送网络和储存设施,健全能源储运和调峰应急体系,不断提升能源供应的质量和安全保障能力。

(3) 推动能源技术革命,带动产业升级。深入实施创新驱动发展战略,构建绿色能源技术创新体系,全面提升能源科技和装备水平。加强能源领域基础研究以及共性技术、颠覆性技术创新,强化原始创新和集成创新。着力推动数字化、大数据、人工智能技术与能源清洁高效开发利用技术的融合创新,大力发展智慧能源技术,把能源技术及其关联产业培育成带动产业升级的新增长点。

(4) 推动能源体制革命,打通能源发展快车道。坚定不移推进能源领域市场化改革,还原能源商品属性,形成统一开放、竞争有序的能源市场。推进能源价格改革,形成主要由市场决定能源价格的机制。健全能源法治体系,创新能源科学管理模式,推进"放、管、服"改革,加强规划和政策引导,健全行业监管体系。

(5) 全方位加强国际合作,实现开放条件下能源安全。坚持互利共赢、平等互惠原则,全面扩大开放,积极融入世界。推动共建"一带一路"能源绿色可持续发展,促进能源基础设施互联互通。积极参与全球能源治理,加强能源领域国际交流合作,畅通能源国际贸易,促进能源投资便利化,共同构建能源国际合作新格局,维护全球能源市场稳定和共同安全。

**2. 新时代能源政策理念**

(1)坚持以人民为中心。牢固树立能源发展为了人民、依靠人民、服务人民的理念,把保障和改善民生用能、贫困人口用能作为能源发展的优先目标,加强能源民生基础设施和公共服务能力建设,提高能源普遍服务水平。把推动能源发展和脱贫攻坚有机结合,实施能源扶贫工程,发挥能源基础设施和能源供应服务在扶贫中的基础性作用。

(2)坚持清洁低碳导向。树立人与自然和谐共生理念,把清洁低碳作为能源发展的主导方向,推动能源绿色生产和消费,优化能源生产布局和消费结构,加快提高清洁能源和非化石能源消费比重,大幅降低二氧化碳排放强度和污染物排放水平,加快能源绿色低碳转型,建设美丽中国。

(3)坚持创新核心地位。把提升能源科技水平作为能源转型发展的突破口,加快能源科技自主创新步伐,加强国家能源战略科技力量,发挥企业技术创新主体作用,推进产学研深度融合,推动能源技术从引进跟随向自主创新转变,形成能源科技创新上下游联动的一体化创新和全产业链协同技术发展模式。

(4)坚持以改革促发展。充分发挥市场在资源配置中的决定性作用,更好地发挥政府作用,深入推进能源行业竞争性环节市场化改革,发挥市场机制作用,建设高标准能源市场体系。加强能源发展战略和规划的导向作用,健全能源法治体系和全行业监管体系,进一步完善支持能源绿色低碳转型的财税金融体制,释放能源发展活力,为能源高质量发展提供支撑。

(5)坚持推动构建人类命运共同体。面对日趋严峻的全球气候变化形势,树立人类命运共同体意识,深化全球能源治理合作,加快推动以清洁低碳为导向的新一轮能源变革,共同促进全球能源可持续发展,共建清洁美丽世界。

**3. 重点实施能源发展四大战略**

(1)节约优先战略。把节约优先贯穿于经济社会及能源发展的全过程,集约高效地开发能源,科学合理地使用能源,大力提高能源使用效率,加快调整和优化经济结构,推进重点领域和关键环节节能,合理控制能源消费总量,以较少的能源消费支撑经济社会较快发展。

(2)立足国内战略。坚持立足国内,将国内供应作为保障能源安全的主渠道,牢牢掌握能源安全主动权。发挥国内资源、技术、装备和人才优势,加强国内能源资源的勘探开发,完善能源替代和储备应急体系,着力增强能源供应能力。加强国际合作,提高优质能源保障水平,加快推进油气战略进口通道建设,在开放格局中维护能源安全。

(3) 绿色低碳战略。着力优化能源结构,把发展清洁低碳能源作为调整能源结构的主攻方向。坚持发展非化石能源与化石能源高效清洁利用并举,逐步降低煤炭消费比重,提高天然气消费比重,大幅增加风电、太阳能、地热能等可再生能源和核电消费比重,形成与我国国情相适应、科学合理的能源消费结构,大幅减少能源消费排放,促进生态文明建设。

(4) 创新驱动战略。深化能源体制改革,加快重点领域和关键环节改革步伐,完善能源科学发展体制机制,充分发挥市场在能源资源配置中的决定性作用。树立科技决定能源未来、科技创造未来能源的理念,坚持追赶与跨越并重,加强能源科技创新体系建设,依托重大工程推进科技自主创新,建设能源科技强国,使能源科技总体接近世界先进水平。

### 4. 应对全球气候变化

应对全球气候变化是人类社会发展面临的重大挑战,已成为各国政府、能源行业以及科技工作者关注的焦点问题。展望 2050 年,世界经济持续增长,以中国为代表的发展中国家成为全球经济增长的主要引擎。在建设"一带一路"全球发展新机遇、新时代中国发展新征程、印度等新兴经济体崛起等因素的带动下,全球能源需求将保持增长。能源生产技术变革带动生产成本显著下降,能源消费技术变革加快能源利用效率提升,能源市场的全球化进程将有力推动基础设施互联互通、资源技术合作共享。积极履行自主贡献承诺、携手应对全球气候变化,成为世界各国的普遍认同和能源行业的一致行动。

为实现 2 ℃温升控制目标,在需求规模上"减量"和在能源结构中"去碳"是应对气候变化的全球共识。高需求情景下,伴随全球经济社会发展,能源需求持续较快增长,能源供应加快向可再生能源转型,以实现 2 ℃温升控制目标。自主减排情景下,各国兑现自主减排贡献承诺、实现可再生能源发展目标,能源利用效率有所提升,能源需求平稳增长,但能源转型相对较慢,难以实现二氧化碳减排目标。高能效情景下,各国高度重视能效管理,能源利用效率大幅提高,能源需求缓慢增长,能源低碳转型加快,可实现二氧化碳减排目标。

### 5. 提升能效是降低能源转型成本的最经济的手段

能源效率的提升,既可在消费侧减少需求,又可在供给侧减少投资,是降低能源转型成本的最经济的手段。电力转型将在能源转型中发挥决定性作用。90%以上的非化石能源需要转化为电力来使用,因此以电为中心、以电网为平台构建新一代能源系统是全球能源转型的必然选择。在消费侧加大电能对化石能源的替代,在供给侧加大风电、太阳能发电等新能源的开发规模,对于构建清洁低碳、安全高效的全球能源体系至关重要。

### 6. 中国有望引领全球能源转型

中国不仅是经济大国、能源电力消费大国,而且是清洁能源生产和消费大国,中国能源转型直接影响全球能源转型。习近平总书记在 2014 年提出能源领域"四个革命、一个合作"的战略思想,在 2017 年"一带一路"国际合作高峰论坛上强调:"要抓住新一轮能源结构调整和能源技术变革趋势,建设全球能源互联网,实现绿色低碳发展。"中国共产党第十九次全国代表大会报告指出,坚持和平发展道路,推动构建人类命运共同体。国家电网有限公司积极推动全球能源互联网建设,为全球能源转型提供重要支撑。中国能源革命的成功实践将为广大发展中国家能源发展和转型提供中国经验和中国智慧。特朗普政府上台后,美国宣布退出《巴黎协定》,给全球应对气候变化增加了巨大的不确定性;中国政府坚定不移推动气候治理、继续履行大国责任担当,将在全球应对气候变化中发挥重要作用。

## 9.1.3 我国能源存在的问题

首先,我国煤炭占比过高,碳排放量逐年增加,导致了严重的环境问题;其次,我国石油进口量逐年增加,对外依存度居高不下,造成了一定的能源安全问题;最后,虽然我国的新能源近年来开发力度较大,但是相比发达国家,利用率还是比较低。所以我国的能源结构存在以下几个问题。

### 1. 石油短缺与能源安全问题

根据《BP 世界能源统计年鉴》(英荷壳牌石油公司编撰的能源统计年鉴),2019 年我国石油已探明储量占世界总量的 1.5%,但是我国人口占世界总人口的 18%,可见,我国石油人均占有储量大幅低于世界平均水平。

自 1993 年成为原油净进口国以来,中国于 2002 年成为世界第二大石油消费国、第七大石油进口国;2017 年全年中国日均原油进口量为 840 桶,超过美国日均 790 桶的进口量,首次成为全球第一大原油进口国。相关数据表明,我国原油出口量从 1998 年以来变化不大,呈现逐年下降的趋势;原油进口量却呈现逐年上升的趋势,1998 年原油进口量为 2732 万吨,2020 年原油进口量为 54238.6 万吨,2020 年原油进口量是 1998 年的 19 倍多。我国原油对外依存度也在不断增大,2008 年对外依存度为 49%,2020 年对外依存度达到了 70.44%。石油资源匮乏带来石油对外依存度的增加,严重威胁我国的能源安全,尤其是面临全球高油价时代的到来,石油安全就成为能源安全,事关国计民生和国家经济可持续发展的关键性和紧迫性问题。

### 2. 煤炭消耗与环境恶化问题

中国煤炭储量仅次于美国,位居世界第二位。中国不仅是世界煤炭生产第一大国,也是世界煤炭消费第一大国。2005—2020 年,我国煤炭生产在能源生产结构中维持在 70% 上下,而煤炭消费比例也在能源消费结构中维持在 60% 上下,可见煤炭在我国能源结构中有着举足轻重的作用。但是煤炭的大量燃烧导致二氧化碳排放逐年增多。相关数据显示,中国、欧盟和美国是全球温室气体排放量最大的 3 个经济体,其温室气体排放量占全球排放总量的一半以上(土地利用、土地利用变化和林业除外)。2020 年,全球碳排放总量达到了 322.84 亿吨;中国碳排放总量达到了 98.99 亿吨,约占全球碳排放总量的 31%。在总碳排放量中,能源行业是最大的贡献者,其中又以煤炭为最多。2020 年,中国煤炭消费量在 43 亿吨左右。由于煤炭是一次性能源资源,它的不可再生性以及对环境带来的严重影响日益凸显,研发可再生的清洁能源受到越来越多人的关注。

### 3. 新能源开发不足的问题

中国具有丰富的新能源和可再生能源资源。据统计,我国国土面积 2/3 以上都有较好的太阳能开发价值和开发条件,太阳能年日照时数在 2200 h 以上、年辐照总量大于 5000 MJ/m$^2$。风能资源理论储量为 32.26 亿千瓦,可开发的风能资源储量为 2.53 亿千瓦。地热资源的远景储量相当于 2000 亿吨标准煤,储存条件较好。生物质能资源非常丰富,每年农作物产生的秸秆量约 7 亿吨,40%~50% 可用作生物质能资源。

我国新能源转化和开发空间还很大,对新能源的研发和开发力度还需加强。

### 4. 资源枯竭与节约能源的问题

目前所面临的环境、经济和政治问题中,最严重的长期问题可能就是资源的快速消耗。随着资源越来越稀缺,且费用不断上涨,使用这些资源制造出的商品也变得越来越昂贵。国家之间可能会为争夺资源而发动战争;人们可能会更多地利用可能造成环境污染的技术来获得资源。

资源可以分为可更新资源和不可更新资源(或可耗尽资源)两类。可更新资源包括阳光、风和生物等。不可更新资源包括矿物、化石燃料和其他一些数量基本稳定的物质,能够使用的数量是有限的。某些不可更新资源目前已经达到了枯竭点。只有加强回收利用和提高使用效率,这些物质在将来才有被人类继续使用的可能。到目前为止,减少能源需求的最好办法是开展节约能源活动。

## 9.1.4 清洁能源的基本知识

### 1. 能源的定义

能源的定义约有 20 种。《不列颠百科全书》对能源的定义如下：能源是一个包括所有燃料、流水、阳光和风的术语，人类用适当的转换手段便可让它为自己提供所需的能量。《日本大百科全书》对能源的定义如下：在各种生产活动中，我们利用热能、机械能、光能、电能等来做功，可利用来作为这些能量源泉的自然界中的各种载体称为能源。我国的《能源百科全书》对能源的定义如下：能源是可以直接或经转换提供人类所需的光、热、动力等任一形式能量的载能体资源。《中华人民共和国能源法》中所称能源，是指煤炭、石油、天然气、核能、水能、风能、太阳能、生物质能、地热能、海洋能、电力、热力、氢能等直接或者通过加工、转换而取得有用能的各种资源。可见，能源是一种呈多种形式的，可以相互转换的能量的源泉。确切且简单来说，能源是自然界中能为人类提供某种形式能量的物质资源，如矿物质能源、核物理能源、大气环流能源、地理性能源等。

能源亦称能量资源或能源资源，包括煤炭、原油、天然气、水能、核能、风能、太阳能、地热能、生物质能等一次能源和电力、热力、成品油等二次能源，以及其他新能源和可再生能源。

### 2. 清洁能源的概念

清洁能源，即绿色能源，是指不排放污染物、能够直接用于生产生活的能源，包括核能和可再生能源。可再生能源是指原材料可以再生的能源，如水能、风能、太阳能、核能、生物质能（如沼气）、地热能（包括地源和水源）、氢能和海洋能等。可再生能源不存在能源耗竭的问题。

随着清洁能源开发技术的突破，经济性大幅度提升，以清洁能源替代化石能源将成为全球能源发展的必然趋势。全球水能资源超过 100 亿千瓦，陆地风能资源超过 1 万亿千瓦，太阳能资源超过 100 万亿千瓦，可开发总量远远超过人类全部的能源需求。

1）水能

水能是一种可再生能源，是清洁能源，是指水体的动能、势能和压力能等能量资源。广义的水能资源包括河流水能、潮汐能、波浪能、海流能等能量资源；狭义的水能资源指河流的水能资源，是常规能源、一次能源。水不仅可以直接被人类利用，还是能量的载体。太阳能驱动地球上的水循环，使之持续进行。地表水的流动是重要的一环，在落差大、流量大的地区，水能资源丰富。随着矿物燃料的日渐减少，水能是非常重要且前景广阔的替代资源。目前世界上的水力发电还处于起步阶段。河流、潮汐、波浪以及涌浪等水运动均可以用来发电。

2）风能

风能（wind energy）是地球表面空气流动产生的动能。由于地面各处受太阳辐射后气温变化不同和空气中水蒸气的含量不同，各地气压有差异，在水平方向上高压空气向低压空气地区流动，形成风。风能资源取决于风能密度和可利用的风能年累积小时数。风能密度是单位迎风面积可获得的风的功率，与风速的三次方和空气密度成正比。

风力发电是风能最主要的利用形式。20 世纪 90 年代以来，世界风电技术不断取得突破，开发成本快速下降。风电是全球增长速度最快的清洁能源之一，已经成为仅次于水电、核电的第三大清洁能源发电品种。近年来，风电开发成本已经逐步接近传统能源发电成本，开发规模迅速增长，已经与核电相当。尽管当前风电在全球发电量中的比重仅为 3％，但越来越多的国家已经将风电纳入国家能源发展战略，并制定了发展规划。未来，随着风电技术经济性和市场竞争力的不断提升，风电将成为全球重要的能源品种之一。2012 年 6 月，中国超过美国成为世界第一风电装机大国。2018 年，全国新增风电并网容量 20.33 吉瓦，累计风电上网容量达到 1.84 亿千瓦；平均利用小时数为 2103 h，同比增加 153 h；平均弃风率为 7％左右，同比下降 5.3％。

3）太阳能

太阳能（solar energy），是指太阳的热辐射能，主要表现就是常说的太阳光，在现代一般用于发电或为热水器提供能源。太阳能来自太阳辐射，是世界上资源量最大、分布最广泛的清洁能源。太阳能发电是太阳能开发利用的最主要形式。21 世纪以来，全球太阳能发电呈现快速发展势头，超过风电成为增长速度最快的清洁能源发电品种。按照发电原理，太阳能发电主要包括光伏发电和光热发电两种方式。从能量角度看，太阳一年辐射地球表面的能量约合 116 万亿吨标准煤，超过全球化石能源资源储量。2018 年，全球太阳能光伏发电装机容量首次突破 100 吉瓦，累计运行能力超过 500 吉瓦。更具体来说，2018 年年装机容量达到 102.4 吉瓦，比 2017 年增长 4％。

4）核能

核能又称原子能，是指通过核反应从原子核释放的能量。核能可通过三种核反应释放：核裂变，较重的原子核分裂释放结合能；核聚变，较轻的原子核聚合在一起释放结合能；核衰变，原子核自发衰变过程中释放能量。

虽然核能属于清洁能源，但消耗铀燃料，不是可再生能源，投资较高，而且几乎所有的国家（包括技术和管理最先进的国家）都不能保证核电站的绝对安全。苏联的切尔诺贝利核电站事故、美国的三哩岛核电站事故和日本的福岛核电站事故的影响都非常大。核电站是战争或恐怖主义袭击的主要目标，遭到袭击后可能会产生严重的后果。所以目前发达国家都在缓建核电站,以可再生能源代替,但可再生能源的成本比其他能源要高。

5）生物质能

生物质能是蕴藏在生物质中的能量,是绿色植物通过叶绿素将太阳能转化为化学能而贮存在生物质内部的能量。煤、石油和天然气等化石能源也是由生物质能转变而来的。在各种可再生能源中,生物质能是独特的,是一种可再生能源,可转化成常规的固态、液态和气态燃料,为人类提供基本燃料。生物质能利用农林业的副产品及其加工残余物,包括人畜粪便和有机废弃物。生物质能是可再生能源,其原料通常包括以下几类:一是木材及森林工业废弃物;二是农业废弃物;三是水生植物;四是油料植物;五是城市和工业有机废弃物;六是动物粪便。我国生物质能储量丰富,70%的储量在农村地区,应用也主要在农村地区。目前已经有相当多的地区正在推广和示范沼气技术,该技术简单成熟,推广范围在逐步扩大。

6）地热能

地热能是从地壳抽取的天然热能,这种能量来自地球内部的熔岩并以热力形式存在,是导致火山爆发及地震的能量。在 $80 \sim 100$ km 的深度,地球内部的温度为 $650 \sim 1200$ ℃。由于地下水的流动和熔岩涌至离地面 $1 \sim 5$ km 的地壳,热力得以被转送至较接近地面的地方。高温的熔岩将附近的地下水加热,这些加热了的地下水会渗出地面。运用地热能最简单和最合乎成本效益的方法,就是直接取用这些热源并抽取其能量。地热能是可再生能源。

7）氢能

氢能是一种二次能源,它是通过一定的方法利用其他能源制取的,不像煤、石油、天然气那样可以直接开采。在所有气体中,氢气的导热性最好,其导热系数比大多数气体高出 10 倍,因此在能源工业中,氢气是极好的传热载体。

氢是自然界存在最普遍的元素,据估计,它构成了宇宙质量的 75%。氢主要存在于水中,而水是地球上最广泛的物质。

氢气的燃烧性能好,易点燃,与空气混合时有广泛的可燃范围,燃点高,燃烧速度快。氢气无毒。与其他燃料柜比,氢气燃烧时最清洁,除了生成水和少量氮化氢,不会产生一氧化碳、二氧化碳、碳氢化合物、铅化物和粉尘颗粒等对环境有害的污染物质。少量的氮化氢经过适当处理也不会污染环境。氢气燃烧生成的水可继续制氢,循环使用。

8）海洋能

海洋能是指海洋表面波浪具有的动能和势能,是依附于海水的可再生能源,主要包括潮汐能、海流能、温差能、盐差能等。海洋中有丰富的波浪能,具有能量密度高、分布面广等优点。海洋能是一种蔂易直接利用、取之不尽的可再生清洁能源。尤其是在能源消耗较大的冬季,可以利用的波浪能的能量也很大。

## 9.1.5　船舶应用清洁能源的意义

1）有利于促进我国船舶行业产业链的发展

单就风帆技术而言,其直接涉及高性能材料、具有最佳空气动力学特性的风帆和综合控制系统的开发和研制,只有在上述相关行业与船舶设计、建造和维修行业实现合理衔接的基础上,才能够在实船上最终得以实现,这在一定程度上拓宽了船舶产业链的范围。

一方面,如果从能源综合利用的角度出发,考虑风能与太阳能光伏技术的综合利用,更能将太阳能相关行业融入船舶产业链,其发展潜力不容小觑;另一方面,对航运企业而言,船舶清洁能源的利用完全属于商业风险投资性质,是以创造价值并获得相应利润为出发点的。商业利润带来的是清洁能源利用和研究资金的持续性投入。相关行业要进行深入改革并持续发展,仅依靠国家的政策扶持和财政补贴显然会缺乏动力和活力。从这个角度出发,商业风险投资资金的介入必将对清洁能源技术的发展和人才梯队的建设,乃至整个产业链结构的优化起着积极的推动作用。

2）有利于推动我国造船业的技术进步

以民用核动力船舶为例,由于核动力装置的特殊性,其整个系统的构建和设备的配套均有别于常规动力船舶,船舶设计、建造、适航至最终验收交船等一系列环节都会有更高的技术要求。单就船体而言,如何优化设计其与核动力反应堆使用寿命相匹配的问题,直接涉及船用钢材、船体优化设计、船厂配套基础设施投资建设等方面,与船舶动力装置关键设备、配套大功率蒸汽轮机的研制、开发及应用,船舶管系结构布置规范优化,整船生态环境与能源系统循环利用的革新等诸多方面也有密切关联。由此可见,发展船舶清洁能源可以有效推动国内造船业对造船技术和规范的探索,对改变我国现有造船企业技术含量不高、产品附加值低、国际竞争力不强的被动局面有重要作用。

3）有利于完善我国船舶监管体系

对船舶清洁能源技术进行探索的国家不只有中国,国际上的一些工业发达国家和航运大国都已在此领域进行了深入的研究和应用。针对其与目前运营船舶之间存在的较大区别,如何对各种新型船舶进行有效的监督和管理,对于我国的海事和船舶检验等部门而言还是一个新的课题。众所周知,对营运船舶的有效监管是整个航运业持续稳定健康发展的重要保证。随着世界航运业的蓬勃发展,以船舶清洁能源技术为核心的商用化并非是不能想象的未来。我国的海事监管部门完全可乘本国船舶行业和清洁能源企业互为依托共同发展的东风,立足本国国情并以未雨绸缪之态,制定涉及清洁能源船舶的监管法律体系,势必会进一步提升我国海事管理体系的国际地位。

就船舶行业长远发展态势而言,清洁能源极有可能成为未来航运界解决全球石油资源日渐枯竭的最终途径。面对潜在的危机和广阔的市场,理应尽早抢占行业发展的先机。当然,发展船舶清洁能源是一项需要投入巨大投资的综合国家各相关行业的系统工程,涉及国家管理机构、清洁能源技术开发和应用企业、船舶研究机构、航运企业及配套产业集团等诸多领域。要保证整个系统的完美运作,实现各种清洁能源技术在船舶上的实用化,直至最终完成整个航运业及其相关领域发展的集团化、产业化、规模化这一远景目标,要以整个国家的经济发展和政策扶持为基础。发展船舶清洁能源技术这个集科研探索、经济拓宽、政策完善于一体的系统工程,必将引领我国的船舶航运事业走向光辉的明天。

# 9.2　应用太阳能的船舶

## 9.2.1　太阳能的基本介绍

### 1. 太阳能的开放与利用

太阳能是指来自太阳的辐射能量,它是由太阳内部氢原子发生氢氦聚变释放出的巨大核能产生的,包括光能和热能。太阳能不仅是地球上生命产生和存在的基础,也是人类生存和发展的基础。地球轨道上的平均太阳辐照度为 $1369\ W/m^2$。地球赤道周长约为 $40075\ km$,尽管太阳辐射到地球大气层的能量仅为其总辐射能量的 22 亿分之一,但功率已高达 $173000\ TW$;在海平面上的辐照度标准峰值强度为 $1\ kW/m^2$,地球表面某一点 $24\ h$ 的年平均辐照度为 $0.20\ kW/m^2$,相当于功率为 $102000\ TW$。

太阳能是地球上最主要的能量来源,地球上绝大部分能源皆源自太阳能。风能、水能、生物质能、海洋温差能、波浪能和潮汐能等均来源于太阳;地球上的化石燃料(如煤、石油、天然气等)是由古代埋在地下的动植物经过漫长的地质年代演变形成的一次能源,因此从根本上说也来自太阳能;人类所需能量的绝大部分直接或间接来自太阳。植物通过光合作用释放氧气、吸收二氧化碳,并把太阳能转变成化学能在体内储存下来。所以太阳能的范围非常广,狭义的太阳能指太阳辐射能的光热、光电和光化学的直接转换。

**2. 太阳能的特点**

1）量大但密度低

太阳每秒照射到地球上的能量为 $1.465 \times 10^{14}$ J，相当于 500 万吨标准煤，大约 40 min 照射在地球上的太阳能，便足以供全球一年能量的消耗。尽管到达地球表面的太阳辐射总量很大，但其能量密度很低。

2）普遍但不稳定

太阳能没有地域的限制，便于采集、开发和利用，不需要开采和运输。但太阳能的质量受到昼夜、季节、纬度和海拔高度等自然条件的限制以及晴、阴、云、雨等随机因素的影响，因此到达某处地面的太阳辐照度既是间断的，又是极不稳定的，这给太阳能的大规模应用增加了难度。

3）清洁长久但应用成本高

太阳能是一种清洁能源，不会污染环境。太阳的核聚变还将持续上百亿年，相对于短暂的人类历史来说，太阳能是取之不尽、用之不竭的。但目前太阳能利用装置的效率普遍较低，应用成本较高，与常规能源相比，其经济性没有明显的优势。

**3. 太阳能开发利用简史**

虽然人类利用太阳能已有 3000 多年的历史，但是把太阳能作为一种能源和动力加以利用只有不到 400 年的时间。真正将太阳能作为未来能源结构中的重要一员，是近几年的事。按照太阳能利用发展和应用的状况，太阳能科技的发展分为八个阶段。

第一阶段（1615—1900 年）：近代太阳能的利用历史可以追溯到 1615 年法国工程师所罗门·德·考克斯发明第一台太阳能驱动的抽水泵；1615—1900 年，人们研制了多台太阳能动力装置和其他太阳能装置。这些动力装置大部分由太阳能爱好者个人研究制造，主要采用水蒸气作为工质，发动机功率不大，价格昂贵。

第二阶段（1901—1920 年）：研究的重点仍是太阳能动力装置，但采用的聚光方式多元化，开始采用平板集热器和低沸点工质，装置逐渐扩大，最大输出功率达 73.64 kW，实用目的比较明确，造价仍然很高。建造的典型装置如下：1901 年，美国加利福尼亚州建成一台太阳能抽水装置，采用截头圆锥聚光器，功率为 7.36 kW；1902—1908 年，美国建造了五套双循环太阳能发动机，采用平板集热器和低沸点工质；1913 年，埃及开罗建成一台由 5 个槽式抛物镜组成的太阳能水泵，每个长 62.5 m，宽 4 m，总采光面积达 1250 $m^2$。

第三阶段（1921—1945 年）：太阳能研究工作处于低潮，参加研究工作的人员和研究项目大为减少。由于矿物燃料的大量开发利用和发生第二次世界大战，而太阳能又不能解决当时对能源的迫切需求，太阳能的研究工作受到冷落。

第四阶段(1946—1965年):第二次世界大战结束后的20年间,许多有远见的人士已经意识到石油和天然气资源的迅速消耗将带来能源短缺问题,开始推动太阳能研究工作的恢复和开展,成立太阳能学术组织,举办学术交流和展览会,再次兴起太阳能研究的热潮。在这个阶段,太阳能研究工作取得了一些重大进展,比较突出的进展如下:1954年,美国贝尔实验室研制成实用的单晶硅太阳能电池,为光伏发电的大规模应用奠定了基础;1952年,法国国家科学研究中心在比利牛斯山东部建成一座功率为50 kW的太阳炉;1960年,美国佛罗里达建成世界上第一套用平板集热器供热的氨-水吸收式空调系统,制冷能力为5冷吨(冷吨又称冷冻吨,制冷学单位,1冷吨表示1吨0 ℃的水在24 h内变为0 ℃的冰所需的制冷功率);1961年,一台带有石英窗的斯特林发动机问世。在这个阶段,太阳能基础理论和基础材料的研究加强,太阳能选择性涂层和硅太阳能电池等技术取得了重大突破。

第五阶段(1966—1972年):太阳能的研究在此期间停滞不前,主要原因是太阳能利用技术处于成长阶段,尚不成熟,投资大,效果不理想,难以与常规能源竞争,得不到公众、企业和政府的重视和支持。

第六阶段(1973—1980年):自从石油在世界能源结构中担当主角之后,石油就成了左右经济和决定一个国家生死存亡、发展和衰退的关键因素。1973年10月爆发的"能源危机"(或称"石油危机")使那些依靠大量进口廉价石油的国家在经济上遭到沉重打击。这次"危机"使人们认识到,现有的能源结构必须彻底改变,应加速向未来能源结构过渡。许多国家,尤其是工业发达国家,重新加强了对太阳能及其他可再生能源技术发展的支持,在世界范围内再次掀起了开发利用太阳能的热潮。1973年,美国制定了政府级阳光发电计划,使太阳能研究经费大幅增长,并且成立太阳能开发银行促进太阳能产品的商业化。日本在1974年公布了政府制定的阳光计划,其中太阳能的研究开发项目有太阳房、工业太阳能系统、太阳热发电、太阳能电池生产系统、分散型和大型光伏发电系统等。20世纪70年代初,世界上出现的开发利用太阳能热潮对中国也产生了巨大影响。一些有远见的科技人员纷纷投身太阳能事业,积极向政府有关部门提建议,出书办刊,介绍国际上的太阳能利用动态;在农村推广应用太阳灶,在城市研制开发太阳能热水器。1975年,在河南安阳召开的全国第一次太阳能利用工作经验交流大会进一步推动了中国太阳能事业的发展。这次会议之后,太阳能研究和推广工作纳入中国政府计划,获得了专项经费和物资支持。一些大学和科研院所纷纷设立太阳能课题组和研究室,有的地方开始筹建太阳能研究所。当时,中国也掀起了开发利用太阳能的热潮。在这个时期,太阳能开发利用工作处于前所未有的大发展阶段,开发利用太阳能成为政府行为,不少国家制定了近期和远期阳光计划,国家间的合作十分活跃,研究领域不断扩大,研究工作日益深入,取得了较大成果,如真空集热管、非晶硅太阳能电池、光解水制氢、太阳能热发电等。太阳能热水器、太阳能电池等产品开始实现商业化,太阳能产业初步建立,但规模较小,经济效益尚不理想,这主要受制于技术运用及科研水平。

第七阶段(1981—1991 年):20 世纪 70 年代兴起的开发利用太阳能热潮,进入 80 年代后不久开始落潮,逐渐进入低谷。世界上许多国家相继大幅削减太阳能研究经费,其中以美国最为突出。导致这种现象的主要原因是世界石油价格大幅回落,而太阳能产品价格居高不下,缺乏竞争力;太阳能技术没有重大突破,提高效率和降低成本的目标没有实现,动摇了一些人开发利用太阳能的信心;核电发展较快,对太阳能的发展起到了一定的抑制作用。受 20 世纪 80 年代国际上太阳能开发利用低落的影响,中国太阳能研究工作也受到一定程度的削弱。在这个阶段,虽然太阳能开发研究经费大幅削减,但研究工作并未中断,有的项目进展较大,而且促使人们认真地去审视以往的计划和制订的目标,调整研究工作重点,争取以较少的投入取得较大的成果。

第八阶段(1992—2019 年):矿物能源大量燃烧,造成了全球性的环境污染和生态破坏,对人类的生存和发展构成威胁。在此背景下,1992 年联合国在巴西召开世界环境与发展大会,会议通过了《里约环境与发展宣言》《21 世纪议程》和《联合国气候变化框架公约》等一系列重要文件,把环境与发展纳入统一的框架,确立了可持续发展的模式。这次会议之后,世界各国加强了清洁能源技术的开发,将太阳能利用与环境保护结合在一起,使太阳能的利用工作走出低谷,逐渐得到加强。世界环境与发展大会之后,中国政府对环境与发展十分重视,提出了 10 条对策和措施,明确要"因地制宜地开发和推广太阳能、风能、地热能、潮汐能、生物质能等清洁能源",制定了《中国 21 世纪议程》,进一步明确了太阳能重点发展项目。

通过以上回顾可知,在 20 世纪的 100 年间,太阳能发展道路并不平坦,一般每次高潮期后会出现低潮期,处于低潮的时间大约有 45 年。太阳能利用的发展历程与煤、石油、核能完全不同,人们对其认识差别大、波折多、发展时间长。这一方面说明太阳能开发难度大,短时间内很难实现大规模利用;另一方面说明太阳能利用还受矿物能源供应和战争等因素的影响,发展道路比较曲折。尽管如此,从总体来看,20 世纪取得的太阳能科技进步仍比以往任何一个世纪都快。

未来,太阳能发电将作为开路先锋,引领全世界综合利用太阳能,进入人类新时代。

**4. 太阳能电池的工作原理**

1839 年,法国科学家贝克雷尔发现光照能使半导体材料的不同部位之间产生电位差,这种现象被称为"光生伏特效应",简称"光伏效应"。如果某一类型半导体的导电性主要依靠价带中的空穴,则该类型的半导体就称为 p("p"表示正电的意思)型半导体。与之相对,如果某一类型半导体的导电性主要依靠导带中的电子,则该类型的半导体就称为 n("n"表示负电的意思)型半导体。半导体材料很多,按化学成分,可分为元素半导体和化合物半导体两大类,如 Si(硅)和 Ge(锗)是常见的元素半导体,CdS(硫化镉)、GaAs(砷化镓)、CdTe(碲化镉)是常见的化合物半导体。

将 p 型半导体与 n 型半导体制作在同一块半导体基片上,在它们的交界面形成的空间电荷区称为"p-n 结",它是太阳能电池光电转换的物质基础。太阳光照射到半导体 p-n 结上,当光子的能量等于或大于半导体的禁带宽度时,光子就会被吸收,并将价带中的电子激发到导带中,在价带中形成空穴;在 p-n 结内建电场的作用下,空穴流向 p 区,电子流向 n 区,连通外电路后就形成了电流。这就是基于半导体 p-n 结的太阳能电池的工作原理。因此,太阳能的光电转换主要包括半导体材料对光子的吸收、电子-空穴对的产生、载流子的扩散漂移、电子-空穴对的分离以及载流子的传输 5 个过程。

### 5. 太阳能电池的结构和性能参数

1) 太阳能电池的结构

基于太阳能光电转换原理和过程,太阳能电池的结构以半导体 p-n 结为基础,并在此基础上制备合适的太阳能吸收区和载流子取出结构,其基本结构一般为金属正电极、p 型区、光吸收层、n 型区、金属负电极。完整的电池组件还包括钢化玻璃、乙烯-醋酸乙烯共聚物(ethylene-vinyl acetate copolymer,EVA)、电池片、背板、铝合金保护层压件。钢化玻璃的作用是保护电池片等发电主体,应有高透光率(一般 91% 以上),应进行超白钢化处理;EVA 的主要作用是黏结封装钢化玻璃、电池片及背板;电池片是实现太阳能、电能转换的部件;背板的作用是密封、绝缘、防水;铝合金保护层压件起支撑作用,也起一定的密封作用。

2) 太阳能电池的性能参数

目前,太阳能电池的性能测试通常使用辐照度为 $100~\mathrm{MW/cm^2}$ 的模拟太阳光,即 AM(air mass,大气质量)1.5 太阳光标准。评价的主要指标包括开路电压($V_{OC}$)、短路电流($I_{SC}$)、最大输出功率($P_{max}$)、填充因子(FF)、单色光光电转换效率(IPCE)和总光电转换效率($\eta$)。

开路电压:AM1.5 光谱条件下,两端开路时的输出电压。

短路电流:AM1.5 光谱条件下,输出端短路时,流过太阳能电池两端的电流。

最大输出功率:太阳能电池的工作电压和电流是随负载电阻变化的,将不同电阻对应的工作电压和电流绘成曲线,就得到太阳能电池的伏安特性曲线;如果选择的负载电阻能使输出电压和电流的乘积最大,即可获得最大输出功率。

填充因子:衡量太阳能电池输出特性的重要指标,是最大输出功率与开路电压和短路电流乘积之比。

单色光光电转换效率：衡量光电转换器件的量子效率，为单位时间内外电路中产生的电子数与单位时间内入射单色光光子数之比。

总光电转换效率：在外部回路上连接最佳负载电阻时的最大能量转换效率，等于太阳能电池的最大输出功率与入射到太阳能电池表面的功率之比。

### 6．太阳能电池的种类

按材料划分，太阳能电池主要分为晶硅太阳能电池、非晶硅太阳能电池、化合物类太阳能电池、染料敏化太阳能电池、有机聚合物太阳能电池、钙钛矿太阳能电池等。

1）晶硅、非晶硅太阳能电池

晶硅太阳能电池通过在晶体硅片上制作 p-n 结、光吸收层、电极等结构而制得。根据所用硅片的种类，晶硅太阳能电池又可分为单晶硅太阳能电池和多晶硅太阳能电池。单晶硅太阳能电池的硅片切割于采用直拉法制备的单晶硅棒，多晶硅太阳能电池的硅片切割于采用铸造法制备的多晶硅硅锭，二者在外观上区别明显。在所有硅基太阳能电池中，单晶硅太阳能电池的转换效率最高，技术也最成熟，在大规模应用和工业生产中占据主导地位。但由于单晶硅材料价格高、电池工艺复杂，其成本居高不下，并且大幅降低其成本非常困难。为了节省高质量材料、寻找单晶硅电池的替代产品，薄膜太阳能电池得到发展，其中多晶硅薄膜太阳能电池和非晶硅薄膜太阳能电池就是典型代表。

单晶硅太阳能电池在实验室的最高转换效率为 24.7%，规模生产时的效率为 15% 左右。多晶硅太阳能电池在实验室的最高转换效率为 18%，规模生产时的转换效率为 12% 左右，稍低于单晶硅太阳能电池，但是材料制造简便，节约电耗，生产成本较低，因此得到迅速发展。随着技术的提高，目前多晶硅的转换效率可以达到 18% 左右。

非晶硅太阳能电池是用沉积在导电玻璃或不锈钢衬底上的非晶硅薄膜制成的太阳能电池。卡尔森于 1974 年在实验室研制出最早的非晶硅太阳能电池，非晶硅太阳能电池开始在光电子器件或 PV(photovoltaic，光伏)组件中应用，但是当时的非晶硅转换效率很低，不到 1%。非晶硅太阳能电池与单晶硅、多晶硅太阳能电池的制作方法完全不同，工艺过程大大简化，硅材料消耗很少，电耗更低，在弱光条件下也能发电。非晶硅太阳能电池存在的主要问题是其光电转换效率比晶硅太阳能电池低且不够稳定，此外，随着时间的延长，其转换效率会衰减。尽管非晶硅是一种很好的太阳能电池材料，但其光学带隙为 1.7 eV，使材料本身对太阳辐射光谱的长波区域不敏感，限制了非晶硅太阳能电池的转换效率。

2）化合物类太阳能电池

除了多晶硅太阳能电池、非晶硅薄膜太阳能电池，化合物类太阳能电池也是单晶硅太阳能电池的替代品。化合物主要包括砷化镓（GaAs）等Ⅲ-Ⅴ族化合物、硫化镉（CdS）、碲化镉（CdTe）及铜铟硒（CIS）等。硫化镉、碲化镉太阳能电池的效率比非晶硅薄膜太阳能电池高，成本比单晶硅太阳能电池低，也易大规模生产，但由于镉有剧毒，会对环境造成严重的污染，因此并不是晶硅太阳能电池的理想替代产品。砷化镓及铜铟硒太阳能电池由于具有较高的转换效率受到人们的普遍重视。

砷化镓的带隙为 1.4 eV，正好为高吸收率太阳光的值，具有十分理想的光学带隙以及较高的吸收效率，是理想的太阳能电池材料，转换效率可达 28%；砷化镓抗辐照能力强，对热不敏感，适合制造高效单结电池。但是砷化镓价格不菲，在很大程度上限制了砷化镓太阳能电池的普及。除了砷化镓，其他Ⅲ-Ⅴ族化合物如锑化镓（GaSb）、磷化镓铟（GaInP）等电池材料也得到了开发。1998 年，德国弗莱堡太阳能系统研究所制得的砷化镓太阳能电池的转换效率为 24.2%，首次制备的磷化镓铟电池转换效率为 14.7%。铜铟硒材料的带隙为 1.1 eV，也适合太阳光的光电转换。铜铟硒太阳能电池不存在光致衰退问题，具有价格低廉、性能良好和工艺简单等优点，将成为今后发展太阳能电池的一个重要方向。因此，铜铟硒用作高转换效率太阳能电池材料也引起了人们的关注。唯一的问题是材料的来源。由于铟和硒都是比较稀有的元素，这类电池的发展必然受到限制。铜铟硒太阳能电池的转换效率从 20 世纪 80 年代的 8% 逐步提高。日本松下电气工业公司开发的掺镓的铜铟硒电池的光电转换效率为 15.3%（面积为 1 cm$^2$）。1995 年，美国可再生能源研究室研制出转换效率为 17.1% 的铜铟硒太阳能电池。2015 年 12 月，日本 Solar Frontier（太阳能前线）公司研制的铜铟硒太阳能电池的单元转换效率达到了 22.3%，超过了超薄太阳能电池的最高纪录 21.7%，也超过了多晶硅太阳能电池，显示了良好的发展势头。

3）染料敏化太阳能电池

1991 年，瑞士洛桑联邦理工学院的米夏埃尔·格雷策尔研究小组开发了染料敏化太阳能电池（dye-sensitized solar cell，DSC），它由吸附了染料光敏化剂（过渡金属钌的有机化合物）的纳米 TiO$_2$（二氧化钛）多孔薄膜制成，其光电转换效率可达 7.1%。染料敏化太阳能电池是一种新型太阳能电池，其优点在于低廉的成本、简单的工艺以及相对稳定的性能。其光电转换效率稳定在 10% 以上，制作成本仅为硅太阳能电池的 1/10～1/5，寿命却能达到 20 年以上。1993 年，该研究小组将光电转换效率提高到了 10%。1998 年，该研究小组进一步研制出全固态 DSC，使用固体有机空穴传输代替液体电解质，使单色光光电转换效率达到 33%，引起了全世界的科学家对 DSC 的关注。染料敏化太阳能电池的结构是一种"三明治"结构，主要由以下几个部分组成：导电玻璃、染料光敏化剂、TiO$_2$ 半导体纳米晶薄膜、电解质和铂电极。吸附了染料的半导体纳米晶薄膜称为光阳极,铂电极称为对电极或光阴极。

DSC 的工作原理如下:电池中的 $TiO_2$ 的禁带宽度为 3.2 eV,只能吸收紫外区的太阳光,不能由可见光激发,于是在 $TiO_2$ 膜表面覆盖一层染料光敏化剂来吸收波长范围更宽的可见光;当太阳光照射在染料上,染料分子中的电子受激发跃迁至激发态,由于激发态不稳定,并且染料与 $TiO_2$ 薄膜接触,电子注入 $TiO_2$ 导带,此时染料分子自身变为氧化态;注入 $TiO_2$ 导带的电子传输到导电玻璃,通过外电路流向对电极,形成光电流;处于氧化态的染料分子从电解质溶液中获得电子而被还原成基态,电解质中被氧化的电子结扩散至对电极,在电极表面获得电子被还原,这样就完成一个光电化学反应循环。

4)有机聚合物太阳能电池

有机聚合物太阳能电池的工作过程可分为以下几个主要过程:光入射到有机活性层(给体和受体)后,活性层吸收太阳光产生激子;产生的激子进行传输和扩散;激子扩散到给体和受体界面后,产生电荷,即电子-空穴对;电子-空穴对在驱动力的作用下,分离成电子和空穴,电子在受体材料的最低未占分子轨道传输,空穴在给体的最高占据分子轨道传输;阳极和阴极分别收集空穴和电子,在外电路形成电流。活性层起到关键性的作用,因此,开发新的给体和受体材料有利于提高光电转换效率,为有机电子学领域的发展提供了新动力。

5)钙钛矿太阳能电池

在现有的光伏材料中,钙钛矿材料的宽吸收范围、高吸光系数、高载流子迁移率、长扩散距离、低电荷复合等优点使之成为潜力巨大的太阳能电池光伏转换材料,成为近几年光伏转换领域研究中的一种热点材料。从传统意义上讲,钙钛矿材料是由钙、钛、氧三种基本元素构成的 $CaTiO_3$(钛酸钙)晶体材料,早在 1839 年由俄国化学家发现,后来学者们将有此类结构的材料命名为钙钛矿结构材料。

按照基本结构,钙钛矿太阳能电池可以分为介孔型及平面型两种。介孔型钙钛矿太阳能电池从染料敏化太阳能电池发展而来,与 DSC 的结构相似,钙钛矿结构纳米晶附着在介孔结构的二氧化钛骨架材料上。在这种结构中,介孔二氧化钛既是骨架材料,也能起到传输电子的作用。平面型钙钛矿太阳能电池将钙钛矿结构材料分离出来,钙钛矿受光照激发产生的激子直接分离,分别向空穴传输材料和电子传输材料传输。其基本工作原理如下:钙钛矿材料受到入射光照射后,能量大于禁带宽度的光子被吸收,产生光生载流子,随后变为空穴和电子并分别注入电荷传输材料。空穴从钙钛矿材料进入空穴传输材料,电子从钙钛矿材料进入电子传输材料。

## 9.2.2 国内外应用太阳能的船舶

### 1. 国外应用太阳能的船舶

澳大利亚、瑞士和日本太阳能船舶的研究较多,也有成功应用的经验。

1)澳大利亚太阳能应用的船型

早在 2000 年,澳大利亚就造出了利用太阳能、风能、燃料电池和燃油的混合能源双体渡船。该船的 8 片可调控的翼覆盖着太阳能发电装置并可用作风帆,可搭载 100 人。澳大利亚还设计了采用太阳能、风能、燃油混合动力能源的大型水船,用于给各大城市供水。2006 年,美国与澳大利亚合作设计了太阳能风翼大型三体游船,可搭载 600 名乘客。

澳大利亚混合能源双体渡船长 27 m,重 42 t,运行时噪声很小,不污染环境,有两台 8 kW 的电动机,功率并不大,这是由于限速为 8 km/h;可载运 100 名游客,可工作 16 h。

2)瑞士太阳能应用的船型

2006 年 10 月 16 日,瑞士全太阳能动力船"太阳 21 号"从瑞士巴塞尔起航前往纽约,开始首次跨越大西洋的旅程,于 2007 年 5 月 8 日到达纽约,它是世界上第一艘完全靠太阳能行驶并横跨大西洋的船只,通过实船航行证实了太阳能船远洋航行的可能性。该船采用双体船船型,有 5 名船员,船长 14 m,重 12 t,船上的唯一能源装置是面积为 60 m² 的太阳能电池板。根据设计,在完全没有太阳的情况下,这艘船能够持续航行 18 h。项目组织者称要通过这一活动告知公众:节约能源、防止地球大气升温已成为摆在人类面前的一个绝对优先的课题。

3)日本太阳能应用的船型

日本福冈的生态船舶动力公司详细设计了水瓶座系统风能和太阳能帆板。这种帆板将用来收集风能和太阳能,然后为船舶提供动力,以便减少燃油消耗和温室气体排放。这种坚固的风能和太阳能帆板可为船舶提供可再生能源。每张帆板都将通过日本开发的计算机控制系统定位。帆板不用时可以收拢和储存起来。在风况不利时,可通过调节帆板的定位达到减少风阻的目的,保证仍能够收集太阳能。

太阳能模块技术的最新进展意味着,可以利用一种组合的坚固帆板和太阳能收集装置。利用装在坚固但可移动的帆板上的太阳能模块发电,具有比简单地将太阳能板装在一艘船的甲板上更多的优点。日本生态船舶动力公司深信,水瓶座系统风能和太阳能帆板将给航运公司带来引人瞩目的回报。该水瓶座系统风能和太阳能帆板可在不对各种类型的船舶进行重新设计的情况下使用。

### 2. 国内应用太阳能的船舶

中国船舶科学研究中心、中国船舶及海洋工程设计研究院以及上海大学等科研院所、高校也在开展或关注太阳能等可再生能源动力船舶的研制,并建造出了一些太阳能动力小艇。

"尚德国盛号"作为 2010 年世博会上海企业联合馆"魔方"的指定用船,是一艘科技含量极高的环保节能船,也是中国第一条新能源混合动力游船,长 31.85 m,宽 9.8 m,高 7 m,吃水 2.35 m。"尚德国盛号"是国内第一艘采用太阳能、锂电池及柴油机组多种能源混合供电的船舶,在不同的日照情况下,船体行驶所使用的动力可通过计算机在太阳能和柴油机组间进行自动调配,时速约为 15 km,节省电力和减排均达到 30% 以上;旨在为游客提供观光游览服务的同时,向世人传播节能、环保的理念。

2017 年 6 月,国内最大吨位 HQ2380 太阳能动力豪华游船在中国·沅江赛艇大师赛上正式亮相。这艘豪华游船长 23.8 m,宽 5.2 m,最大载客量为 99 人,排水量为 41 t,航速为 18 km/h,续航能力达到 5 h。这艘船以安全、环保为设计理念,采用纯太阳能动力,为船只提供绿色清洁的能源。与普通的柴油动力船舶相比,这艘船运营成本只有其 1/20,噪声强度只有其 1/10。这艘船采用双机、双桨、双体模式,稳定性能极好,适合在内河湖泊使用。

近年来,沅江市船舶产业以项目建设为重点,以科技创新为动力,以高端人才为支撑,加强了基础设施和公共服务平台建设,促进了船舶产业集群发展。下阶段,沅江市船舶产业将着力在新能源上下功夫,与高校、国外高端企业开展深入合作,改进工艺工法和管理方式,逐步推行智能造船、数字造船,提升造船企业的竞争力,推动沅江市船舶产业实现快速发展。

2023 年 7 月,舟山中远海运重工用时 15 天圆满完成中远海运特运旗下 5000 车位汽车滚装船"中远盛世"轮太阳能光伏系统改装工程。据测算,该轮本次改装安装的 336 块太阳能电池板合计 860 m²,光照条件良好时,每天可提供约 1000 度电,4 h 光照转换的电能就能满足全船货舱照明 24 h 电能需求,同等情况下每天可减少 0.8 t 柴油的消耗,年平均可以减少碳排放约 200 t。

## 9.2.3　太阳能在船舶上运用的关键性问题

太阳能在船舶上利用的方式有三种:第一种是太阳能作为主动力;第二种是太阳能与风能混合利用作为主动力;第三种是太阳能用作辅助动力。太阳能在船舶中的应用,尤其是在大型远洋船舶中的应用,依赖多项关键技术的研究、解决、改进和完善。

### 1. 适合太阳能动力船舶船体平台的研究

太阳能电池板布置优化研究的问题,即分析太阳能电池板(光伏阵列)如何在船上布置、在哪种船上布置具有比较好的效果。这项研究属于船体总体设计技术,包括适用的船型方案论证设计、船舶类型分析论证及其水动力性能研究分析、太阳能动力系统的布置问题等。目前世界上已出现试验性的太阳能汽车和太阳能飞机。与汽车和飞机相比，船舶尺度大得多，具有更大的受光面积；船舶行驶速度相对较低，便于安装各种太阳能利用装置；装设的太阳能利用装置对船舶的自重、外形与稳定性等不会产生很大的影响；太阳能装置的采光面和集热面可以与甲板、上层围壁的降温隔热措施结合起来。货轮、集装箱船、拖轮、驳船等空地面积相对小些，驾驶室顶的太阳甲板（面积有限）及各层楼栏杆或围壁等处可设置利用。这些类型船舶的优势在于人员固定（仅船员）且较少，安装太阳能热水器沐浴或冬季取暖比较容易，减少了船舶辅锅炉的燃料消耗。设计双体船可以增加受光照的空地面积，减轻运行中的阻力，提供更高的营运效率。多体船在进行水力性能等综合分析后，在保证正常运行的情况下，大体上和双体船类似。

太阳能可以用于聚热取暖和光伏发电，为船上设施提供相对独立的能量来源，在降低船舶发电机或主机能耗的同时保证船舶的正常航行；在船舶上，太阳能主要通过布置在船舶上的太阳能电池板等装置进行能量收集，随后转换成光伏电能，直接应用于电气设备或储存起来。

**2. 实施太阳跟踪的相关分析**

虽然太阳能作为一种清洁能源取之不尽、用之不竭，是具有开发潜能的能源，但目前对太阳能的利用还远远不够，其主要原因是太阳能发电装机容量太小。在已经投入使用的太阳能发电系统中，太阳能利用率不高。就现有的太阳能装置而言，如何最大限度地提高太阳能的利用率，仍是国内外学者的研究热点。解决这个问题得从两个方面入手：一是提高太阳能装置的能量转换率；二是提高太阳能的接收效率。前者属于能量转换领域，有待研究；后者利用现有的技术可解决。太阳跟踪系统为解决这个问题提供了可能。用太阳能发电或者其他方式利用太阳能的太阳跟踪，指的是在太阳照射过程中受光面跟太阳光线始终趋于垂直，以在有限的使用面积内收集更多的太阳能。除了提高太阳能电池本身的转换效率和提高蓄电池充放电效率，太阳跟踪是太阳光伏发电系统中提高转换效率的有效手段。

1）太阳能电池板的安装

太阳能电池板的安装方式主要有水平安装、固定倾角安装、可调方位角度安装。可调方位角度安装又分为单轴和双轴跟踪。

单轴跟踪一般采用三种方式：倾斜布置，东西跟踪；焦线南北水平布置，东西跟踪；焦线东西水平布置，南北跟踪。这三种方式都是单轴转动的南北向或东西向跟踪，工作原理基本相似。

如果太阳高度和赤纬角的变化都能够跟踪太阳，就可以获得最多太阳能，全跟踪（双轴跟踪)就是根据这样的要求设计的。全跟踪又可以分为两种方式:极轴式全跟踪和高度角-方位角式全跟踪。

2) 太阳跟踪控制方式

太阳跟踪控制方式归纳起来有开环跟踪控制系统、闭环跟踪控制系统和混合跟踪控制系统三种,具体介绍如下。

(1) 开环跟踪控制系统。开环跟踪控制系统又分为时钟跟踪和程序跟踪方式。时钟跟踪对太阳运动的时角进行跟踪。程序跟踪是与计算机相结合的,首先利用公式通过计算机算出在给定时间太阳的位置,再计算出跟踪装置被要求的位置,最后通过电机转动装置达到要求的位置,实现对太阳高度角和方位角的跟踪。在美国加州建成的 10 MW 太阳 I 号塔式电站就是使用开环跟踪控制系统。开环跟踪控制系统的优点是在有云的情况仍能正常工作;缺点是存在累积误差且自身不能消除。

(2) 闭环跟踪控制系统。闭环跟踪控制系统使用一个传感器来测定入射太阳光线和系统光轴间的偏差,当偏差超过阈值时,通过电机驱动机械部分转动,减小偏差,直到使太阳光线与系统光轴重新平行,实现对太阳高度角和方位角的跟踪。常用的传感器有光电池、光敏电阻、光电管和双金属条等。闭环跟踪控制系统的优点是自身能够通过反馈来消除误差;缺点是在云多的情况下工作不稳定。

(3) 混合跟踪控制系统。混合跟踪控制系统结合了开环跟踪控制系统和闭环跟踪控制系统的优点并克服了这两者的缺点:在没有云的情况下,使用闭环的传感器跟踪;当云挡住太阳的时候,控制系统变为开环控制方式,继续跟踪,直到没有云。交替开环和闭环的混合控制系统,结合了开环和闭环控制的偏差信号,所以能够得到最佳的控制效果。因为闭环和开环控制本身都存在着内部偏差,所以这种混合控制方式将提供最准确的控制信号。这个控制方案也消除了闭环控制时因为跟踪机构的动态响应所引起的不稳。

### 3. 最大功率点跟踪控制问题

最大功率点跟踪(maximum power point tracking,MPPT)技术,是太阳能光伏发电系统应用中的一项重要的关键技术。

常见的最大功率点跟踪控制的算法有恒定电压控制法、扰动观察法、导纳增量法、最优梯度法四种。通常依据具体情况选择合理的算法并设计出相应的硬件电路,选择单片机或者 PLC 来进行控制。

### 4. 高效光伏系统的开发

因为光伏发电系统成本很高,其应用受到很大影响。高效经济的光伏发电系统的开发是当今世界研究开发的一个重要课题。提高光伏发电系统的效率和经济性有以下途径。

（1）提高光伏电池的转换效率。

（2）降低制造电池及其组件和辅助设备的成本，同时降低其安装费用。

（3）设计高效、可靠的光伏发电系统，包括提高蓄电池充放电效应、对太阳进行跟踪、对光伏系统进行最大功率输出跟踪控制等，从而降低单位功率输出的费用以及提高其使用效率。

因为太阳能的能量密度比较低，太阳能光伏发电系统的转换效率对发展太阳能船舶极其重要，全世界从事太阳能研究的学者都在花大力气提高太阳能光伏发电系统的效率，因此，研发生产高效率的太阳能电池显得分外重要。

光伏并网交流模块成为光伏并网发电系统结构的必然发展趋势，它能有效地降低光伏发电的成本。如果将其设计为即插即用和方便扩展的结构，它的实际应用将会越来越广泛。

**5. 电能的储存与转换**

船舶要实现全天候以太阳能为动力航行，不能仅靠提高太阳能光伏装置的效率，储能装置的应用也是非常关键的。储能装置有铅酸蓄电池、高性能蓄电池（如锂离子蓄电池）、燃料电池（如氢燃料电池）等。（氢）燃料电池具有比能高、容量大、功率范围广及噪声小等优点，从长远的角度来看是最有前途的储能装置。储能装置的应用相当于起到了"以时间换取能量空间和密度"的效果。太阳能光伏系统常应用的蓄电池有传统开口铅酸蓄电池、阀控式密封铅酸蓄电池和镉镍蓄电池三种。根据三种蓄电池的特性以及价格等综合因素考虑，阀控式密封铅酸蓄电池是目前用蓄电池储存电能的最佳选择。将（氢）燃料电池作为太阳能动力船舶的储能装置的前途是很光明的，美国、加拿大、德国以及我国都非常重视燃料电池的研究和应用。国内关于燃料电池的研究可以与世界上其他发达国家相抗衡，已有用作船舶等交通工具动力能源的燃料电池范例。总体来说，燃料电池应用在船舶上的研究进展状况比燃料电池应用在车辆上相对滞后一些。关于将太阳能技术与燃料电池技术结合用在太阳能动力船舶方面的研究很薄弱。在全天候太阳能动力船舶的实现中，燃料电池储能技术成为不可或缺的技术环节。

**6. 光伏系统的可靠性问题**

由于船舶运营条件比较恶劣，除了考虑冰雹等极端气象问题，对光伏发电系统组件，特别要考虑使用防风防雨及抗盐雾的保护装置。虽然大多数太阳能电池板玻璃盖片使用的是高透光率的钢化玻璃，但由于船舶航行时，波浪、油雾等经常会侵袭船体，有可能使太阳能电池板长期处于温差大、盐分大、湿度高的环境中，极易发生污染、着色、腐蚀和磨损等情况,使光伏电池对太阳光的利用率下降,进而导致整个系统转换效率下降。因此,要根据光伏系统运行的周围条件及状况对其进行科学的设计和防护。光伏系统还会对船舶安全产生影响,主要包括光伏系统对船舶电气设备及电网的影响、光伏系统对船舶人员的影响以及光伏系统对散货船装卸货物的影响。因此,光伏系统要严格按照船舶电气的相关规定进行安装,必须有良好的避雷、防雷及接地保护装置;设计、安装时要充分考虑是否会对装卸货物产生影响等问题。在大型远洋船舶上应用光伏系统的设计思想及流程与在陆地上应用光伏系统有所区别,因为船舶为一个移动且完全独立的电力系统平台,所以,在初始设计时必须对可能遇到的问题做出完整的分析,据此对船舶光伏系统进行设计,如图 9.1 所示。

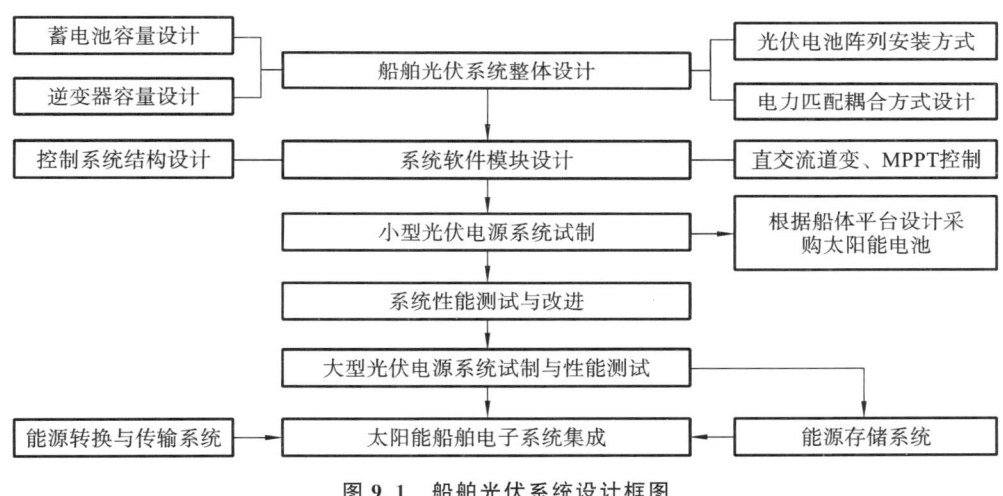

**图 9.1　船舶光伏系统设计框图**

# 9.3　LNG 船舶的基本介绍

## 9.3.1　LNG 船舶的发展简介

　　LNG 是液化天然气的简称,主要成分是甲烷。先将气田生产的天然气净化,再经超低温($-162$ ℃)加压液化,就形成了液化天然气。LNG 无色、无味、无毒且无腐蚀性,其体积约为同量气态天然气体积的 1/600,其重量仅为同体积水的 45% 左右,其热值为 52 MMBtu/t(1 MMBtu$=2.52\times10^{8}$ cal)。

　　为应对世界气候变化,部分国家规定了船舶污染防治、减少排放的标准和时限。于是,在寻求节能减排新路径中,比石油便宜且储量丰富的液化天然气,以其环境效益显著的优势,成为未来船用燃料的首选。

多年来,相关机构致力于推动"油改气"的研究,成果颇丰,目前建造使用 LNG 燃料的船舶在技术上已不存在困难,但"油改气"的道路还不平坦,因为建造或改建的成本费用较高、加装 LNG 储罐会减少货物装载空间、船舶加气等补给配套尚不成熟。尽管存在这些因素,但按照国际海事组织的要求,各国船东必将选择使用液化天然气。在可以预见的时间内,随着 LNG 基础设施的不断完善、造船技术的日臻提高,世界航运将迈入绿色航运的新时代。

LNG 燃料早在 1964 年就开始应用于 LNG 运输船,但直到 2000 年才开始应用于其他类型船舶。与其他船用燃料相比,LNG 燃料最主要的优点是对环境的影响较小,排放量最小。但 LNG 作为船用燃料要改变主机和燃料舱的设计布置,圆柱形压力罐所需空间为等量柴油所需空间的 3～4 倍,特殊的储气罐和舱室结构增加了 LNG 储存的重量(约为船用柴油的 1.5 倍),使建造成本增加了 8%～20%,同时维护成本也会随之增加。

2000 年,世界首艘采用 LNG 燃料的渡船"M/FGlutra"号,由阿克尔船厂建造完工。通过采用 LNG 燃料,该船可以减少 80% 的 $NO_2$(二氧化氮)排放量。该船总成本比采用柴油燃料的船高 30%,但船厂和运营商认为由于属于新技术的首次应用,费用的提高在可接受范围内。该船的 LNG 燃料推进原理如下:LNG 从卡车储气罐注入船上的不锈钢储气罐,不锈钢储气罐布置在甲板下的双壁不锈钢容器中;LNG 通过发动机冷却剂蒸发后进入 4 台超稀薄燃烧天然气发动机;每台发电机与对应的发动机匹配,通过变频器将电能供应到 1000 kW 的异步电动机;电动机驱动位于船尾的双桨,以提供较好的操纵性。

从 LNG 燃料船舶本身的技术发展来看,其在 LNG 储存、运输、补给、安全性等方面与普通柴油船舶均有较大的变化,涉及的 LNG 储气罐、动力装置、燃料补给等都属于 LNG 燃料船舶设计的重点考虑因素,还包括蒸发器、气阀和管路系统、控制系统等内容。

## 9.3.2 LNG 船舶的分类

LNG 船舶的分类主要取决于液货舱的结构特性。液货舱结构形式不同的特征体现在货物围护系统。货物围护系统的作用如下:容纳 LNG 货品;防止外部热量传入舱内的超低温液货;防止船体结构与意外地从液货舱内渗漏出来的 -163 ℃ 液货接触,造成冷脆破坏。因结构复杂,大型薄膜型液货舱货物围护系统的成本占 LNG 船舶造价的 25% 以上。在 LNG 船的发展历史上,至少出现过 15 种船级社认可过的液货舱设计,分为两大类,即独立自持式和薄膜型,主要又分为以下形式。

### 1. B 型球罐型独立式液货舱

独立式液货舱一般是自持式结构。B 型球罐型独立式液货舱是将液货舱做成独立于船体结构的球罐来承受自重、液重和内部压力等,采用特殊的基座固定在船上,液货舱的承压能力为 B 型。球罐型液货舱可以在专业的工厂或车间制造,完工后吊运至船上整体安装;大型的球罐型液货舱可以分两段吊到船上焊接而成,并固定在船上。装有 B 型球罐型独立式液货舱的 LNG 船的上半个球罐往往露出主甲板,它是 20 世纪 90 年代 LNG 船的主流船型。

球罐型容器是一种理想的容器,它简单、无凹凸,在相同的材料用量下,其容积比其他形状的容器大得多,且能承受较高的压力,既有陆地上的使用经验,又有实用的设计和建造规则,所以一直用于在压力状态下储存气体和液体,在陆地上有大量应用。球罐型液货舱在 LPG(liquefied petroleum gas,液化石油气)船上已使用多年,具有压力容器的特征。美国海岸警卫队(United States Coast Guard,USCG)认可使用压力容器系统作为液货舱可以不设次屏壁,刺激了 B 型球罐型独立式液货舱在 LNG 船上的应用。

20 世纪 60 年代,挪威的莫斯船厂提出了用于 LNG 船的球罐型液货舱结构,所以球罐型独立式液货舱常被称为莫斯型液货舱。后来,莫斯船厂被克瓦纳集团收购并取得专利,因此采用莫斯型液货舱的 LNG 船通常也被称为克瓦纳-莫斯型 LNG 船。克瓦纳集团相信球罐型液货舱具有较好的发展潜力及应用前景。

莫斯型液货舱属于 IGC 规则定义的自持式 B 型独立式液货舱,设置滴液盘作为部分次屏壁。-163 ℃的 LNG 加注液货舱后,B 型独立式液货舱能承受液货蒸发引起的稍高于大气压的压力。液货舱使用含有 9% 镍的合金钢或 5083 铝合金制造,在赤道圈(最大的水平圆形剖面)外侧由垂向圆柱形裙围结构支承,裙围结构与球罐型赤道圈的连接由具有特殊剖面的连接件焊接而成,可以吸收船体和液货舱因热胀冷缩或摇晃产生的变形或位移。球罐型液货舱外部覆盖聚氨酯泡沫、酚醛泡沫或聚苯乙烯泡沫等绝热材料。

莫斯型液货舱可以与船体结构分别建造再总装,因此建造周期比薄膜型液货舱短,也易于检验和维修;球罐型设计消除了晃荡影响,可以装载任意液位的液货。其缺点是上半部分液货舱凸出甲板遮挡驾驶视线,受风面积较大,船舶主尺度偏大。

球罐型液货舱具有如下优点。

(1)球罐结构在货舱内距舷侧壳板较远,所以由碰撞引起的损坏的可能性大大减小。

(2)与其他形状结构相比,一定容积下材料用量少,又可不设完整的次屏壁,所以节省了建造费用。

(3)球罐型液货舱形状规则,易于更精确地进行舱壁等结构的应力计算。液货舱能承受一定的内压并有一定的强度储备,可以防止内部压力增加,也利于应急状态时卸除货物。

由于这些优点,球罐型液货舱受到美国、西班牙、日本的多家公司的青睐。莫斯型液货舱成为 20 世纪装运 LNG 船最为流行的一种液货舱结构形式。

### 2. 全冷薄膜型液货舱

全冷是指将货品在大气压下冷却至沸点或沸点以下,使货品液化。薄膜是指金属舱壁厚度相对于球罐型液货舱舱壁来说薄很多,像一层膜紧贴在绝热结构上。对于全冷薄膜型液货舱,液货和液货舱的重量,以及液体晃荡产生的冲击力由薄膜后面的绝缘箱承受,再传递到船体结构上。薄膜型液货舱的形状多为棱柱形。液货舱舱壁紧贴在绝热结构上,绝热结构又紧贴在货舱区的船体板上,这样可以充分利用货舱容积。为了安全,液货舱设有两道舱壁,称为主屏壁和次屏壁。与液货直接接触的舱壁称为主屏壁,主屏壁和次屏壁外都敷设绝热层;次屏壁可起到与主屏壁相同的作用,作为备用。薄膜型液货舱属于非自持式液货舱,即液货舱舱壁不承受液货重量和液货舱材料的自重。这些载荷以及航行时货液晃荡对液货舱的冲击力通过主屏壁、次屏壁外的绝热层传给船体结构。因为薄膜型液货舱的舱壁较薄,所以总材料用量少;因为能有效利用船体货舱的舱容,可用较小的船来运输相同数量的液货,所以船舶的经济性相对较高。薄膜型液货舱还有一个优点:舱壁较薄,在加注 LNG 货品时,用来降低液货舱初始温度的预冷用 LNG 冷却液较少。

薄膜型液货舱的主要优点有如下几个方面。

(1)液密层金属材料不承受载荷且厚度小,可大大减少特种低温钢用量,如 9% 镍钢和铝合金的用量(一艘 14.7 万立方米的 No.96 型薄膜型液货舱 LNG 船,仅需要约 450吨 0.7 mm 厚的钢板)。

(2)船舶的结构可避免接触超低温,仅承受液货舱的重量和其他动载荷、静载荷,可避免低温脆性损坏。

(3)可充分利用液货舱周围空间,提高船舶货舱利用率。

在 20 世纪 60—70 年代,美国和欧洲的许多厂商研制出各种形式的薄膜型液货舱。与自持式独立式液货舱不同,对薄膜型液货舱进行结构强度计算分析实际上是不可能的,只能根据实验舱的小规模试验或对相应的金属的疲劳试验来评估液货舱的可靠性。这种做法初期投入很大.但由于其一系列优点,使用薄膜型液货舱的船舶数量增加很快,积累的经验也越来越多。

当前已有较大容量的薄膜型液货舱 LNG 加注船交付使用。沪东中华建成的 1.86万立方米 LNG 加注船,是全球首个应用 Mark Ⅲ Flex(一种 LNG 运输船的液货舱技术名称)的薄膜型液货舱加注船。其主要用途是为大型的 LNG 燃料动力集装箱船加注 LNG。

### 3. SPB 棱柱形液货舱

SPB 棱柱形液货舱是 1985 年由日本石川岛播公司基于球罐型和薄膜型结构深度研究后推出的一种全新的液货舱。该型液货舱中间设有纵舱壁,不用像球罐型液货舱那样露出甲板,也不同于薄膜型液货舱结构;属于独立式,是一种利用合金钢板和胶合板为支承的 5083 铝质液货舱,也可以用 304 不锈钢或 9% 镍钢制作;最大设计压力为 0.07 MPa;货舱外包覆的绝热材料为聚氨酯泡沫。SPB 棱柱形液货舱可以做成 A 型,也可以做成 B 型,这取决于液货舱计算的精确性。对于同样大小的船体货舱空间,SPB 棱柱形液货舱的装载量比球罐型液货舱大,比薄膜型液货舱略小。液货舱绝热层与船体内壳板之间有能入内进行维修的空间,维修较为便利,在 LPG 船上得到了较多应用。但在 LNG 运输业界,SPB 棱柱形液货舱还在探索中发展,尚未得到大规模应用。

### 4. LNTA-BOX 型液货舱

LNTA-BOX 型液货舱是挪威 LNT 公司于 2015 年开发的新型货物围护系统,属于 IMOA 型独立自持式液货舱。主屏壁材料可以是 304 不锈钢、5083 铝合金或者 9% 镍钢,与 SPB 型的绝热材料包覆在主屏壁的外表面不同,它附着在船体内壁上,材料为聚氨酯泡沫板。次屏壁为覆盖在绝热层内表面的密封膜,具有液体密封功能。维修人员可以进入液货舱和绝热层之间的屏蔽空间,方便维修。液货舱的支撑与传统方式相同。

与薄膜型液货舱相比,LNTA-BOX 型液货舱的绝热材料置于船体内壳板舱壁的内表面,仅起液货舱与船体间的隔热作用,不用承受液货温度变化或晃荡等产生的应力,因此可以做得更轻、更薄,具有更高的绝热性能且成本更低。船体货舱空间的利用率高,设计简洁灵活。

### 5. 全冷蓄压式液货舱

全冷蓄压式液货舱多做成两端是球形或椭球形且能承受一定压力的单圆筒形或多圆筒形。如果液货舱能承受的蒸气压力大于 0.07 MPa,则该液货舱属于 IMOB 型独立自持式液货舱;如果液货舱能承受的蒸气压力大于 0.2 MPa,则该液货舱属于 IMOC 型独立自持式液货舱。全冷蓄压式液货舱多用于中、小型 LNG 加注船,为其他以 LNG 作为燃料的船舶供应 LNG。全冷蓄压式液货舱在被加注(装货)时,LNG 以全冷状态注入液货舱,所以刚加注时,内部压力接近大气压,温度为 -163 ℃,因此液货舱的材料应能承受 -163 ℃ 的超低温。在航行过程中,蒸发气会不断积聚,如果没有配置再液化装置,内部压力就会不断升高(称为蓄压),为维持一定的时间和航程,液货舱须能承受一定的压力。

### 6. KC-1 薄膜型液货舱

为了降低船舶建造成本,2014 年,韩国的液化气船制造企业开发出一种新型薄膜型液货舱,取名 KC-1。KC-1 薄膜型液货舱是韩国为打破法国 GTT 公司垄断、节省大量的专利费,历时多年自主研制的一种货物围护系统。2004 年,韩国产业通商资源部组织韩国天然气公社和现代重工、三星重工、大宇造船等着手自主研发 LNG 船液货舱,并作为国家科技开发项目课题。经过 10 年的努力,韩国最终成功研发出 KC-1 薄膜型液货舱。2007—2014 年,KC-1 薄膜型液货舱陆续获得世界主要船级社的原则性认可。2017 年 12 月,KC-1 薄膜型液货舱获得美国海岸警卫队的原则性认可。USCG 的原则性认可文件认定,配置 KC-1 薄膜型液货舱的 LNG 船的单船最大舱容可达 17.4 万立方米。

KC-1 薄膜型液货舱的主屏壁、次屏壁层由 1.5 mm 厚、带有错位槽型压筋的 304L 不锈钢制成,采用密度为 115 kg/m³ 的聚氨酯作为绝热材料,避免在压筋槽上焊接,可大范围应用自动焊机,可以提高主屏壁、次屏壁层的焊接和安装效率。KC-1 货物围护系统结构形式比 GTT 薄膜型围护系统设计更简单,可以有效降低成本,使液化气日蒸发率降低到 0.12%。

# 9.4 电力推进与传统推进

## 9.4.1 电力推进系统

### 1. 发展概况

船舶电力推进是由电动机带动螺旋桨或其他推进器来推动船舶运动。与一般船舶机械拖动不同,电力推进电动机的功率很大,一般从几百千瓦到几十兆瓦。由于推进电动机的功率几乎与发电机组总容量相当,电力推进系统的设计不仅包括推进电动机部分,还包括发电机的影响。

船舶电力推进并非新名词。相关资料表明,这个术语出现于 1838 年,迄今已有 180 多年的历史。船舶电力推进随船舶航运事业和电气、电力电子技术的不断进步而发展。在 20 世纪初期,交流和直流电力推进系统就已在船舶中应用。电力推进的发展,大致有以下几个阶段。

1) 试验时期

19 世纪末期,德国等开始进行以蓄电池为能源的电力推进应用试验。第一代电力推进于 1920 年投入使用,在小客船横渡大西洋的应用中效果明显。试验时期大约从电动船诞生一直延续到 20 世纪初,此期间的电力推进多采用蓄电池作为动力,用直流电动机作为推进电动机,功率在 75 kW 以下。

2)广泛应用时期

20 世纪 20—30 年代,尽管大功率蒸汽轮机作为舰船原动机的技术已经成熟,但由于机械加工水平和能力的不足,货轮、客轮、油轮、航空母舰等大功率舰船多采用电力推进。电力推进出现过广泛应用的流行期,除了潜艇、破冰船等特殊工程专用舰船,仅美国当时就有 226 艘护卫舰与 488 艘民船采用电力推进。美国建造的"新墨西哥"号电力推进战列舰,采用汽轮机发电,异步电动机推进的总轴功率已达到 4000~22000 kW。

3)充分应用电力推进特长时期

20 世纪 40 年代后期,由于机械加工技术的进步,特别是齿轮传动装置加工能力的提高,蒸汽轮机和柴油机朝大型化发展,批量生产能力也得到了提高。然而,当时的电力推进受到技术条件的限制,其装置大且笨重、效率低、成本高,应用受到限制。因此大部分水面舰船采用蒸汽轮机、柴油机和燃气轮机及各种联合动力装置推进。20 世纪 50 年代,电力推进主要采用可调速的"发电机-电动机"直流系统,调速是利用电机励磁回路的可变电阻实现的。

20 世纪 60 年代,半导体技术可以保证由晶闸管系统来控制励磁,推动了电力推进系统的发展。20 世纪 60 年代中期,带变桨距的交流电力推进出现。

20 世纪 70 年代,电力推进的特征是借助大电流的半导体元器件,将用于船舶总电网工作的三相交流发电机电流传递给电力推进装置。但是,船舶直流推进电动机有换向器和电刷,在使用中存在许多缺点,如大负载和反转时出现火花、换向器损坏、电刷烧毁、产生电磁干扰以及维护困难等。由于在当时的条件下变频技术还是新鲜事物,可获得的交流推进装置不能提供必要的容量,交流换向器电动机具有与直流变速系统相同的缺点。

4)蓬勃发展时期

20 世纪 80 年代以后,通过改变供给电动机的电流频率和电压来调节推进电动机转速的交流推进系统取代了直流推进系统,借助逆变器和变频器来实现的各种推进方案得到广泛应用。采用更紧凑和更轻便的交流推进电动机(同步电动机和异步电动机)可以使系统获得更高频率,大大简化设备的维护工作。采用现代交流变换器技术的以下两个系统已获得广泛应用:带直接变频器和安静型同步推进电动机的系统,适合 1~40 MW 功率使用;带有中间直流环节的变频器和异步推进电动机的系统,电动机转速范围为 800~1500 r/min,具有与推进轴连接的减速传动装置,适合 7~8 MW 功率使用。

20 世纪后期,功率电子器件制造技术不断提高,控制技术不断完善,大大推动了商用船舶电力推进技术的应用水平,提升了电力推进系统的有效功率等级,使电力推进在民船应用领域出现了前所未有的发展盛世,电力商船的应用范围日益扩大。另外,船舶在推进结构上从燃气轮机、柴油机或核动力等单机配制到多种原动机混合配制;功率等级从百千瓦级到数十兆瓦级;推进模式更加多样化,如用途广泛的吊舱式推进。由于采用了脉宽调制和循环变频等控制技术,电力推进中推进电动机的控制更加可靠,船上各种设备的用电品质得到保证。上述一系列变化使电力推进成为船舶推进技术的发展趋势。

20 世纪末期,世界各国都热衷于研究船舶电力推进技术,新造的船舶80%以上采用了电力推进,而且比例越来越高。另外,造船强国纷纷提出了电力推进技术的研究计划,如美国提出了船舶综合电力系统(integrated power system,IPS)研究计划,英国提出了船舶综合全电力推进系统(integrated full electric propulsion,IFEP)研究计划等。

我国在 20 世纪设计和建造的电力推进船舶主要采用传统的直流推进技术。20 世纪末期,我国也开始研究以综合电力系统为背景、具有现代技术的交流电力推进船舶,国内建造的第一艘交流电力推进船舶是上海爱德华造船有限公司为瑞典 DONSÖTANK 公司制造的"帕劳斯佩拉"号化学品船,于 2000 年投入运营。2002 年 12 月,广船国际为中远广州公司建造的半潜船"泰安口"号正式交付使用。该船采用了先进的吊舱形式的交流电力推进系统。目前,它的姊妹船"康盛口"号也已经投入运行。上述船舶均由国外公司设计,仅在国内厂家建造。国内自行设计的第一条具有现代技术的交流电力推进船是由上海船舶研究设计院设计、江南重工建造的科学考察船,于 2005 年在南海投入使用。上海船舶研究设计院还为原铁道部(现国家铁路局)设计了两艘交流电力推进的客滚船"烟大"轮渡,该船由天津新港船厂建造,船长 182.6 m,宽 24.8 m,满载排水量为 16299 t,服务航速为 18 kn(约 33.3 km/h),抗风浪能力为 8 级。

船舶综合电力系统主要包括发电、配电、电能变换、电力推进、监测与控制等内容,如图 9.2 所示。

船舶操纵的灵活性、高可靠性、高效率、装备的高功率密度等必然是电力推进追求的目标。随着科学技术的不断进步,船舶电力推进技术也将不断向前发展。美、英、法等国正在开展新一代综合电力系统的关键技术研究。其中,一些新技术,如推进电动机采用高温超导电动机、变频调速装置采用基于碳化硅的功率器件以及输电电网采用直流电网等,将大大降低新一代综合电力系统的体积、重量,扩大和提高其应用范围和应用灵活性。

**2. 电力推进在内河船舶的应用**

电力推进多应用在具有下列特点的船舶上:需要高机动性能的船舶;具有特殊工作性质的船舶;具有大容量辅助机械的船舶;军用舰船。电力推进在内河船舶的应用如下。

(1)渡轮。电力推进易于集中控制,可使驾驶员在驾驶室直接操纵船舶。采用电力

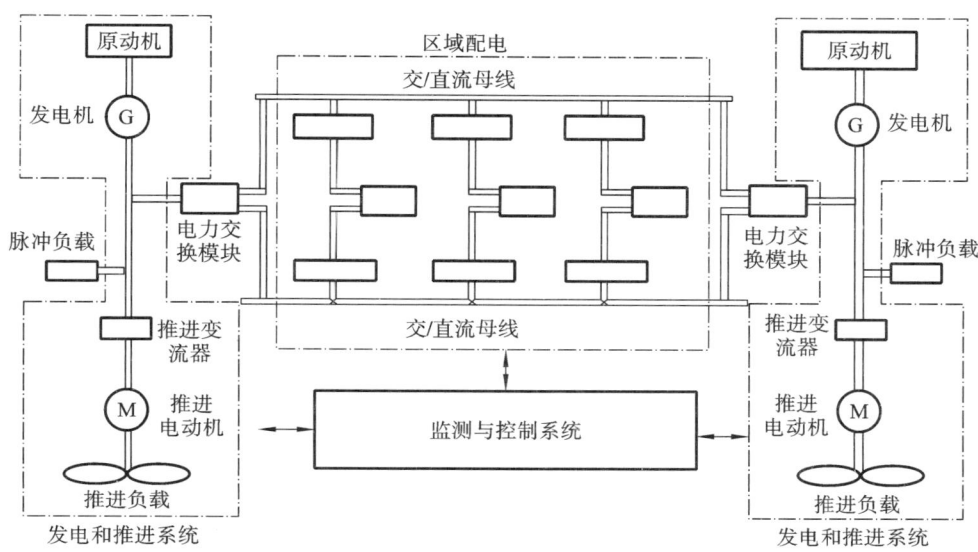

图 9.2　综合电力构成简图

推进后,除了船尾部装设推进器,尚可方便地在船首及左右舷装设侧向推进器,使渡轮能在港口要道和狭窄航道中快速、灵活和安全地航行,也使靠离码头的操作快速、准确、可靠。

(2)挖泥船。耙吸式挖泥船在采用电力推进时,挖泥机械(大功率泥泵)不必由专用的原动机带动,动力装置的功率可以给耙吸工作和推进工作随意分配使用。在耙吸挖泥时,船舶低速航行,主发电机把一小部分电能供给推进装置,把大部分能量供给泥泵。不进行耙吸操作时,船舶可利用全部电能高速航行,提高了电能的利用率。这样可以减少原动机组数量,提高动力装置的经济性,还可以简化机舱值班和维护工作,提高船舶生产率,降低挖泥成本。例如,链斗式挖泥船在需要自航时,也常利用挖泥机械的电力作为推进动力。

(3)破冰船。电力推进在低速时能产生大推力,可出色地完成破冰任务。电力推进的堵转特性使机组不会超载,使螺旋桨被冰块卡住时也不会发生事故。电力推进装置的快速机动性能和恒功率自动调节性能可以改善破冰船的工作效率。

(4)起重船。自航式起重船可以利用起重机械的电力作为推进动力。例如,我国自行设计、制造的 50 t 起重船装有两台 55 kW 柴油发电机组,起重作业时供电给起重机械;航行时供电给两台 55 kW 的推进电动机。

(5)渔轮。电力推进可以根据各工况的不同要求,方便地把电能分配至推进、捕捞和冷藏机械,以减少一些专供辅机(如拖网机、冷藏机)的发电机组。例如,拖网渔船在寻找鱼群时,只需在经济航行工况下运行,推进装置耗用一部分电能;在拖网捕鱼时,将部分电能供给低速推进,将其余电能供给拖网机械与其他设备;在捕捞完毕返回基地时,把全部电能供给推进装置,全速返航。

（6）拖轮。电力推进具有宽广的调速范围,可保证从自由航行状态到拖带状态都保持全功率,获得拖航工作的最佳效率;在拖带过重时,可实现堵转,避免事故的发生。电力推进可以使驾驶员方便地在驾驶室控制,可以保证操作的正确性和拖曳的安全性。

（7）调查船、测量船。这些船上的甲板机械、附属设备和科研仪器往往需要大量电能,它们可以与电力推进装置一起从主发电机组获得电能。电力推进具有较高的机动性、低速航行特性等,对于航行状态多变、航区复杂的调查船和测量船都是必不可少的。

（8）消防船。消防船在急驶火场时,必须把主发电机的全部功率用于推进;到达火场后,把少量电能供给低速推进（在火场周围缓行）,把大部分电能供给消防泵。电力推进不仅可以减少消防船上原动机数量,而且可以使驾驶员在驾驶室集中控制,获得良好的机动性和操纵性,使消防船处于最佳灭火位置,出色地完成消防任务。

（9）救捞船。救捞船同消防船相似,在急驶救生地点后,救生打捞设备（如压机、绞车等）可从主发电机组获得大量电能。

（10）领航船。采用电力推进,可精确地控制低速推进,使船的位置保持不变;在恶劣的气候条件下移动时,电力推进还可增加安全性。由于领航船的工作包括一段相当长的低速航行,电力推进可以只开一部分机组,减少燃料消耗,提高经济性;在一定的燃料储备下,可以减少返航添加燃料的次数,增加运营时间。

（11）布缆船。布缆船在敷设电缆时,需要稳定正确的航向和较大调节范围的低速推进。电力推进可以满足上述要求,还可降低推进速度,将剩余的电力用于布缆作业。

（12）航标工作船。航标工作船在敷设和维修航标时,需要低速电力推进,使船舶逐渐靠近和保持在航标敷设的位置进行作业。

（13）水下作业船只。由于在水下无法采用柴油机等需要氧气的原动机,水下作业船只通常采用蓄电池供电的电力推进方式,如潜艇、潜水器等。

（14）大型邮轮。直接由变频器控制的电动机推进驱动装置,可以使邮轮布置方便、紧凑;可以增加客用房间,减少噪声,使乘客生活更舒适。

**3. 电力推进系统的构成**

电力推进系统一般由螺旋桨、推进电动机、发电机、原动机以及控制设备组成,如图9.3所示。

原动机的机械能经发电机变为电能,传输给推进电动机,由推进电动机将电能变为机械能并传递给螺旋桨,推动船舶运动。由于螺旋桨所需功率较大,推进电动机不能由

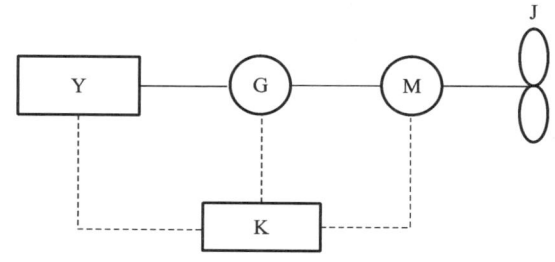

**图 9.3　电力推进系统构成简图**

Y—原动机；G—发电机；M—推进电动机；K—控制设备；J—螺旋桨

一般的日用电网供电，必须设置单独发电机(组)或更大功率的电源，因此电力推进船可设立两个独立的电站，也可设立一个综合性电站。

电力推进用的原动机可以采用柴油机、汽轮机或燃气轮机，目前一般采用高速或中高速柴油机，大功率时采用汽轮机或燃气轮机。

发电机可以采用直流他励发电机、交流同步发电机或交流整流发电机等。电动机可以采用直流他励电动机、交流同步电动机、异步电动机或永磁电动机等。船舶推进器一般采用定距螺旋桨，因为其效率高、尺寸较小。

**4. 电力推进系统的分类**

电力推进装置利用旋转电动机从原动机向螺旋桨传递功率。由原动机驱动的发电机直接或通过固态整流器、变频器供电给推进电动机，推进电动机直接或通过减速齿轮装置与螺旋桨联轴。由于使用了固态变换器，发电机发出的供推进电动机使用的电能不必是同一类型，可以是交流电，也可以是直流电。因此，船舶电力推进系统可以根据原动机类型、主电路电流种类以及推进功能进行分类。

1) 按原动机类型分类

(1) 柴油机电力推进。柴油机是目前船舶电力推进中最广泛采用的原动机，特别是中小型船舶，采用柴油机比蒸汽轮机更经济。为了减轻重量和减小体积，电力推进一般采用高中速柴油发电机组。

(2) 蒸汽轮机电力推进。蒸汽轮机一般适用于大功率电力推进以及本身需要大量蒸汽消耗的船汽轮机，可以使用低级、廉价的燃料降低船舶运营的成本；蒸汽轮机的缺点是需要蒸汽锅炉，使动力装置体积大、重量大。

(3) 燃气轮机电力推进。燃气轮机功率大、体积小、重量轻、结构简单、启动快，是电力推进可考虑的原动机。

(4) 原子能反应堆装置电力推进。原子能反应堆装置电力推进是通过原子能反应堆产生热能,这些热能通过热交换器加热蒸汽或惰性气体,推动汽轮机发电。作为船舶电力推进,原子能反应堆装置电力推进可以使船不需要燃料储备而航行很长时间,特别适合破冰船、潜艇、远洋船等大中型船舶。

(5)燃料电池电力推进。燃料电池是直接或间接使用燃料氧化自由能的化学电池。它与通常的电池不同,只要连续供应燃料就能连续产生电能。此外,它工作可靠、无噪声,可根据需要任意串联、并联。这些优点,使燃料电池在电力推进的应用中具有广阔的发展前景。

2)按主电路电流种类分类

按主电路电流种类,电力推进可分成直流、交流、交直流和直交流电力推进。

(1)直流电力推进。按系统调节原理,直流电力推进可分为恒压电力推进、简单 C-M(发电机-推进电动机)电力推进、恒功率电力推进以及恒电流电力推进等。

(2)交流电力推进。推进电动机采用交流电动机,包括异步电动机、同步电动机、永磁电动机,其调速方式主要采用交交变频调速、交直交变频调速等。目前,绝大多数船只采用此类推进方式。

(3)交直流电力推进。交直流系统采用电力电子技术将交流电源和直流电动机结合成一个系统。

(4)直交流电力推进。直交流系统采用电力电子技术把直流电源和交流电动机结合成一个系统。

3)按推进功能分类

(1)独立电力推进。螺旋桨由推进电动机带动。主发电机除了供电给推进电动机,有时还可把一部分电能供给船舶电网。

(2)联合电力推进。联合电力有四种工况:螺旋桨由推进电动机带动(此时主机与螺旋桨脱开),低速航行;螺旋桨由主机(原动机)直接带动(此时推进电动机与螺旋桨脱开);螺旋桨由主机(原动机)与推进电动机共同带动,高速航行;在航行时推进电动机由主轴带动发电,把电能回馈给电网(相当于轴带发电机)。

(3)特种电力推进。特种电力推进有侧推电力推进、全回转吊舱电力推进、超导电力推进、磁流体电力推进和泵喷电力推进等。

(4)综合电力推进。综合电力推进采用电力系统集成技术来实现船舶电能的产生、输送、变换、分配以及利用,以满足船舶推进、日用负载、大功率脉冲负载等的需要。它将船舶发供电与推进用电、船载设备用电集成在一个统一的系统内,从而实现发电、配电与电力推进用电及其他设备用电统一调度和集中控制。

**5．电力推进的特点**

与直接或带齿轮推进相比，电力推进的主要优点有以下方面。

（1）布置安装灵活。大型船舶的原动机大多安装在船尾的下部空间，同时需要一根较长的传动轴系连接螺旋桨。电力推进的电动机通常和螺旋桨靠得很近，省去了传动轴系，节省了空间。发电设备可以根据全船的配置合理安排，不受推进电动机和螺旋桨的限制，可以在机舱整个空间内立体布置，既方便灵活，又充分利用了机舱舱容。如果从消防和安全性方面考虑，还可以把发电机分成几组布置在不同的舱室中。

（2）易于获得理想的拖动特性，提高舰船的技术经济性能。

①低速特性。柴油机的调速比一般为 1∶3，因此采用直接推进时，不容易获得低速（额定转速为 250～300 r/min 时，稳定低速不可能低于 90～120 r/min）。电动机的调速比可达 1∶10，甚至一比几十，故采用电力推进时，螺旋桨可以获得很低的转速（4 r/min以下），有利于船舶实现机动航行，如稳定低速接近目标、靠离码头等。

②动车、停车等的快速性。电动机的启动、停止与反转均比柴油机迅速，因此螺旋桨动车、停车及倒车速度很快，有利于提高船舶的机动性。

③恒功率特性。在航行过程中，由于风浪等因素的影响，阻力经常发生变化。采用电力推进装置可以在阻力经常变化的条件下，始终维持动力设备（柴油机、发电机或电动机）以恒功率运行，使动力设备的效率保持在较高的水平，以利于充分发挥动力设备的效能（充分利用设备的装置功率）。

④恒电流特性。电力推进装置的主回路电流可以通过一定的调节措施保持一定的数值，使在主回路内串接若干电动机成为可能。这些电动机可以独立调节，彼此互不影响。将容量相近而不同时使用的若干负载的拖动电动机电枢串接在一条主回路内，由公共的发电机组供电，可以使发电机组的装置容量大大减小。恒电流系统还具有电动机过渡过程较快、工作可靠、操纵灵活、系统无过载危害等特点。

⑤堵转特性。当螺旋桨被绳缆、冰块等卡住时，由于采用电力推进，系统具有堵转特性，在短时内不必断开电动机，待卡住的原因消除以后，螺旋桨很快恢复正常运转，消除了系统经常"断开-接通"的弊端。

（3）可以采用中高速不反转原动机，降低了设备重量、体积。螺旋桨的转速不能太高，通常在 300 r/min 以下，否则其效率将降低，因此在直接推进时，若原动机为柴油机，它的转速就不可能太高，只能采用重型低速柴油机。其特点是功率大、速度低，因此重量大、尺寸大。如果采用电力推进装置，可用轻、小的中高速柴油发电机组，柴油机也不必采用可反转的，这样便可大大降低原动机的重量和体积。中高速柴油机重量轻、尺寸小，便于舱室布置。不反转柴油机结构简单、运行可靠、寿命长。在其他条件相同时，不反转柴油机比可反转柴油机的寿命长得多。已有资料显示,柴油机每反转一次的磨损与它工作16 h的磨损相当。由于原动机不必反转,电力推进装置也为燃气轮机的广泛应用创造了良好的条件。

(4) 操纵灵活、机动性能好。采用电力推进易于实现在驾驶室直接进行舰船的操纵,使舰船的操纵十分机动灵活。对于直接推进,驾驶员在驾驶室通过车钟向机舱传递主机操作指令,由主机操作人员按指令操纵柴油机,然后通过车钟向驾驶室回令。这样不但来车速度慢,而且很容易产生误操作。若采用电力推进,驾驶员在驾驶室操纵驱动推进电动机的调速装置即可实现对舰船的操纵,大大减少了误操作的可能性。电力推进装置的操纵过渡过程比直接推进大大缩短(来车快),因此它应付紧急状态的能力较强,极大地增加了航行安全性。

(5) 可靠性高。可使用多台发电机组和电动机,从而确保较大的可靠性,一台装置失效不致引起电力的全部丧失。同时,进行多台小容量装置的维修比进行单台大容量装置的维修更高效、更容易。

(6) 振动小。摒弃了传动轴系和调速齿轮箱,使只有较少的螺旋桨振动传递到原动机上。

(7) 适用性强。除了提供推进电力,还可利用发电机组给其他日用负载供电。

(8) 燃料经济性。可以完全关闭一些发电装置且另一些发电装置在接近满载和高效率下运行,因此在减小了功率的同时,使燃料的经济性极好。通过使用固态变换器控制电动机转速,发电机在最佳转速下运行,使原动机获得最高效率。

与直接或带齿轮推进相比,电力推进的主要缺点有以下方面。

(1) 在最高速度时的总效率通常较低。

(2) 采用电气设备可能引来一些需要防避的附加危害,如电气设备中可能的火灾、故障引起的扰乱(闪络、短路和接地)、电击造成的人身伤害等。

(3) 需要受过较好训练且具有较高技能的操作人员。

(4) 需要种类繁多的备件。

**6. 推进装置**

1) 轴系推进

在柴油电力推进系统和轴系螺旋桨推进系统中,螺旋桨通常采用变速电动机驱动。卧式电动机可直接连接到螺旋桨轴上,从而使系统结构更简单、更牢固耐用;也可通过齿轮装置与螺旋桨轴相连,从而提高电动机的转速,使电动机的结构更紧凑。不过采用齿轮装置连接时,机械结构会变得比较复杂,也会增加系统的机械功率损失。在柴油电力推进船舶中,如果所需的推进功率超出了全方位推进器所能提供的功率范围、船舶不需要横向推力(控位操作和机动操作时需要横向推力)或可以用导管推进器等更经济的方法来提供横向推力,通常采用轴系推进系统。轴系推进系统通常用于穿梭油轮、科学考察船、抛锚船和电缆敷设船等。轴系推进系统通常要使用方向舵,每个螺旋桨配备一个方向舵。高升力方向舵通常能够提供一定程度的横向推力,如果船舶在进行机动或控位操作时需要更多横向推力,通常还要在船尾加装导管推进器。变速定螺旋桨(FPP)是比较常用的一种螺旋桨,结构简单、牢固耐用。变速可调螺距螺旋桨(CPP)在某些场合也有应用,这种螺旋桨的速度和螺距能在一定程度上进行优化,可以比只对单个控制参数进行调节时获得更高的系统调节精度和更快的响应速度。但一般来说,由于对速度和螺距同时控制要增加投资成本,这样做通常并不值得。

2)全方位推进器

全方位推进器是一种可以自由转动的推进器,能产生任何方向上的推力。其推力既可通过定速可调螺距螺旋桨或变速定螺旋桨控制,也可在少数特殊情况下通过速度和螺距联合的控制方式进行控制。和定速可调螺距螺旋桨相比,变速定螺旋桨的水下机械结构更简单、低推力损失更小。

在那些对推进器室的内部高度有严格限制的船舶上,电动机通常为卧式,全方位推进器采用 Z 型齿轮传动。如果推进器室的内部高度允许,通常选用立式电动机和工型齿轮传动,这样可以使整个结构更简单、功率损失更小。

全方位推进器一般是按照单向推力进行设计和优化的,因此缺乏反向转动产生推力的能力。全方位推进器具有一定程度产生反向推力的能力时,可用于在不转动全方位推进器的情况下维持推进器的动态推力。

传统的全方位推进器在早期一般用于船舶的控位和机动操作,但近来已经被用作电力推进船舶的主推进装置。为了改善推进系统的流体动力特性和驾驶操控性,全方位推进器的外形已有很大改变,如机械吊舱式。在这种全方位推进器中,驱动装置通常是一台船内卧式电动机,该电动机的机械功率通过一个 Z 型齿轮传动装置传输到螺旋桨。为了降低船舶高速行驶时的流体阻力和提高船舶的推进效率,该装置的水下结构形状经过了专门优化。

有些厂商可以提供双螺旋桨推进器装置,两个螺旋桨既可安装在同一根轴上,也可配置成按相反方向转动。在后一种情况下,流体动力效率更高,因为一个螺旋桨产生射流的转动能量可在另一个反向转动的螺旋桨上形成推力。目前使用的传统全方位推进器的额定功率为 6～7 MW。

3)吊舱式推进装置

和传统全方位推进器一样,吊舱式推进装置也可以自由转动并能够产生任何方向上的推力。其主要不同之处是后者直接将电动机与螺旋桨轴集成在一个封闭的吊舱装置中,该吊舱装置浸没在船体下方的水中。定距螺旋桨直接安装在电动机轴上。由于不需要使用机械式齿轮传动装置,其传动效率比传统全方位推进器高。电力通过软电缆或可360°转动的滑环传输给电动机。由于螺旋桨螺距固定且不需要使用齿轮传动装置,其机械结构相对比较简单。吊舱既可设计成推式,也可设计成拉式。拉式吊舱的螺旋桨能够产生非常好且很均匀的伴流区,可提高螺旋桨的流体动力效率并减少空泡现象,从而降低推进系统引起的噪声和振动。吊舱式推进装置可双向转动,以产生向前和向后的推力(需要采用相应的推力轴承)。螺旋桨通常根据一个主推进方向进行优化,在相反方向上的推力相对要小一些,但这对推进器的机械结构没有任何影响。吊舱式推进装置应用于邮轮、破冰船、服务船及油轮等船舶已有多年历史,吊舱式推进装置的功率为 1~25 MW。对于一些大型的吊舱式推进装置,操作人员可以直接进入吊舱内部进行目视检查。

## 9.4.2 传统推进系统

### 1. 蒸汽动力装置

根据运动方式的不同,蒸汽动力装置有往复式蒸汽机和汽轮机两种。

1) 往复式蒸汽机

往复式蒸汽机最早应用于海船,具有结构简单、运转可靠、管理方便及噪声小等优点,在过去很长的一段时间内占据着主导地位。但其经济性差、体积和质量大,现在已经基本上被其他船用发动机代替。

2) 汽轮机

汽轮机全称为蒸汽涡轮发动机(steam turbine),是一种将水蒸气的动能转换为使涡轮转动的动能的机械。相较于由詹姆斯·瓦特发明的往复式蒸汽机,汽轮机大幅改善了热效率,更接近热力学中理想的可逆过程,能提供更大的功率,几乎取代了往复式蒸汽机。汽轮机特别适用于火力发电和核能发电,世界上大约 80% 的电是利用汽轮机产生的。

汽轮机自装船使用以来,由于受到柴油机的挑战,一直发展比较慢。虽然主汽轮机单机功率大,运转平稳、摩擦、磨损少、振动轻、噪声小,但其装置的热效率低,要配置质量、尺寸较大的锅炉、冷凝器、减速齿轮装置以及其他辅助机械,因此装置的总质量和体积均较大,这就限制了它在中小船舶中的使用。近几十年来,由于汽轮机和锅炉效率的提高,制造上的系列化、通用化和简单化,采用多级加热、中间再热和废热回收利用系统,大幅降低了装置燃油消耗率和采用低螺旋桨转速等措施,汽轮机的应用范围有所扩大。不少资料表明,在功率超过 22000 kW 和航速超过 20 kn(约 37 km/h)时,汽轮机动力装置的优越性更为突出。

蒸汽-燃气轮机联合循环,是把蒸汽轮机和燃气轮机这两种按不同热力循环工作的热机联合在一起的装置循环,有时也简称为联合循环。联合循环的理论基础早已建立,热力学奠基人之一卡诺就曾提出过联合循环的概念。但是直到 20 世纪中叶,实用的联合循环动力装置才被发明。发展联合循环的关键是要研制出高温、高性能、大功率的燃气轮机。为了适应石油短缺的形势,在燃气轮机中有效烧煤也是一项关键技术。目前,世界各先进工业国家均已有定型联合循环机组产品,最大功率已超过 $6 \times 10^5$ kW,最高热效率已高达 47%。它作为热电并供机组使用,燃料利用率可高达 80% 左右,单机组最长运行时间已超过 $1 \times 10^5$ h。热机的热效率要提高 1% 是非常困难的,而联合循环把燃气轮机和蒸汽轮机结合起来可以大幅度节约能源。为了提高热机的效率,应该尽可能提高热机中的加热温度和降低排热温度。但蒸汽轮机和燃气轮机的热力循环都不能很好地满足上述要求。把它们结合起来,以燃气轮机的排热来加热蒸汽,就可以同时取得燃气轮机加热温度较高和蒸汽轮机排热温度较低的双重优点。

**2．燃气动力装置**

燃气动力装置根据发动机运动方式不同,分为柴油机动力装置和燃气轮机动力装置。

1）柴油机动力装置

在法国出生的德裔工程师狄塞尔 1897 年研制成功可供实用的四冲程柴油机。它明显提高了柴油机热效率,所以引起了人们的重视。起初,柴油机用空气喷射燃料,附属装置庞大笨重,只用于固定作业。20 世纪初,柴油机开始用于船舶。1905 年,第一台船用二冲程柴油机研制成功。

1922 年,德国的博施发明了机械喷射装置。该装置逐渐替代了空气喷射。20 世纪 20 年代后期,高速柴油机出现,并开始用于汽车。20 世纪 50 年代,一些结构性能更加完善的新型系列化、通用化的柴油机发展起来,从此柴油机进入专业化大量生产阶段。特别是在采用了废气涡轮增压技术以后,柴油机已成为现代动力机械中最重要的部分。

柴油机不仅是热效率最高的一种热机,而且具有启动迅速、部分负荷运转性能好、安全可靠、装置的质量较轻、功率范围大(从几千瓦至几万千瓦)等一系列优点,因此多用于船舶主机及发电副机。在中大型商船上使用的柴油机有大型低速和大功率中速两大类。这两种柴油机在激烈竞争的同时互相促进,均迅速发展。

纵览船舶市场,柴油机动力装置占绝对优势的状况已存在多年,在今后一个相当长的时期内还将继续下去。

2）燃气轮机动力装置

（1）发展简介。

1791 年，英国人巴伯首次描述了燃气轮机的工作过程；1872 年，德国人施托尔策设计了一台燃气轮机，并于 1900—1904 年进行了试验，但因始终未能脱开启动机独立运行而失败；1905 年，法国人勒梅尔和阿芒戈制成第一台能输出功的燃气轮机，但效率太低，没有实用价值。

1920 年，德国人霍尔茨瓦特制成第一台实用的燃气轮机，其效率为 13%，功率为 370 kW，按等容加热循环工作，但因等容加热循环以断续爆燃的方式加热存在许多重大缺点而被人们放弃。

随着空气动力学的发展，人们掌握了压气机叶片中气体扩压流动的特点，解决了设计高效率轴流式压气机的问题，因此在 20 世纪 30 年代中期研制了效率达 85% 的轴流式压气机。与此同时，涡轮效率也有了提高。在高温材料方面，能承受 600 ℃ 以上高温的铬镍合金钢等耐热钢出现，使采用较高的燃气初温成为可能。因此，等压加热循环的燃气轮机终于得到成功的应用。

1939 年，4 MW 发电用燃气轮机在瑞士制成，效率达 18%。同年，在德国制造的喷气式飞机试飞成功。从此，燃气轮机进入实用阶段并开始迅速发展。

随着高温材料的不断发展以及涡轮采用冷却叶片并不断提高冷却效果，燃气初温逐步提高，使燃气轮机效率不断提高。单机功率也不断增大，在 20 世纪 70 年代中期出现了数种单机功率达 100 MW 级的燃气轮机，最高能达到 130 MW。

与此同时，燃气轮机的应用领域不断扩大。1941 年，瑞士制造的第一辆燃气轮机机车通过了试验；1947 年，英国制造的第一艘装备燃气轮机的舰艇下水，它以 1.86 MW 的燃气轮机作加力动力；1950 年，英国制成第一辆燃气轮机汽车。此后，燃气轮机在更多领域获得应用。

在燃气轮机获得广泛应用的同时，还出现了燃气轮机与其他热机结合的复合装置。最早出现的是燃气轮机与活塞式内燃机结合的装置。20 世纪五六十年代，以自由活塞发动机与燃气轮机组成的自由活塞燃气轮机装置出现，但由于笨重和系统较复杂，到 20 世纪 70 年代就停止了生产。柴油机与燃气轮机复合装置也得到发展；利用燃气轮机排气热量供热（或蒸汽）的全能量系统，可有效地节约能源，已用于多种工业生产中。

（2）工作原理。

燃气轮机的工作原理如下：压气机（压缩机）连续地从大气中吸入空气并将其压缩；压缩后的空气进入燃烧室，与喷入的燃料混合后燃烧，成为高温燃气，流入燃气涡轮中膨胀做功，推动涡轮叶轮带着压气机叶轮一起旋转；加热后的高温燃气的做功能力显著提高,因此燃气涡轮在带动压气机的同时,尚有余功作为燃气轮机的输出机械功。燃气轮机由静止启动时,须用启动机带着旋转,待加速到能独立运行后,启动机才脱开。

燃气初温和压气机的压缩比,是影响燃气轮机效率的两个主要因素。提高燃气初温并提高压缩比可使燃气轮机效率显著提高。20 世纪 70 年代末,压缩比最高达到 31;工业和船用燃气轮机的燃气初温最高达 1200 ℃左右,航空燃气轮机的初温超过 1350 ℃。

（3）组成部分。

燃气轮机由压气机、燃烧室和涡轮等组成。压气机有轴流式和离心式两种。轴流式压气机效率较高,适用于大流量的场合。在小流量时,轴流式压气机因后面几级叶片很短,效率低于离心式压气机。在功率为数兆瓦的燃气轮机中,有些压气机采用轴流式加一个离心式作末级,可以在达到较高效率的同时缩短轴向长度。燃烧室和涡轮不仅工作温度高,而且需要承受燃气轮机在启动和停机时因温度剧烈变化引起的热冲击,工作条件恶劣,故它们是决定燃气轮机寿命的关键部件。为确保有足够的寿命,这两个部件中工作条件最差的零件(如火焰筒和叶片等)须用镍基和钴基合金等高温材料制造,还须用空气冷却来降低工作温度。

燃气轮机必须有完善的调节系统,还必须配备良好的附属系统和设备,包括启动装置、燃料系统、润滑系统、空气滤清器、进气和排气消声器等。

（4）未来发展趋势。

燃气轮机的未来发展趋势是提高效率、采用高温陶瓷材料、利用核能和发展燃煤技术。提高效率的关键如下:提高燃气初温,即改进涡轮叶片的冷却技术并研制能耐更高温度的高温材料;提高压缩比,研制级数更少而压缩比更高的压气机;提高各部件的效率。

燃气轮机的经济性差,进排气管道大、机舱布置困难,低负荷运转性能差,不能直接倒车(须加离合器),叶片及燃气发生器均在高温、高压条件下工作,寿命较短,在商船上应用极少。

# 9.5　柴油推进与 LNG 推进

## 9.5.1　柴油推进的缺点与发展方向

### 1. 柴油机的基本介绍

柴油机属于内燃机,它的热效率高,功率范围广,具有启动迅速、维修方便、运行安全、使用寿命长等特点。因此,柴油机动力装置应用最广泛,是目前船舶推进动力中最重要的推进形式。大部分内河及沿海小型船舶,都以柴油机作为主机和辅机;在远洋船舶中,30000 t 以下的船舶几乎都采用柴油机作为主机。

柴油机工作时的一个循环要经过进气、压缩、燃烧膨胀(做功)和排气四个过程,如图9.4 所示。

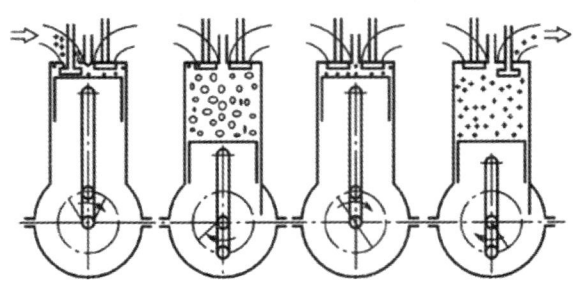

**图 9.4 柴油机工作示意**

柴油机分为四冲程柴油机和二冲程柴油机,具体介绍如下。

1) 四冲程柴油机

四冲程柴油机的工作原理如下。

(1) 第一冲程,活塞由上止点向下运动,缸内气压减小,依靠外界空气的惯性吸入空气。

(2) 第二冲程,活塞经过下止点向上运动,开始压缩混合气体。至上止点时,缸内气体的压力和温度上升至极点。此时,喷油器将良好的雾化柴油喷至缸内,与空气混合后发生自燃。

(3) 第三冲程,燃烧过的混合气体压力骤增。活塞下行,缸内体积变大,高压气体做功,将压力势能转化为活塞的动能并传递给曲轴。

(4) 第四冲程,活塞从下止点到上止点,将汽缸中的废气强制排出,为下一循环的吸气做好准备。

2) 二冲程柴油机

二冲程柴油机的工作过程将四冲程柴油机的四个环节整合:第一冲程进行吸气和压缩;第二冲程进行燃烧膨胀做功、排气和部分吸气。船舶采用的柴油机以二冲程柴油机为主。二冲程柴油机与四冲程柴油机相比,有以下优点:仅用两个冲程便完成一次做功,功率为四冲程柴油机的 1.6~1.8 倍;省去了气阀及其活动装置,结构简单,维护、保养比较容易;回转时比较均衡。二冲程柴油机也存在一些缺点:换气过程没有四冲程柴油机完全,新鲜空气的充入和废气的排出都比四冲程柴油机困难;新鲜空气进入汽缸是在排气阀或进气口开启的时候,导致一定量新鲜空气随废气外泄,增加了耗气量;转速相同时,工作循环更频繁,燃烧室组件的热负荷较高。

除了主要结构,柴油机还须有操纵系统,包括启动装置、换向装置、调速装置。柴油机自身不具备启动能力,要由外界的能量带动曲轴回转完成第一个循环,从而使其连续运转。压缩空气系统为柴油机提供能量,称为启动装置。换向装置是指改变螺旋桨轴向推力方向的机械装置。推力换向有多种方式,其中改变柴油机主轴转向称为直接换向。当柴油机的负荷、转速变化时,柴油机应能立即改变喷油量以适应负荷和转速的变化。通过调速器自动调节高压油泵的喷油量可以实现调速的目的。

**2. 船舶柴油推进的缺点**

现代工业不断发展,带来严重的大气污染,使人类的生存环境日趋恶化。排气污染物对大气环境的影响主要表现在烟雾、酸雨、臭氧层减薄、温室效应等方面。随着人类环境保护意识的增强,各种环保法规陆续出台,对各种有害排放形成了有效控制。

船舶承担着 95％以上的世界贸易运输量,消耗世界能源的 3％,其主要的动力装置船舶柴油机的排放量也是非常巨大的。据统计,船舶柴油机的氮氧化物排放约占全球氮氧化物排放的 7％,硫氧化物排放约占全球硫氧化物排放的 4％,碳氧化物排放约占全球碳氧化物排放的 2.7％。与陆上的排放法规相比,船舶排放法规相对宽松,导致船舶有害排放相对值增加。随着技术的发展,对船舶有害排放的控制也会更加严格。

柴油机是以碳氢化合物为燃料的。燃料完全燃烧时,如果不考虑燃料中的杂质,只会产生水蒸气和二氧化碳。水在地球上大量存在,柴油机排出的水不会对地球水循环构成重大影响。二氧化碳在过去并不被认为是一种污染物,但因为含碳化石燃料的大量使用,地球的碳循环失衡,加剧了温室效应,引起了人类的广泛关注。

根据柴油机燃烧的特点,燃料在柴油机中的混合和燃烧是在极短时间内完成的。由于燃料与空气混合的不均匀程度比较严重,燃料不可能完全燃烧,导致柴油机的排气中会出现一些不完全燃烧产物。在高温缺氧环境下,燃油易发生裂解、脱氢生成炭烟粒子,发生不完全燃烧生成一氧化碳;在低温及混合气过稀的条件下,燃烧易生成未燃碳氢化合物。在高温环境下,燃烧会使空气中的氮氧化,生成各种氮氧化物。此外,燃油中的硫可使燃烧过程生成硫氧化物。

1) 柴油机排出的废气的主要成分

柴油机排出的废气是由燃烧产物与剩余空气组成的,主要包括水蒸气($H_2O$)、过量氧气($O_2$)、残余氮气($N_2$)、二氧化碳($CO_2$)、一氧化碳($CO$)、氮氧化物($NO_x$)、碳氢化合物、硫氧化物($SO_x$)和颗粒等。水蒸气、过量氧气、残余氮气属无害成分,不会给人类和环境带来不良影响。二氧化碳虽然不会对人类和环境产生直接危害,但其大量聚积会形成温室效应,应加以控制。二氧化碳、水蒸气、氮气、氧气占排气总量的 99.8%。一氧化碳、氮氧化物、碳氢化合物、硫氧化物和颗粒等虽然只占排气总量的 0.2%,却能对环境和人体造成巨大危害。我国有关标准把废气中有害成分及 $CO_2$ 和炭烟等统称排放物,简称排放。

2)柴油机有害气体排放物的生成机理

(1)氮氧化物。

柴油机排气中的氮氧化物包括一氧化氮($NO$)、二氧化氮($NO_2$)、三氧化氮($NO_3$)、一氧化二氮($N_2O$)、三氧化二氮($N_2O_3$)、四氧化二氮($N_2O_4$)、五氧化二氮($N_2O_5$)等。在柴油机中,燃料经燃烧后从排气管排出的氮氧化物中有 90%~95% 是一氧化氮,二氧化氮少量存在,其他成分可以忽略不计。从发动机排出的一氧化氮与大气中的氧气相遇后将进一步氧化为二氧化氮。对柴油机来说,要控制的氮氧化物主要是一氧化氮,对人类直接造成危害的氮氧化物是二氧化氮。

氮氧化物中的氮的来源有两方面:一方面是参与燃烧的空气中的氮;另一方面是燃料中存在微量的氮化物。前者产生的氮氧化物称为"热氮氧化物",后者产生的氮氧化物称为"燃料氮氧化物"。由于柴油机燃油仅含微量氮,形成的氮氧化物很少,柴油机排气中的氮氧化物主要是由空气中的氮在高温环境下氧化生成的。

柴油机燃烧过程中决定氮氧化物生成率的主要因素有三个:高温、富氧以及氮与氧在高温下停留的时间。燃烧室内温度升高、气浓度增加、燃气在高温区滞留时间增长,均会使氮氧化物增加。如果参与预混燃烧的燃油量多,较高的燃烧温度和较长的焰后反应时间会使氮氧化物生成量增加。

(2)碳氢化合物。

碳氢化合物主要包括燃油中的未燃烃类、裂解反应和再化合反应的产物、燃烧和氧化反应的中间产物(如醛、醇等)。

碳氢化合物的生成机理很复杂,其根本原因是烃类在空气中不能燃烧或不能完全燃烧,如温度或压力过低、混合气浓度过大或过小都可能导致形成碳氢化合物。柴油机中的燃烧是短促喷油后的压燃,燃油喷注与周围空气形成的混合气很不均匀:喷注核心的油气可以在混合过程中逐渐稀化,不会导致生成很多碳氢化合物;在喷注外围,混合气过稀,其中的燃料可能始终不能完全燃烧,生成碳氢化合物。

(3)一氧化碳。

一氧化碳是燃料燃烧的中间产物和不完全燃烧产物。一般来说,如果达到一定的反应温度且存在氧化剂,一氧化碳将继续与氧气反应,生成燃烧产物二氧化碳。如果燃烧过程中局部空间或瞬时存在下列条件之一,一氧化碳不能继续燃烧而被排出柴油机:反应的气体温度突然过低;反应的气体突然缺氧;反应物停留在适合反应区域的时间过短。

在燃烧室中,生成一氧化碳的主要部位是富油区、稀熄火焰区和火焰淬熄区。富油区主要存在于喷注核心、喷注尾部、燃油的后滴和异常喷射区,以及因涡流过强使相邻油束产生重叠的部位。在这些富油区,一氧化碳由于严重缺氧不能充分燃烧成二氧化碳而保留在燃烧室内,最后排出。在满负荷或超负荷工作时,这种情况更为严重。一氧化碳排放率取决于空燃比和混合气形成的不均匀度。

稀熄火焰区和火焰淬熄区存在于喷注火焰区之外。在这个区域,由于混合气过稀,化学反应不稳定,生成的一氧化碳不能继续燃烧会使反应中断,火焰遇到低温和冷壁也会使反应中断。活塞顶岸部位的间隙、喷注前锋的稀熄火焰区以及低负荷时气缸壁的近壁区等也是易产生一氧化碳的区域。气流运动过强会吹熄火焰,使燃烧突然中断,使碳氢化合物增加和一氧化碳氧化中断,这也是一氧化碳排放增加的原因。

（4）颗粒。

颗粒也称微粒（particulate matter,PM）,是指用清洁的过滤空气稀释,气体温度低于或等于 325 K（52 ℃）时,在规定的过滤介质上采集到的物质。柴油机排放物中颗粒的组成取决于运转工况,尤其是排气温度。当排气温度较高时,颗粒主要是炭质微球的聚集体,一般称为炭烟,是柴油机在高压燃烧条件下,局部高温、缺氧、裂解并脱氢而生成的以炭质为主要成分的固体微小颗粒。柴油机的不均质、异相燃烧,特别是燃烧时燃料分子往往被高温火焰或燃烧产物包围的特点,决定了生成炭烟的必然性。当排气温度较低时,炭烟会吸附和凝聚多种有机物,称为有机可溶成分（soluable organic fraction,SOF）。最容易凝结的是未燃燃油中的重馏分、已经热解但未在燃烧过程中消耗的不完全燃烧有机物以及窜入燃烧室中的润滑油。若排气成分中碳氢化合物含量更高,冷凝作用更强烈。

3）柴油机排气污染物的危害

（1）氮氧化物。

柴油机排气污染物中的氮氧化物绝大部分（90％以上）是一氧化氮,少量是二氧化氮。一氧化氮是无色气体,毒性不大,通过光化学反应会破坏大气臭氧层,在大气中会缓慢氧化成二氧化氮。二氧化氮是一种红棕色的刺激性气体,其浓度为 100～120 ppm 时会表现出很强的毒性。

（2）碳氢化合物。

碳氢化合物包括未燃烧和未完全燃烧的燃油、润滑油及其裂解和部分氧化产物,如烷烃、烯烃、芳香烃、醛等。烷烃基本上无味,对人体健康不产生直接影响。烯烃略带甜味,有麻醉作用,对黏膜有刺激。烯烃是与氮氧化物一起在太阳光的紫外线作用下形成有毒的光化学烟雾的罪魁祸首之一。芳香烃对血液和神经系统有害,特别是多环芳香烃及其衍生物有致癌作用。醛是刺激性物质,对眼、呼吸道、血液有害。

（3）颗粒。

颗粒的主要成分是炭、凝结的碳氢化合物、硫酸盐和缔合水。柴油机排出的颗粒大多小于 $0.3~\mu m$,可通过呼吸作用被吸入肺部并在肺里滑动,会造成肺组织的损伤。另外,颗粒炭核吸附的其他有毒物质被吸入人体,也会对人体造成伤害。

（4）一氧化碳。

一氧化碳是无色、无味的有毒气体。一氧化碳与血红蛋白的亲和力大约是氧气的200倍,吸入人体后能与血红蛋白结合成碳氧血红蛋白,导致人体组织缺氧,引发恶心、头晕等症状,严重时导致窒息死亡。柴油机排放的一氧化碳较少,主要在高负荷运转时排放。

**3. 柴油推进的发展方向**

当前,运输船舶向大型化、自动化、智能化等方向发展,船用柴油机也陆续出现大功率、低排放、低油耗、高可靠性的大缸径、智能化机型。近几年,世界各大船舶柴油机公司陆续推出的新型船用柴油机均采用了大量新技术和研究成果,如燃烧和排放控制技术、模块化设计技术、高效率涡轮增压技术、高压共轨燃油喷射技术、电子控制技术等,以实现节能减排的战略目标。柴油推进的发展方向主要有以下几个方面。

（1）提高平均有效压力和单机功率。不断提高平均有效压力和单机功率,减小体积质量和体积是船用大功率柴油机长期以来一直追求的主要目标。目前,船用大功率柴油机平均有效压力不断提高,但最高燃烧压力也随之增大,影响了柴油机的可靠性和寿命。因此,目前柴油机主要通过扩大缸径和增加缸数来提高单机功率。由于平均有效压力很高,虽按螺旋桨特性运行,低工况性能也难以保证,必须采用各种措施对柴油机的全工况进行性能优化。

（2）燃烧与排放控制。船用柴油机的排放控制可分为机内控制和机外控制。机内控制是指在可燃混合气燃烧之前降低污染物的排放,主要措施有采用机内、机外废气再循环技术（EGR）,优化柴油机结构参数和运行参数,采用湿法降低氮氧化物技术,添加燃油添加剂等。机外控制是指在机内控制的基础上,进一步降低排放量,如采用选择性催化还原技术（SCR）、废气洗涤法等。采用机内控制和机外控制均可使船用柴油机排放符合标准规定,但机外控制达到同样效果所需成本为机内控制的4～5倍,因此船用柴油机至今仍大多采用机内控制方式并与自动监测和控制技术相结合。

国外各大船舶柴油机研发、生产机构和公司纷纷开展燃烧与排放控制技术研究。近年来,电控共轨喷油技术在船舶柴油机上得到了较好应用,它能实现柴油机在不同负荷情况下以优化的喷油提前角和喷油压力将燃油喷入气缸,不仅降低了燃油消耗率,也降低了氮氧化物的排放量。此外,高增压技术、高效燃烧技术和电子控制技术等作为燃烧与排放控制技术的重要技术,也得到了广泛应用。

（3）智能化电子控制技术。2005 年 8 月,世界上第一台 7 缸智能型（7RTflex58T-B）船用发动机在大连船用柴油机厂交货,最大输出功率为 15260 kW。该机型采用当时世界最先进的 WECS-9520 电控系统控制燃油喷射、排气阀起闭、主机启动和换向,取代了传统的液压和气动控制,使柴油机燃烧更加充分。由于采用了计算机控制,该机型去掉了凸轮轴系统,操作更加简单方便并有效减少了主机自重,具有可靠、灵活和兼容性强的特点。随着船舶的大型化和智能化,智能化已是船用柴油机发展的必然趋势。

（4）研发可靠性技术。船用柴油机的大型化、高指标给柴油机零部件（或模块件）带来更高的要求,特别是燃烧室相关零部件和运动摩擦副件的工作条件更加恶劣,其可靠性倍受重视。研究的重点包括可靠性设计、摩擦磨损、故障诊断等关键技术。

（5）优化柴油机整机总体结构。船用柴油机应具有优良的综合性能及在各种工况下的适应性。因此,在保持机型的可靠性、经济性、低排放和易维护的基础上,应重点对柴油机整体结构进行优化,使其结构更加紧凑、体积变小、质量变轻。采用的关键技术包括模块化设计技术、3D-CAD（3 dimensional-computer aided design,三维-计算机辅助设计）设计分析、结构与性能优化仿真技术等。

## 9.5.2　LNG 推进的优点与技术可行性分析

### 1. LNG 推进的优点

1）安全性

LNG 的燃点为 650 ℃,比汽油的燃点（427 ℃）和柴油的燃点（260 ℃）高;LNG 的密度为 0.47 g/cm³ 左右,汽化后的密度只有空气的一半左右,稍有泄漏即挥发扩散;LNG 的爆炸极限为 4.7%～15%,比汽油的爆炸极限（1%～5%）、柴油的爆炸极限（0.5%～4.1%）宽,更难达到爆炸条件。由此可见,LNG 比汽油、柴油更安全。

2）环保性

天然气中几乎不含硫、粉尘和其他有害物质,燃烧时产生的二氧化碳少于其他化石燃料。据资料显示,使用天然气作为船舶燃料与使用柴油作为船舶燃料相比,一氧化碳排放量可以减少 90%;天然气在液化前必须经过严格的预净化,因此 LNG 中的杂质远远低于 LPG、CNG（compressed natural gas,压缩天然气）。

3）经济性

LNG 的价格比汽油、柴油低得多;LNG 燃烧完全,不产生积碳,不稀释润滑油,能有效减轻零件磨损,延长主机使用寿命。

**2. IMO 的新制度下 LNG 推进的技术可行性**

按照 IMO(International Maritime Organization,国际海事组织)的限值要求,各国船东如果在 2015 年之后继续在排放控制区(emission control area,ECA)运营船舶,必须在三种方案中做出选择:第一种方案为使用低硫燃油;第二种方案为安装废气洗涤器;第三种方案为使用液化天然气。

挪威船级社(DET NORSKE VERITAS,DNV)的分析认为:对于第一种方案,如果使船用汽油和船用柴油的硫含量降低至 0.1% 以下,只需对船舶燃油系统进行调整,但低硫燃油供应量有限,需求的增加会导致价格上涨;对于第二种方案,采用化学品或海水除去发动机废气中的硫要对船舶进行大规模改造,而且安装废气洗涤器会增加能耗和二氧化碳排放量;对于第三种方案,采用液化天然气作为燃料是一项耗资成本低、安全环保的最佳路径。LNG 作为船用燃油的环境效益非常显著,它几乎可以 100% 减排硫氧化物,没有颗粒,可以减少 85%～90% 的氮氧化物和 15%～20% 的二氧化碳。LNG 的应用能带来可观的经济效益,它比石油便宜且储量丰富。

1)对现有船舶进行改装的可行性

现有船舶要以 LNG 或者 LNG/柴油为燃料,必须加装 LNG 储存舱等装置。TGE Marine 公司(一家总部位于德国,从事船舶气体处理系统及储罐供应业务的企业)负责人表示,通常情况下,在船舶改装过程中,加装的主要装置为 LNG 储罐和气体处理系统。此外,船上还须安装一些辅助系统,如气体加热系统、惰性气体系统、通风系统、遥控阀门及安全系统、自控系统等。典型的船舶使用 LNG 方案如下:LNG 通过气体处理系统汽化,天然气通过主控阀供给燃气发动机,进而使船舶获得动力。

最易改装的船型包括 LPG 船、化学品船,改装难度较大的船型为客船、渡船、集装箱船,改装难度最大的船型为大型集装箱船、散货船和超大型油船等远洋船舶。在船舶"油改气"项目过程中,最大的挑战主要有两点:一是如何布置好储罐以及其他气体燃料系统的子系统;二是燃料系统如何满足船舶二冲程或四冲程主机的工作要求,例如,MAN 柴油机与透平公司的 ME-GI("ME"代表智能柴油机,"GI"代表燃气喷射)双燃料发动机在燃用天然气的模式下,需要气体以 250～315 bar(1 bar＝100 kPa)的高压注入,因此,在船舶改装的过程中,必须考虑在储罐中加装罐内增压泵及罐外高压泵。LNG 加压后,再经过高压汽化器和高压加热器处理,最终供给发动机。

2)新船型上采用 LNG 燃料

DNV 可谓应用 LNG 燃料的"先锋",在 2001 年就率先制定了 LNG 燃料的船舶规范。DNV 与日本大岛造船有限公司联合开发了"ECO-Ship 2020"型散货船。该船集成了多项创新解决方案,其中最引人瞩目的便是该船是一艘完全使用 LNG、不使用其他燃料、也不使用电力推进系统的商船。该船配备 4 个 C 型高压储存舱,共能储存 LNG3000 m³。罗尔斯·罗伊斯公司为该船提供了 2 台四冲程中速燃气发动机,单机功率为 4000 kW。由于应用了废热回收、空气润滑等节能技术,该船满足废气排放标准要求,其硫化物排放量为零,氮氧化物排放量可下降 90%,二氧化碳排放量可下降 50% 以上。此外,DNV 展示了另一个船型:运营于澳大利亚至中国航线的环保概念矿砂船"Ecore"号。该船使用了灵活的燃料方案,采用了德国柴油机与二冲程 ME-GI 燃气发动机,能够使用柴油与天然气两种燃料。值得关注的是,该船采用了优化的设计方案,只设 1 个置中的货舱,其 C 型 LNG 储罐则位于船尾的驾驶舱下。这个方案有助于充分利用船体空间,确保 LNG 储罐不会占用货舱空间及减少货运量。

除了上述船型,DNV 研发了环保型超大型原油船。该船配备了双燃料发动机;为配合使用 LNG 燃料,安装了两个 C 型储罐,每个储罐的体积达 13500 m³。

3)气体发动机技术的迅速发展

在船舶动力系统领域,国际几大发动机生产商经过多年的技术研发,使产品已经能够满足船舶应用 LNG 燃料的需要。瓦锡兰集团推出了包括 20DF、34DF 和 50DF 型机的 DF 系列机,已成功在多艘船舶上应用。据介绍,与燃油模式相比,处于燃气模式的 DF 发动机可使船舶的一氧化碳排放量减少 75%、二氧化碳排放量减少 20%、氮氧化物排放量减少 80%,还可实现硫化物的零排放。ME-GI 系列低速二冲程双燃料电喷发动机能够使用任何比例的天然气和柴油,甚至能使用液化石油气和重油,可用作 LNG 船、LPG 船、集装箱船等多种商用船舶的主推进系统。其中,在 4T50ME-X 型发动机的基础上研发成功的 4T50ME-GI 燃气发动机已进行了一系列海试,通过了各项性能验证测试。此外,DNV 的环保概念矿砂船"Ecore"号使用了 2 台该公司的 6S60ME-C8.2-GI 型双燃料发动机。

现有条件下对 LNG 的应用已经成熟,技术层面上没有太大问题,关键还是在 LNG 加气站、储气站等基础设施的建设上。

4)船用 LNG 基础设施建设的可行性

目前,我国已经成为主要 LNG 进口国之一,我国 LNG 工业也已经进入快速增长期。可以预见,在未来 10~20 年间,相当一部分 LNG 将通过油气接收站输送给终端用户。随着我国 LNG 工业的迅速发展以及国际海事规范的出台,相当部分的船将成为 LNG 动力船,因此,在规划建设 LNG 接收站的同时,应同步规划建设海上 LNG 加气补给站,以保障我国 LNG 工业和航运业的健康发展。根据 IMO 的相关规定,LNG 船将不能直接在装卸货码头补给 LNG 燃料,这意味着 LNG 加气补给站只能建设在海上,这不仅有利于 LNG 储备站的资源共享,而且可以节约建设初期的投资额及日常维护费用,降低成本,提高未来的市场竞争力。

5) 采用小型 LNG 船进行燃料补给的可行性

船舶,尤其是大型远洋船舶如何进行 LNG 燃料补给是海事界十分关注的问题。目前,海上供气装置的缺乏是制约海运行业推广使用 LNG 的一大瓶颈。就目前成功的一些船舶改装项目和一些以 LNG 为燃料的概念船的设计方案来看,在缺少海上供气装置的条件下,船舶供气是一种较为可行的方案。

根据挪威的一些成功案例,以 LNG 为燃料的船舶在靠泊时,可通过岸上的管道补充燃料;当船舶在海上运营时,可通过小型的 LNG 船来实现燃料补给。一些新概念船型也在采取类似的供气方案。DNV 的环保概念矿砂船"Ecore"号就采用了类似的解决方案,由燃料供给船保证液化天然气和燃油补给。"Ecore"号的 LNG 储量为 4000 $m^3$。燃料供给船通过直径为 0.1524~0.203 m 的软管进行供给,补给时间为 9~15 h。

以 LNG 为燃料不仅能够使船舶符合废气排放标准,而且是帮助船舶满足 EEDI 的一个有效途径。现有技术已能够满足船舶使用 LNG 的要求。目前,一些国际组织已准备起草 LNG 燃料补给船相关接口、操作方面的规范、标准。根据 DNV 等机构的预测,海上 LNG 补给装置也有望进一步增加。可以预计,在这些利好因素的推动下,未来 LNG 燃料在海运业的应用范围将会不断拓展。

# 9.6　LNG 替代船用燃油的竞争优势

## 9.6.1　国内首艘双燃料动力 LNG 耙吸挖泥船

### 1. 基本介绍

"新海鲟"轮(见图 9.5)是全球最大、国内首艘双燃料动力 LNG 耙吸挖泥船,于 2023 年 12 月 24 日上午下水;2024 年 7 月 17 日,"新海鲟"轮顺利从江苏启东出江试航;2024 年 9 月,"新海鲟"轮顺利完成 LNG 燃气动力试航,标志着中国国内首制、世界最大 LNG 清洁能源动力耙吸挖泥船的设计、建造、测试阶段圆满结束。

"新海鲟"轮总长 155.7 m、型宽 32 m、型深 13.5 m,设计泥舱最大舱容为 16808 $m^3$,配置 1550 $m^3$ 液化天然气双耳罐。其主机、辅发电机、锅炉均为 LNG 双燃料型。该轮顺利交付开启了我国 LNG 清洁能源在挖泥船上应用的序幕,标志着我国疏浚业在绿色、环保和节能等技术应用方面走在世界前沿。

### 2. 创新点

具体来说,"新海鲟"轮的创新主要有以下几点。

**图 9.5　国内首艘双燃料动力 LNG 耙吸挖泥船**

1）绿色环保

"新海鲟"轮以液化天然气为主要燃料,在不能满足液化天然气加注的条件下,可启用备份柴油动力系统,两者还能适时切换。为解决双燃料发动机在气体模式下瞬时动力不足时的"疲软"问题,"新海鲟"轮采用"一拖二"驱动形式:主机通过齿轮箱分别驱动螺旋桨和轴带发电机;泥泵、高压冲水泵等由可变频电机驱动,满足船舶在航行、疏浚、抛泥、吹岸等工况下的动力需求。据估算,"新海鲟"轮在燃气模式下,与使用传统燃油的柴油机相比,二氧化碳排放量可减少 20%,氮氧化物排放量可减少 80% 以上,硫氧化物、颗粒排放量可减少近 100%。

为进一步实现绿色环保,"新海鲟"轮建造团队首次开发应用了新一代水润滑推进轴系,最大限度地提高了尾轴密封耐久性,避免了润滑油泄漏对海洋环境的污染;为"新海鲟"轮搭载了主机高温水余热回收系统,充分利用了燃料能源。

2）节省资源

液化天然气热值(11800 kcal/kg)约为柴油热值(9600 kcal/kg)的 1.23 倍,这意味着使用液化天然气作为燃料与柴油和重油相比,在同等热值条件下,每天消耗的燃料可减少 23%。从成本角度来看,参照 2023 年国内和国际两种燃料的价格对比,使用液化天然气可节省船舶燃料费 20% 以上。除此之外,液化天然气作为清洁燃料,能减少发动机燃烧系统积碳,延长设备维护保养周期,节省的人力、物力相当于平均每年施工时间可多出 10～15 天。

3）智能先进

"新海鲟"轮配备国内最先进、智能化程度最高,用于挖泥船全自动无人化施工的新一代智能疏浚控制系统。该系统将疏浚工艺机理和疏浚大数据挖掘技术有机结合,采用先进智能感知技术对施工风险自动预警和自主应对,适用于复杂工况环境,满足多样化施工作业需求。该系统具有"一键疏浚"和"浚驾合一"功能,可实现疏浚作业一键全自动控制,轻点操作按钮即可开启全自动挖泥、全自动抛泥、全自动吹泥。不仅如此,"新海鲟"轮还实现了疏浚作业智能控制、异常感知和自主应对,在作业时达到稳定的装舱效果,使产量施工效率提升8%。

"新海鲟"轮的主机、辅助发电机、锅炉均为双燃料型。在"一拖二"复合驱动方式下,该船通过智能化系统的功率管理系统对船上各设备的电能实时自动分配,调整每台发动机的许用负荷,以此满足各种极限情况下的功率分配,使船舶功率需求由传统的"刚性负载"转化为"柔性负载"。

## 9.6.2　LNG 的竞争优势

根据国际海事组织海洋环境保护委员会制定的《船舶污染防治国际公约》的相关规定,从 2010 年 7 月开始,在排放控制区航行的船只所用燃料的硫含量不能超过 1%,2015 年 1 月 1 日以后不能超过 0.1%。目前,硫含量低于 0.1% 的低硫燃油产量和需求量都很少,而且需要单独的油罐和管线,所以价格比普通燃油高 5%。在航运业低迷的今天,这将大幅加大船东的燃油支出。与传统燃油相比,LNG 作为船用动力,不仅能够完全满足排放的需求,而且具有成本低、更安全等优势,是未来船用动力的发展方向。

**1. 体积小、热值高**

LNG 无色、无味、无毒、无腐蚀性,体积约为等量气态天然气体积的 1/600,重量仅为同体积水的 45% 左右,热值比柴油高近 20%。

**2. 储量大、供应足**

按照 2010 年 3.169 万亿立方米的消费量计算,LNG 足够使用 59 年。考虑到每年都会有新增的探明储量,LNG 预计能够使用超过 200 年。丰富的资源基础、较低的温室气体排放以及相对低廉的价格(等热值价格低于石油)使天然气的供应和需求增长明显快于其他传统能源类型。

**3. 易运输、更安全**

LNG 运输船舶拥有 40 多年非常良好的安全纪录,尚未发生人员死亡或货物损毁的海上事故。即使发生 LNG 泄漏事故,也会自动向上溢开,不会对水体产生污染;加入特殊嗅剂后,天然气泄漏可及时被发现;天然气的燃点比汽油、柴油高,瞬间着火比油慢,不易达到爆炸极限。

#### 4. 成本低且市场稳定

按有效热值换算,1 m³ LNG 气体近似于 1.1 L 柴油。LNG 价格比柴油低,可以大大节约成本。LNG 国际贸易以长期供应合同为主,受国际金融资本炒作的影响小,虽然其定价与国际油价有一定的联动关系,但波动远低于石油市场。

#### 5. 减少碳排放、减少环境污染

在减排效果方面,LNG 比传统燃油具有更好的减排能力。根据相关统计,使用 LNG 作为燃料的船舶可以减少约 24% 的碳排放,并且可以避免硫化物和可吸入颗粒物的产生,氮排放也可降至同航程燃油的 30%。

## 9.7　推广使用 LNG 船舶存在的困难和建议

### 9.7.1　存在的困难

为贯彻落实交通强国建设战略部署,推动内河航运高质量发展,2020 年 5 月,交通运输部印发了《内河航运发展纲要》(简称《纲要》)。《纲要》明确提出,到 2035 年,基本建成人民满意、保障有力、世界前列的现代化内河航运体系;到 2050 年,全面建成人民满意、保障有力、世界前列的现代化内河航运体系。《纲要》提到要加大新能源清洁能源推广应用力度,推广 LNG 节能环保船舶,完善水上绿色综合服务区、LNG 加注码头等绿色服务体系建设。《纲要》进一步明确了 LNG 船舶的发展方向,对推动 LNG 船舶应用具有积极意义。但值得重视的是,目前 LNG 船舶的推广应用仍面临诸多困难。

#### 1. 政府资金补贴不足,企业经济效益不明显

由于 LNG 船舶新建或改造投资金额较大,作为追求经济效益和利润最大化的航运企业最关心的是国家资金补贴以及补贴标准的问题。虽然 2014 年 4 月财政部联合交通运输部下发了《内河船型标准化补贴资金管理办法》,但该办法仅对新建 LNG 动力船舶给予补贴,对改造 LNG 动力船舶并未实行补贴政策,这极大挫伤了广大航运企业改造 LNG 动力船舶的积极性。

#### 2. 基础设施建设严重不足,加注 LNG 十分困难

当前,在我国内河上真正投入使用的水上 LNG 加气站数量较少,导致很多已经进行 LNG-柴油混合动力改造的船舶无法得到方便、及时的加气作业,影响了 LNG 动力船舶的高效运营。以"武拖轮 302 号"为例,该船目前性能、环保等各方面指标反映良好,但是

船舶加气问题一直给轮渡公司带来很大困扰。这艘船目前仅能采取更换 LNG 储罐的方式进行加气,大概每半个月更换一次储气罐,而且必须由燃气公司将 LNG 运送至岸边进行加气作业,既费时、费工,又不安全。此外,当前我国水上加气站点建设、布局比较混乱,尚无一个明确的主管部门,资金投资主体也不够明确,影响了 LNG 动力船舶的正常加气和使用。

### 3. 船舶安全认知有误区,政府监管制度不健全

长期以来,我国安全监管部门对 LNG 动力船舶的安全属性定位一直未予以明确。从试点船舶来看,改装审批程序烦琐、效率低,部分行业管理人员倾向于将 LNG 动力船舶视为危险品船进行管制,这样的安全属性定位直接影响 LNG 动力船舶的大规模推广。目前,我国对 LNG 动力船舶还缺乏统一的海事监管模式,标准执行情况紊乱,缺乏统一的实施程序。法规规范体系的不完善,导致试点船舶检验控制无序,使检验合格证的颁发更加困难。此外,目前我国绝大多数船闸,尤其是三峡和葛洲坝船闸,未放开对 LNG 动力船舶过闸的安全限制,LNG 动力船舶只有卸掉储罐内的 LNG 才能过闸,极大地限制了 LNG 动力船舶的长距离航行。

### 4. 相关技术规范不完善,改造技术不成熟

LNG 动力船舶在改造方案设计、审图资质确定、改造施工、船用产品认证和船员培训等方面均不够完善,船舶"油改气"技术也不成熟。技术规范体系不完善等问题造成 LNG 动力船舶难以快速推广普及。此外,LNG 动力船舶操作规程比传统燃油船舶步骤多,LNG 加气工作操作复杂,LNG 作为燃料在内河使用的技术不够成熟,很多船员及船上工作人员尚未进行相关知识的系统培训。因此,很多船员未完全掌握安全操作和维护体系等方面的知识,给 LNG 动力船舶操纵留下了较大的安全隐患。

### 5. 试点审批流程复杂,企业改造积极性不高

根据中国海事局《关于明确 LNG 燃料动力船舶改造试点工作有关事宜的通知》的要求,"油改气"试点将按照"全面规划、分步实施、突出重点、先易后难、稳步推进"的原则开展。LNG 燃料动力船舶改造试点审批权在部海事局,各省海事局并无审批权。部分地区一些原本对 LNG 动力船舶改造试点有积极性的企业,因为审批流程复杂,都放弃了申请。

## 9.7.2 建议

### 1. 进一步加大 LNG 动力船舶财政资金补贴力度和范围

在继续用好、用足财政部和交通运输部联合下发优惠政策中的节能补贴资金和新建

LNG 动力船舶资金补贴的基础上，积极寻求中央和地方政府的大力支持，力争设立 LNG 动力船舶改造补贴专项基金；通过设立专项补助资金、政府贴息、过闸费减免、改造船舶税收优惠等方式，积极鼓励民间资本投入，最大限度地加速 LNG 动力船舶改造进程。

### 2. 制定并完善 LNG 动力船舶相关技术标准规范

相关主管部门应尽快制定并完善 LNG 动力船舶相关技术标准，早日出台 LNG 码头设置标准安全区域评审标准、船员操作规程等规范；将已积累的 LNG 动力船舶技术研究成果纳入技术标准体系，将已有的技术标准提升到法规、规范的层次，建立涵盖法规、规范、指南等各层次的完善的 LNG 动力船舶技术标准体系并在实践中不断补充、修订和完善。同时，船检机构应加强对试点船舶的检验控制，严格执行试点船舶的事前技术状况勘验，对改造方案进行科学的技术论证。此外，相关主管部门要紧密对接 LNG 动力船舶相关国际标准、国家标准和行业技术标准，积极开展试点探索，集中各种技术力量，制定出 LNG 动力船舶技术标准规范。

### 3. 尽快完善 LNG 动力船舶加气站布局规划和立项建设

尽快完善我国内河 LNG 动力船舶水上加气站布局规划，尽快理顺工作体制机制，明确 LNG 水上加气站主管部门；在沿河 LNG 加气站点 LNG 储备库等基地的土地征用和岸线使用审批上给予适当的政策支持；安排专项引导资金，积极鼓励中石油、中石化等中央企业参与 LNG 动力船舶加气站立项建设，解决已改造 LNG 动力船舶加气难的问题，吸引更多航运企业主动开展 LNG 动力船舶改造。

### 4. 及时改革 LNG 动力船舶审批流程和监督管理制度

相关部门应在总结全国 LNG 动力船舶试点经验的基础上，尽快完善审批制度，简化审批流程，缩短审批时间，探索建立审批备案制或将 LNG 动力船舶的审批权直接全面下放到各省级航务海事部门。高效率的审批流程将极大地提升广大航运企业改造船舶的积极性。此外，对于排污要求不合格的船舶，主管部门可以推出相关政策，强制要求其进行 LNG-柴油混合动力改造。海事管理部门要建立跨区域的 LNG 动力船舶联网监管体系，不断完善日常监管制度。经科学论证，在保证船闸设施安全的前提下，海事部门要尽快全面开放 LNG 动力船舶安全过闸，确保 LNG 动力船舶真正实现长距离航行，实现通江达海。

### 5. "以点带面"积极、稳妥、全面地推广 LNG 动力船舶改造

各地应总结已建 LNG 动力船舶试点项目改造的成功经验和不足，结合各地通航能力、航道等级，在征求行业专家和广大航运企业的意见后，积极、稳妥、全面地推广 LNG 动力船舶改造。在推广初期，政府相关部门应积极发挥引导协调、支持作用，加大舆论宣

传力度,转变民众观念,加深人们对 LNG 的认识和了解,增强其环保意识和安全意识,为 LNG 船舶的大规模推广打下坚实的群众基础。

# 9.8 LNG 船舶设备安装注意事项和设备维护

## 9.8.1 安装注意事项

(1)贯穿防火分隔甲板、舱壁的电缆管、水管、通风管等的安装和布置应会同船体验船师联合检验。

(2)应注意双壁管的焊接质量。机舱内天然气供气管为双壁管,焊接工艺应提交认可;应检查施焊人员的焊工资质;焊接前应确认双层管为同心,焊接后应探伤。

(3)双壁管外管为通风管,应检查通风量,每小时应至少换气 30 次。

(4)气罐位于开敞甲板时,面向气罐的起居场所、服务场所、货物场所、机器场所和控制站的限界面应采用 A-60 级防火分隔;应特别注意穿过 A-60 限界面的管路和电缆,须采用经认可的贯穿装置。

(5)加注天然气之前,气体燃料控制系统的监测报警安全保护功能应试验完毕,可燃气体检查系统应试验完毕;应检查供气系统中各阀的动作是否正确。

(6)安装在危险区域的电气设备,应按照危险区域划分图选择合适防护等级的设备。

(7)气体燃料控制系统应由双路电源供电;应注意主电源断电后,备用电源能否使系统正常运行。

(8)LNG 加注、供气系统的应急切断阀应采用故障关闭型。

## 9.8.2 设备维护

### 1. 日常检查

LNG 潜液泵是大型 LNG 动力船舶的关键设备,对其进行定期维护是一项必不可少的工作。在将潜液泵运到船厂的无尘车间之后,应拆开潜液泵并对各部位进行检查,观察导轮、叶轮、转子、定子、轴承等是否有过度磨损的情况。如果检查结果没问题,更换轴承等备件进行正常保养即可。如果检查发现有部件磨损超标或损坏,须进行修理或更换新的备件。

### 2. LNG 潜液泵常见故障与处理措施

(1)潜液泵无法正常启动。潜液泵将马达、定子、转子集成到一起并安置在 LNG 货物中,仅动力电缆接出,因此机械故障只能在进厂期间拆出维修。在通常情况下,潜液泵出现机械故障的概率极低。出现潜液泵无法启动的故障时,应考虑电气方面的问题,检查空开情况,尽快恢复泵浦运行以避免耽误船期。

（2）潜液泵马达低绝缘报警。货泵的动力电缆从机舱配电箱接出。最容易出现低绝缘的位置是液穹处的电缆进舱前连接箱处。每台潜液泵的动力电缆在液穹处都有一个连接箱,机舱引过来的电缆和进入货舱的电缆在此连接后用绝缘发泡剂填充密封,以保持良好的绝缘。随着船舶运营时间的增加,接线箱密封损坏,雨水或河水进入接线箱,导致马达出现低绝缘报警的情况。此时应确认警报原因。当某一台泵的接线箱进水导致马达低绝缘时,可在切断该泵电源后对接线箱内绝缘物进行更换。

# 参 考 文 献

[1]  毕少杰,林晓杰.船舶电气设备的管理和维修保养[J].船舶物资与市场,2024,32(09):82-84.

[2]  卜国风.基于节能理念的船舶电气设备技术研究[J].船舶物资与市场,2022,30(07):45-47.

[3]  蔡俊.船舶电气接地故障分析与防治[J].船电技术,2024,44(11):62-64.

[4]  蔡薇.绿色船舶技术[M].武汉:武汉理工大学出版社,2016.

[5]  陈新华,印爱荣,张丹秋.浅析 PLC 的工作原理及其在船舶上的使用[J].机电信息,2014(15):30-31.

[6]  船舶管理.【舵机】船舶舵机维护保养注意哪些[EB/OL].[2023-02-20].https://cbgl.sol.com.cn/guanliquan_show.asp? id=3735&list=jwgl.

[7]  邓祥元,王甫,李宁,等.清洁能源概论[M].北京:化学工业出版社,2020.

[8]  杜杨.船舶电气设备调试与维护[M].哈尔滨:哈尔滨工程大学出版社,2015.

[9]  冯晔,杨双齐.船舶高压电力系统的维护与管理[J].武汉船舶职业技术学院学报,2022,21(03):122-125+130.

[10]  高峰,程真启.船舶电气设备与系统[M].大连:大连海事大学出版社,2018.

[11]  高峰.船舶电力拖动[M].哈尔滨:哈尔滨工程大学出版社,2012.

[12]  高兴斌,林叶春,吴志良.船舶电气[M].大连:大连海事大学出版社,2014.

[13]  胡贵.船舶检验技术创新发展研究[J].船舶物资与市场,2024,32(03):92-94.

[14]  颉翔宇,周利坤,童俊骞,等.新能源在船舶上的应用研究现状及展望[J].船舶,2021,32(05):1-9.

[15]  雷玉莹.船舶电气设备常见故障的原因、检验技术与维修方法[J].造船技术,2024,52(05):68-70+82.

[16]  李斌.现代船舶动力装置的节能与排放控制技术[M].大连:大连海事大学出版社,2013.

[17]  李士娜.太阳能电池在船舶上的应用研究进展[J].水道港口,2024,45(04):578-584.

[18]  李腾飞,薛琪,路玉娟.浅析船舶 LNG 双燃料主机[J].广船科技,2024,44(01):36-39.

[19] 李银涛,张富明,贺慧琼.中国液化气船研发史[M].上海:上海交通大学出版社,2022.

[20] 林洪贵.船舶电站[M].西安:西安交通大学出版社,2015.

[21] 马南琦.内河船舶电气设备的原理与维护[M].武汉:武汉理工大学出版社,2002.

[22] 马昭胜.船舶电气设备维护与修理[M].北京:机械工业出版社,2020.

[23] 孟健.我国LNG船舶市场分析与船员培训思考[J].中国海事,2024(11):70-73.

[24] 潘卫国,陶邦彦,吴江.清洁能源技术及应用[M].上海:上海交通大学出版社,2019.

[25] 潘霄.清洁能源工程技术原理与应用[M].北京:清华大学出版社,2021.

[26] 戚高启.船舶电气设备常见故障解析[J].内江科技,2024,45(07):14-15.

[27] 乔鸣忠,于飞,张晓锋.船舶电力推进技术[M].北京:机械工业出版社,2013.

[28] 隋江华.渔业船舶电气装置及检验[M].大连:大连海事大学出版社,2017.

[29] 童佳捷.计算机技术在船舶检验系统中的应用[J].运输经理世界,2024(24):163-165.

[30] 王必改.船舶舵机故障的原因分析与探讨[J].天津航海,2020(04):16-19.

[31] 王炳璋.船舶电气常见故障和维修方法[J].珠江水运,2024(17):97-99.

[32] 王云华.船舶电气[M].上海:上海浦江教育出版社,2014.

[33] 王正禄,赵瑜.船舶概述[M].北京:化学工业出版社,2015.

[34] 吴浩峻,王浩亮,张金男.船舶电气设备及系统[M].大连:大连海事大学出版社,2021.

[35] 薛士龙,刘以建,蔡志峰.船舶电气控制技术[M].上海:上海交通大学出版社,2018.

[36] 薛士龙.船舶电力系统及其自动控制[M].北京:电子工业出版社,2012.

[37] 严新平,徐立,袁成清.船舶清洁能源技术[M].2版.北京:国防工业出版社,2015.

[38] 燕居怀,谭银朝.船舶电力系统[M].2版.北京:北京理工大学出版社,2024.

[39] 张春来,吴浩峻.船舶电气设备管理与工艺[M].3版.大连:大连海事大学出版社,2016.

[40] 张洪.船舶电气设备故障及其检验技术分析[J].珠江水运,2023(11):90-92.

[41] 赵殿礼,张春来.船舶电气设备管理与工艺[M].2版.大连:大连海事大学出版社,2010.

[42] 赵磊磊.基于专家系统的船舶电力系统故障诊断方法研究[D].镇江:江苏科技大学,2018.

［43］　赵群.船舶机舱自动化［M］.北京：北京理工大学出版社,2021.

［44］　郑华耀.船舶电气设备及系统［M］.大连：大连海事大学出版社,2011.

［45］　周伟."互联网＋"船舶检验问题分析［J］.中国水运,2023(13):79-81.